Hans D. Schittly/Gerd Katheder
bewußt erfolgreich

Hans D. Schittly/ Gerd Katheder

bewußt erfolgreich

Das Buch für Verkäufer im Finanzdienstleistungsbereich

Verlag Dagmar Schittly KG

CIP-Titelaufnahme der Deutschen Bibliothek

Schittly, Hans D.
Katheder, Gerd:
bewußt erfolgreich
Das Buch für Verkäufer im Finanzdienstleistungsbereich
Böbingen: Verlag Dagmar Schittly KG 1989
ISBN 3- 926486-11-2

1. Auflage 1989
© 1989 Alle Rechte bei Verlag Dagmar Schittly KG,
      D 6731 Böbingen

Satz:	Dagmar Schittly KG
Schutzumschlag:	Gross Grafik-Design, 6701 Meckenheim
Druck:	Schreier, 6731 Böbingen
Bindearbeiten:	Osswald, 6730 Neustadt/Wstr.
Illustration:	Dagmar Schittly

Printed in Germany
ISBN 3-926486-11-2

Inhalt

1	**Grundlagen des Erfolgs**	11
1.1	Faktoren, die den Erfolg maßgeblich bestimmen	13
	1.1.1 Sprach- und Schriftgewandtheit	15
	1.1.2 Telefon- und Kommunikationstechniken	16
	1.1.3 Zeitmanagement	18
	1.1.4 Persönlichkeit	18
	1.1.5 Fachkompetenz	19
	1.1.6 Konfliktmanagement	20
	1.1.7 Fleiß	21
	1.1.8 Innere Einstellung	21
1.2	Das Erfolgspotential	22
1.3	Verkaufen macht Spaß	25
1.4	Die Identifikation	28
1.5	Selbstmanagement - Basis für den Erfolg	33
	1.5.1 Zeit für Vorbereitung einplanen	36
	1.5.2 Fahrzeit realistisch einschätzen	40
	1.5.3 Informationen sind bares Geld wert	41
	1.5.4 Zeitlichen Leerlauf suchen	43
1.6	Motivation - Triebfeder des Verkäufers	44
1.7	Streß - Gefahr oder Notwendigkeit?	54
2	**Der Markt**	63
3	**Der Kaufprozess**	67
3.1	Zweckpartnerschaft	68
3.2	Strategien vorbereiten	70
3.3	Die Stufen des Kaufprozesses	71

4	**Konfliktfreie Gesprächsführung**	**75**
4.1	Die Ich-Zustände - Ursache für Konflikte	76
	4.1.1 Die parallele Transaktion	86
	4.1.2 Die Überkreuz-Transaktion	88
	4.1.3 Die verdeckte Transaktion	92
4.2	Kommunikationsfördernde Verhaltensweisen	99
	4.2.1 Fragen stellen	99
	4.2.2 Aktiv zuhören	113
	4.2.3 Partnergerecht sprechen	119
	4.2.4 Logisch argumentieren	127
	4.2.5 Konflikte erkennen	137
5	**Zielgruppenorientierte Vorgehensweise**	**146**
5.1	Bestimmen von Zielgruppen	146
5.2	Unterscheiden von Zielgruppen	146
5.3	Problemanalyse	148
5.4	Gesprächsziel festlegen	157
5.5	Strategien ausarbeiten	159
6	**Präsentation des Vorschlages**	**163**
6.1	Ratio gegen Neandertaler	163
6.2	Fachchinesisch stört	165
6.3	Nutzen herausstellen	167
6.4	Der Preis als Hindernis?	169
7	**Abschlußverhalten**	**172**
8	**Behandlung von Ein- und Vorwänden**	**179**
8.1	Reaktionen auf Ein- und Vorwände in der Kontaktphase	180
8.2	Reaktionen auf Ein- und Vorwände bei der Bedarfsermittlung und in der Abschlußphase	188

9 Planung und Organisation von Aktionen 200

9.1 Direct Mailing 201
9.2 Mailing mit fester Besuchsankündigung 211
9.3 Mailing mit Antwortkarte und reservierten Terminen 211
9.4 Telefonmarketing 216
9.5 Direktwerbung von Anschrift zu Anschrift 216
9.6 Die gezielte Weiterempfehlung 218

10 Mit dem Telefon verkaufen 223

10.1 Telefon - Quälgeist oder Hilfe? 223
10.2 Die Macht der Stimme 226
10.3 Sprachverhalten kontrollieren 227
10.4 Zuhören 229
10.5 Vorbereitung ist (fast) alles 232
10.6 Ablauf eines Telefongespräches 236
10.7 Einsatzmöglichkeiten des Telefons im Finanzdienstleistungsbereich 244

11 Anhang 249

11.1 Gesprächsstrategien 249
11.2 Check-Listen 290

Literaturverzeichnis 308

Vorwort

Verkäufer ringen täglich um den Abschluß. Dabei lernen sie den Erfolg ebenso kennen wie den Mißerfolg.

Während positive Ergebnisse oft als selbstverständlich empfunden werden, geben Mißerfolge Anlaß zum Nachdenken. Das eigene Verhalten wird dann in Frage gestellt, eine Reihe negativer Erfahrungen führt dann gelegentlich sogar zur Verunsicherung.

Wer den Ausgang seiner Verkaufsverhandlung dem Zufall überläßt, wird sich immer der Gefahr des Mißerfolgs aussetzen. Besser ist es für den Verkäufer, seine Fähigkeiten und Fertigkeiten **bewußt** einzusetzen. Dann kann er mit dem sicheren Gefühl ins Rennen gehen, daß er seine Geschäftsziele erreichen wird.

Dieses Buch soll helfen, **ideales verkäuferisches Verhalten** zu erkennen. Es soll Anregungen und Hilfestellungen geben bei dem Bemühen, Verkaufsverhandlungen kundenorientiert und damit erfolgsorientiert zu führen. Es soll das Bewußtsein des Verkäufers schärfen für die leisen, feinen Töne seiner Beziehung zum Kunden und es soll letztlich zeigen, daß Verkaufen Spaß bereiten kann.

Wir wünschen Ihnen, lieber Kollege,
viel Erfolg

Hans D. Schittly
Gerd Katheder

1 Grundlagen des Erfolgs

Erfolg ist in aller Munde. Kaum ein Begriff wird heute so häufig gebraucht:

>   Erfolgserlebnis
>   Erfolgsdruck
>   Erfolgszwang
>   Mut zum Erfolg
>   Erfolgsgeheimnis
>   Lebenserfolg
>   Erfolgstaktik
>   Erfolgskontrolle
>   Verkaufserfolg

Was ist eigentlich Erfolg?

> **Erfolgreich ist, wer seine Ergebnisse mit seinen Zielen in Einklang bringt.**

So bezeichnet man als erfolgreich,

- wer als Sportler eine Bestmarke übertrifft

- wer als Sportler seinen Gegner besiegt

- wer sich als Gesprächspartner in seiner Verhandlung durchsetzt, d.h. seine Meinung auf andere überträgt

- wer die gemeinsame, berufliche Basis verläßt und Karriere macht

- wer im Kreise seiner Familie Anerkennung findet

- wer eine bestimmte Menge Geld auf seinem Konto hat

- wer sich Statussymbole leistet

- wer sein Ziel erreicht.

Unabdingbare Voraussetzung für den Erfolg ist, daß man sich berufliche, private und gesellschaftliche Ziele setzt.

Nun müssen Erfolge, wie sie andere erzielen, für uns selbst nicht ausschlaggebend sein. Wir unterscheiden hier den persönlichen Bereich und die öffentliche Dimension.

Ein Verkäufer kann sich durchaus eigene Ziele setzen, die höher sind, als die vom Unternehmen mit ihm vereinbarten. Der Maßstab, den das Unternehmen anlegt um Erfolge zu beurteilen, muß für den Verkäufer nicht die Elle sein, nach der er selbst seinen Erfolg beurteilt - und umgekehrt.

Erfolge suchen wir im privaten, gesellschaftlichen und beruflichen Bereich. Sie gehören zusammen und wirken aufeinander ein:

1. Ausgeglichene private, familiäre Verhältnisse führen zu Ruhe und Sicherheit. Diese übertragen sich während des Verkaufsgespräches in wohltuender Form auf den Kunden.

2. Anerkennung im öffentlichen Leben durch Funktionen in Vereinen, Verbänden, kirchlichen Organisationen, Politik usw. stärkt das Selbstbewußtsein und führt damit zu größerer Durchsetzungsfähigkeit.

3. Die berufliche Qualifikation hängt von vielen Faktoren ab: Wissen, Können, Einsichten, Fähigkeiten, Fleiß usw. Eine Formel drückt am besten aus, wie wichtig jeder einzelne Faktor ist: Setzt man in der Multiplikation einen Faktor mit NULL an, so ergibt die Endsumme ebenfalls NULL.

Wissen	X	Einsicht	=	Kenntnisse
Kenntnisse	X	Fähigkeit	=	Leistung
Leistung	X	Ausdauer	=	Leistungsvermögen Berufliche Qualifikation

Der Erfolg eines Verkäufers hängt davon ab, inwieweit die

drei Komponenten Beruf, privates Umfeld und Gesellschaft sich ergänzen und inwieweit der Einzelne in der Lage ist, sich in der Freizeit oder durch soziales Engagement oder durch die Fürsprache und den Rückhalt der Familie zu regenerieren.

1.1 Faktoren, die den Erfolg maßgeblich bestimmen

Spaß am Verkauf, die oft empfundene Begeisterungsfähigkeit und die Identifikation mit Kunden, Unternehmen und der eigenen "Rolle" sind zweifellos wichtige, aber keineswegs die einzigen Voraussetzungen für den Erfolg.

Erfolg muß systematisch geplant werden und beruht auf drei Faktoren:

> Wissen
> Beeinflussungsfähigkeit
> Disziplin

Wer beispielsweise das Prädikat **Fachmann** für sich in Anspruch nimmt, kommt leicht ins Schleudern, wenn er in folgenden Bereichen nicht Bescheid weiß:

1. Entwicklung und Bedeutung des vertretenen Hauses
2. Stand und Trend der Marktsituation
3. Spezielle Probleme vorhandener und möglicher neuer Kunden
4. Kenntnis der eigenen und der Konkurrenzprodukte
5. Möglichkeiten informativer (unaufgeforderter) und beratender Betreuung vor, während und nach Verkaufsabschlüssen
6. Strategie und Taktik der Mitbewerber
7. Eigene Wettbewerbskonditionen
8. Aktuelle Kenntnis der Fachpublikationen

Das für die erfolgreiche Gestaltung von Verkaufsgesprächen benötigte Wissen wird uns nicht automatisch bereitgestellt.

Deshalb gilt permanent:

> ohne Lernen kein Wissen
> ohne Wissen kein Können
> ohne Können keine Leistung
> ohne Leistung kein Erfolg
> ohne Erfolg kein Fortschritt
> ohne Fortschritt keine Anerkennung
> ohne Anerkennung keine Zufriedenheit.

Die aus Erfolg, Fortschritt und Anerkennung resultierende Zufriedenheit ist das beste psychische Lebenselixier.

Erfolgsfaktoren eines Verkäufers sind:

> Sprach- und Schriftgewandtheit
> Telefon- und Kommunikationstechniken
> Zeitmanagement
> Persönlichkeit
> Fachkompetenz
> Konfliktmanagement
> Fleiß
> Innere Einstellung

Abb. 1

Nicht alle diese Faktoren können gleich stark ausgeprägt sein. Dadurch unterscheiden sich letztlich auch die einzelnen Verkäufer in ihrem Verhalten und in ihren Ergebnissen. Ist die eine oder andere Fähigkeit etwa schwächer ausgeprägt, so kann sie durch eine andere, stärker ausgeprägte Fähigkeit ersetzt oder kompensiert werden.

Ein besonders fleißiger Verkäufer kann demnach auch dann erfolgreich sein, wenn er beispielsweise in den Bereichen Zeitmanagement oder in der Kommunikation Defizite hat.

Systematische Aus- und Weiterbildung und intensives regelmäßiges Training führt zu bewußtem Verhalten.

Dann ist Erfolg kein Zufall mehr!

1.1.1 Sprach- und Schriftgewandtheit

Mit seiner Aussprache und seiner Stimme gibt der Verkäufer zu verstehen, wie er angesprochen, wie er behandelt werden möchte.

Klar und deutlich, laut und verständlich soll die Sprache sein, damit der Partner erkennt, daß wir unsere Botschaften ernst nehmen und hinter ihnen stehen.

Leise Argumente, Nuscheln wird leicht überhört und der Verkäufer fühlt sich übergangen.

Die schriftliche Kommunikation nimmt an Bedeutung zu; die teuren Wegekosten mit dem PKW veranlassen immer mehr Verkäufer zu gezielten Mailings (siehe auch Planung und Organisation von Aktionen).

Diszipliniertes Schreiben erfordert diszipliniertes Denken und das kann man üben.

1.1.2 Telefon- und Kommunikationstechniken

Ziel einer jeden Kommunikation ist die Verständigung zwischen den jeweiligen Partnern. Diese fällt mal leichter, mal schwerer, je nach Sympathie, persönlicher Stimmung, akustischer und räumlicher Verhältnisse, Sprachbarrieren usw.

Erst wenn es dem Verkäufer gelingt, seine Gefühle, sein Temperament und seine intellektuellen Fähigkeiten zu steuern, wird er optimal auf den Kommunikationsprozeß Einfluß nehmen können.

Äußerungen wie "Heute bin ich nicht gut drauf" oder "Mit dem komme ich sowieso nicht klar" sind Anzeichen für Resignation. Nicht bewältigte Angst vor Versagen und übertriebene Unterwürfigkeit sind Ursache für diese Verhaltensweisen. Voraussetzung für erfolgreiche Kommunikation sind Selbstsicherheit, Selbstvertrauen und Selbstbewußtsein.

Erfolgreiche Verkäufer beherrschen sich und ihre Gefühle:

Heute ist mein Tag! Heute bin ich gut drauf!

Ich komme mit jedem Kunden zurecht!

Erfolgreiche Kommunikation setzt auch voraus, daß man sich mit anderen verständigen will. Zu diesem <u>Wollen</u> gesellt sich die Fähigkeit der dialektischen Praxis.

Unter Dialektik verstehen wir geistige Fechtkunst, bei der es auf Treffen und Parieren ankommt.

    Mönch: "Guter Vater, darf ich beim Beten rauchen?"
    Abt: "Nein, beim Beten sollst Du Dich auf den Herrn konzentrieren."

Ein anderer Mönch erreicht sein Ziel:

    Mönch: "Guter Vater, darf ich beim Rauchen beten?"
    Abt: "Du darfst immer beten, mein Sohn."

Der erste Mönch lenkt die Gedanken des Abtes auf das Rauchen, der zweite lenkt die Gedanken des Abtes auf das Beten. Die Reaktion muß jetzt positiv sein.

Ähnlich verhält es sich mit dem Versicherungsverkäufer, der die Gedanken des Kunden auf ein unangenehmes Ereignis lenkt:

"Auch Ihnen könnte mal was zustoßen ..."

Besser verhält sich der Verkäufer, wenn er die Gedanken des Kunden auf positive Dinge lenkt:

"Nach einem Schaden möchten Sie doch finanziell gesichert sein."

"Wieviel Geld benötigen Sie, um nach einem Schaden Ihre Wohnung wieder wie heute neu einzurichten?"

Anstatt über das Schadensereignis soll der Kunde über die Entschädigung nachdenken.

Auch wenn Verkäufer den Preis ins Gespräch bringen, kann eine Fehlsteuerung eintreten:

"Von welchem Konto soll der Beitrag abgebucht werden?"

Diese Fragestellung lenkt die Gedanken des Kunden auf unangenehme Begleiterscheinungen des Kaufvorganges: auf die Zahlungsverpflichtung.

"Etwaige Versicherungsleistungen werden selbstverständlich auf Ihr Konto überweisen. Wo haben Sie denn Ihre Bankverbindung? ...
Übrigens von diesem Konto werden wir dann auch die fälligen Beiträge einziehen, damit Sie sich um nichts zu kümmern brauchen."

Diese Frage und Argumentation lenkt die Aufmerksamkeit des

Partners auf die Versicherungsleistung und auf die Bankverbindung und nicht direkt auf die Kosten und Belastungen.

Diese Beispiele verdeutlichen, daß die Verständigung zwischen Kunden und Verkäufern nicht auf Zufälligkeiten beruht, sondern immer auf das Zusammenwirken von positiven Einstellungen, **bewußt** formulierter Fragen und gezielten, partnerorientierten Argumenten.

1.1.3 Zeitmanagement

Die einzige Gerechtigkeit auf dieser Welt ist die Zuteilung der Zeit. Jeder hat täglich 24 Stunden oder 1.440 Minuten oder 86.400 Sekunden zur Verfügung.

Wie wir diese Zeit nutzen, was wir daraus machen bestimmen wir selbst. Erfolgreiche sind deshalb so erfolgreich, weil sie die Fähigkeit entwickelt haben ihre Zeit optimal für die Erreichung ihrer Ziele zu gestalten.

Systematische Zeiteinteilung, klare Zielformulierung, Trennung von Dringlichem und Wesentlichem, Delegation von Aufgaben sind Voraussetzung dafür, daß man sich nicht von der Zeit beherrschen läßt, sondern die Zeit beherrscht.

Es sind nicht nur Phrasen sondern Realität, wenn man sagt:

Zeit kann nicht gehortet, nicht vermehrt und nicht gelagert werden. Zeit kann man nicht kaufen. Zeit ist knapp und verrinnt stetig und unwiderruflich.

1.1.4 Persönlichkeit

Wenn jeder die Zeit, die er dafür verschwendet, sich mit seinen eigenen Unzulänglichkeiten zu beschäftigen, darauf verwenden würde, sein verkäuferisches Verhalten bewußter zu gestalten, dann wären viele Leute erfolgreicher.

Das Leben der Menschen ist voller Ängste:

> Angst vor Versagen in der Schule
> Angst vor der Blamage
> Angst davor, entdeckt zu werden
> Angst zu spät zu kommen
> Angst einen Korb zu erhalten
> Angst eine Niederlage einstecken zu müssen
> Angst vor Strafe
> usw.

Nicht bewältigte Angst führt zu Mißerfolgen, zu Streß und dieser endet in typischen Streßkrankheiten unserer Zeit.

Erst wer sich selbst akzeptiert, so wie er ist, wer Ängste systematich abbaut, kann direkt und diszipliniert seine Ziele ansteuern. Nichts behindert ihn, seine einzige Konzentration ist auf sein Ziel gerichtet und auf die Gewinnung seines Kunden.

Schwache Persönlichkeiten beschäftigen sich immer mit ihrer eigenen Person.
Starke Persönlichkeiten beschäftigen sich mit ihren Partnern.

1.1.5 Fachkompetenz

Viele Verkäufer erklären ihren Kunden die Funktion der Uhr, dabei wollten die nur wissen wie spät es ist.

Fachwissen ist die Grundlage für jedes fair geführte Verkaufsgespräch. Der Verkäufer soll von seinem Fachwissen in Verkaufsverhandlungen nur soviel einsetzen, wie nötig ist, den Kunden zu überzeugen.

Je mehr der Verkäufer weiß, umso sicherer ist er, je weniger er davon in seinen Verhandlungen einsetzt, umso besser hat er verkauft.

Damit keine Mißverständnisse auftreten: Fachwissen ist dann schädlich, wenn dem Kunden Produkte, Leistungen, Einschlüsse und Ausschlüsse, Paragraphen und Bedingungen, Renditetabellen und Wahrscheinlichkeitsberechnungen erklärt werden, dabei wollte der Kunde das gar nicht wissen.

Gute Verkäufer verhalten sich wie Ärzte: Erst wird die Diagnose gestellt und dann erfolgt die Therapie. Der Patient erfährt nur soviel von der Fachkompetenz des Arztes, wie unbedingt notwendig. Der Versicherungsverkäufer ermittelt den Bedarf, erforscht die Kaufmotive und löst Kundenprobleme mit einem geeigneten Produkt. Auch er wird nur soviel Fachkenntnisse weitergeben, wie der Kunde fordert.

1.1.6 Konfliktmanagement

Erfolg ist der richtige Umgang mit Widerständen!

Jede Verständigung zwischen Partnern setzt voraus, daß man Abwehrhaltungen, Widerstände, Ein- und Vorwände beseitigt. Das ist auch die Erwartungshaltung der Kunden, sonst hätten sie den Einwand doch nicht vorgetragen!

Häufig begnügen sich Verkäufer damit, Antworten auf Ein- und Vorwände auswendig zu lernen, um sie dann in der jeweiligen Situation parat zu haben. Wenn dann der Erfolg ausbleibt, dann war eben die Antwort nicht gut, das Training war schlecht usw.

Umgang mit Ein- und Vorwänden, Widerständen und Abwehrhaltungen erfordert Konflikt-Management.

Konflikt-Management heißt Reaktionen - taktische und inhaltliche - auf das Kundenverhalten und den Kundentyp abzustellen. Wer dies beherrscht, freut sich auf Ein- und Vorwände in jeder Verhandlung, denn sie sind wirklich das Salz in der Suppe!

1.1.7 Fleiß

Tu es! Tu es oft! Tu es ständig, immer wieder!
Erfolg ist nicht darüber reden, sondern handeln.

Ein Leiter einer Vertriebsorganisation sagte mir:

> "Wenn jeder meiner Mitarbeiter täglich einen Besuch mehr machen würde, dann hätten wir unser Jahresziel mit Sicherheit erreicht. Doch wie kann ich sie dazu veranlassen?"

1.1.8 Innere Einstellung

Viele Verkäufer, deren Verkaufserfolge zu wünschen übrig lassen, finden immer wieder Gründe für ihr Versagen:

> "Mein Gebiet ist schlecht."
> "Unsere Tarife und Produkte sind nicht zeitgemäß."
> "Die Konkurrenz ist billiger."
> "Die Arbeitslosigkeit ist bei uns besonders hoch, die Kaufkraft ist zu gering."
> "Heute ist nicht mein Tag."
> "Da braucht man gar nicht hinzugehen, die Leute haben sowieso kein Geld."
> "Bei Gutverdienenden komme ich nicht an."
> usw.

Jeder, der sucht wird finden. So wird derjenige, der ständig nach Gründen sucht, warum er keinen Erfolg haben kann, immer fündig werden. Er ist zufrieden, sieht er sich doch bestätigt:

> "Ich wußte gleich, daß es nicht geht."

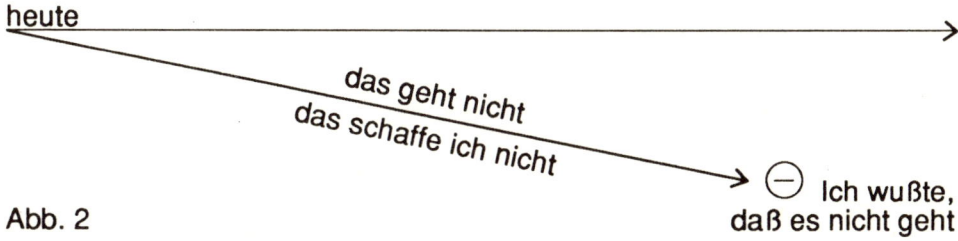

Abb. 2

Der Negativ Eingestellte findet Gründe, warum etwas nicht geht und erntet Mißerfolg. Dabei ist er **fast** zufrieden, denn er sieht seine Befürchtungen bestätigt.

Erfolgreiche Verkäufer sind deshalb so erfolgreich, weil sie ständig nach Wegen, nach Lösungen suchen:

> "Was kann ich an meinem Gespräch verbessern?"
> "Worin bin ich besser als die Mitbewerber?"
> "Welche Zielgruppe ist in meinem Arbeitsgebiet besonders interessant?
> "Welche Argumente überzeugen?"
> "Heute ist wieder **mein** Tag."
> "Wie kann ich noch mehr Menschen für mich gewinnen?"

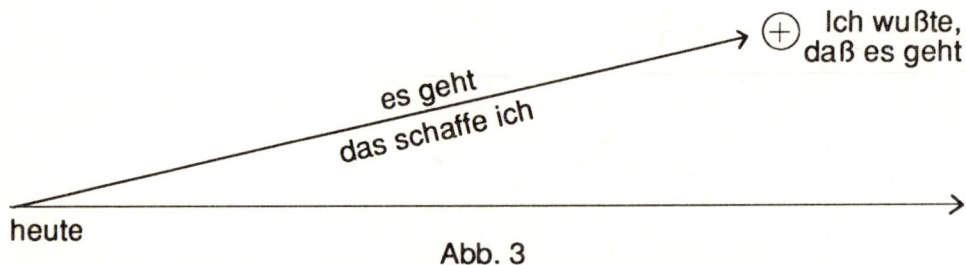

Abb. 3

Der Positive findet auf seiner Suche Wege und Lösungen, um seine Ziele zu erreichen und sein Pensum zu schaffen. Er erntet dabei den Erfolg. Natürlich wird auch der Positive von Zeit zu Zeit scheitern, doch er sucht nach den Ursachen und nach Möglichkeiten die Ursachen des Mißerfolgs zu beseitigen.

Positive finden was sie suchen und ernten den **Erfolg**. Sie sind zufrieden, denn sie sehen ihre Erwartungen bestätigt.

Fehlt diese Einstellung beim Verkäufer oder ist sie nur unzureichend vorhanden, kann sich der Erfolg nicht stetig einstellen sondern bleibt dem Zufall überlassen.

1.2 Das Erfolgspotential

Das menschliche Gehirn ist in der Lage, etwa das einmillionenfache von dem zu leisten, was der Mensch in Anspruch nimmt.

Die meisten Menschen nutzen nur einen Bruchteil des ihnen zur Verfügung stehenden Erfolgspotentials. Ängste, Komplexe, Hemmungen, Unsicherheiten, schlechte Erfahrungen, Erziehung usw. behindern uns. Jeder kann mehr als er sich zutraut!

Im Schwimmbad klettert ein kleiner Junge auf das große Sprungbrett, denn von unten sieht das gar nicht so hoch aus. Erst als er oben ankommt, stellt er fest, wie weit die Plattform von der Wasseroberfläche entfernt ist. Die Angst überkommt ihn hinabzuspringen, er fürchtet, das Becken gar nicht zu treffen, so klein ist es.
Klammheimlich will er die Leiter rückwärts wieder hinabklettern, da hört er seine Freunde rufen: "Feigling, Feigling!" Jetzt nimmt er seinen ganzen Mut zusammen und läßt sich in die Tiefe fallen.
Als Sieger und als der Größte steigt er aus dem Wasser. Er hat eine wichtige Erfahrung gemacht: Er kann vom großen Sprungbrett springen.

Haben Sie solche oder ähnliche Erfahrungen auch schon einmal gemacht? Hat es Sie auch Überwindung gekostet

- das erste Mal an einer fremden Tür zu klingeln?
- das erste Mal einen Kunden anzurufen?
- einen Kunden zur sofortigen Entscheidung aufzufordern?
- besonders energisch ihre Meinung zu sagen?
- einem Vorgesetzten zu widersprechen?

Immer dann, wenn man sich überwunden hatte und dann auch noch das Erfolgserlebnis zu spüren bekam, fühlte man sich stark, frei, sicher und überlegen. Man hat sich selbst besiegt. Man hat sich nicht nur etwas zugetraut, sondern man hat es auch geschafft!

Mit dieser Erfahrung ist ein Stück Selbstbewußtsein zurückgekehrt, das uns früher mal genommen wurde:

"Dazu bist Du noch zu klein ..."
"Das schaffst Du sowieso nicht."
"Du kannst das nicht."
"Wie Du Dich wieder anstellst."

Das persönliche Erfolgspotential eines jeden Verkäufers liegt bei

1 0 0 %

Davon nutzen die meisten jedoch nur einen Bruchteil.

Fragt man Verkäufer, wieviel ihres persönlichen Erfolgspotentials sie nutzen, dann erhält man Antworten zwischen 30 und 60 %. Tatsache ist jedoch, daß die meisten Verkäufer nur 10 bis 20 % ihres persönlichen Erfolgspotentials nutzen.

Der Grund dafür liegt darin, daß die meisten Menschen mehr können als sie sich zutrauen.

Jeder verfügt über ausreichende Mittel erfolgreich zu sein - doch nur wenige nutzen sie!

Nicht die Dinge sind positiv oder negativ, sondern unsere Einstellungen!

Prägen Sie sich die folgenden Merksätze ein, lesen Sie sie mehrmals in der Woche laut:

> Ich bin heute wieder gut drauf
>
> Ich schaffe, was ich mir vorgenommen habe
>
> Ich bin wieder erfolgreich
>
> Ich lasse es nicht zu,
> daß mein Selbstbewußtsein zerstört wird
>
> Ich suche und finde Lösungen für meine Probleme
>
> Ich freue mich auf meine Gesprächspartner
>
> Es macht mir Spaß anderen Menschen etwas zu
> verkaufen, was ihnen hilft und nutzt
>
> Ich schaffe es
>
> Ich wußte, daß ich es schaffe!

Noch ein Tip:

Wenn Sie abends nicht einschlafen können, weil Sorgen und Probleme Sie daran hindern, dann schreiben Sie die Probleme auf und sprechen Sie zu Ihrem Unterbewußtsein:

"Ich brauche meinen Schlaf im Gegensatz zu Dir. Suche Lösungen für meine Probleme. Morgen früh will ich mir dann die Ergebnisse notieren."

Oft klappt das, man muß nur daran glauben!

1.3 Verkaufen macht Spaß

Wenn Kosmetikerinnen keinen Spaß an ihrem Beruf hätten, wäre das mehr als verständlich, denn sie handeln gegen ihre instinkthaften Gefühle: Sie müssen ihre Konkurrentinnen schöner machen!

Leider kann man immer wieder feststellen, daß die meisten Menschen mit Abscheu und Widerwillen an ihre Arbeit und Aufgaben herangehen: Schon kurz nach 8.00 Uhr am Montagmorgen stöhnt die Angestellte im Büro:

"Diese Woche geht wieder mal nicht zu Ende."

In der Freizeit dann verrichtet man Tätigkeiten, die Streß und Anstrengung und dazu noch Kosten verursachen, mit großer Freude und Begeisterung. Wie ist dies möglich?

Während der Arbeit stehen wir unter Erfolgsdruck, wir sind Erfolgssucher im materiellen und immatriellen Bereich. Von Vorgesetzten und von uns selbst wurden uns Ziele auferlegt, die belasten und den Streß fördern, weil wir fürchten zu versagen, wenn wir die Ziele nicht erreichen. Versagen heißt aber Mißerfolg zu haben und den wollen wir vermeiden. Wir unterscheiden also Erfolgssucher oder Mißerfolgsvermeider. Der Mißerfolgsvermeider fürchtet Kontrollen, Sanktionen und Pressionen. Erst wenn es uns gelingt, eine neue Einstellung zur Arbeit zu finden, wird uns der Erfolg leicht fallen und wird dann zur Selbstverständlichkeit.

Die Motivation zum Handeln kann nicht in Druck und Ängsten

vor Sanktionen und Kontrollen liegen, sondern muß auf einer anderen Ebene angesiedelt sein, will man nicht Gefahr laufen zu versagen. Arbeit macht krank, solange man sich dieser Motivation hingibt.

Die wahre Motivation zum Handeln, zum **Verkaufen** liegt in der Aufgabe zur Selbstverantwortung begründet. Betrachtet man die Verkaufstätigkeit als Spiel mit dem Selbstbewußtsein, daß man im Spiel gewinnen aber auch verlieren kann, dann ist das Risikobewußtsein im richtigen Maße vorhanden:

**Immer gewinnen bedeutet,
nicht zu wissen, was verlieren heißt!**

Nur der Kranke weiß, was Gesundheit bedeutet.

Spielen heißt nicht, seine Rolle als Spielerei zu sehen, wobei es gleichgültig ist, ob man Erfolg hat oder nicht. Spielen heißt, den Erfolg suchen, die Qualität des Spiels stetig zu steigern und zu verbessern.

Spielen bedeutet Spaß zu haben, am Spiel, am Erfolg. Sportler, denen der Spaß an ihrem Sport vergangen ist, werden nur schwerlich erfolgreich sein. Viele Beispiele sind uns aus dem Handball, dem Fußball, dem Tennis usw. bekannt.

Der Spaß am Verkauf kann darauf beruhen, daß man sich freut, verkaufen zu dürfen!

Ist es nicht eine Auszeichnung, eine Ehre, anderen Menschen helfen zu dürfen?

Stellen Sie sich vor, ein Passant läuft an einem Buchladen vorbei. Der Geschäftsinhaber hat vor seinem Geschäft einen Kasten mit antiquarischen, nicht mehr aktuellen Büchern aufgestellt. Ein Passant läßt sich "verführen" und stöbert in dem Kasten. Er findet ein Buch das ihn interessiert, er kauft das Buch. Mit dem Besitz und mit dem Lesen empfindet der Passant **Freude** über den getätigten Kauf, Freude über das Buch.

Geht es uns denn nicht immer genauso? Wir "verführen" den Kunden, wir interessieren ihn für Neues, Unbekanntes. Wir wecken das Interesse des Kunden. Der Kunde kauft und empfindet Freude am neuen für ihn bisher unbekannten Produkt.

Der Verkäufer kann **stolz** darauf sein, Verkäufer zu sein!

Sagte ein Vater zu seinem Sohn: "Hilf mir bitte im Garten." oder "Kehre bitte die Straße." oder "Geh' bitte einkaufen."

Der Sohn quängelt: "Immer muß ich die Arbeit machen, die kein anderer tun will ..."

Darauf der Vater: "Freu Dich, daß Du das tun darfst."

Der Sohn: "Wie kann man sich über so etwas freuen ..."

Der Vater: "Du mußt es doch sowieso tun, also fällt es Dir leichter, wenn Du Dich dabei freust."

Denken Sie bitte immer daran: **Für Ärger, Frust, Streß und schlechte Laune werden Sie nicht bezahlt. Das könnte gar keiner bezahlen!**

Prägen Sie sich folgende Merksätze regelmäßig ein:

Ich bin Leistungssportler - Verkaufen ist meine Disziplin!

Ich freue mich auf jeden Kunden!

Ich will gewinnen und trachte ständig danach, das Verlust-Risiko so gering wie möglich zu halten.

Ich suche ständig neue Wege und Methoden in Verhandlungen erfolgreich zu sein!

Meine Einstellung ist immer positiv!

Nur positive Einstellungen produzieren positive Ergebnisse!

1.4 Die Identifikation

Zwischen Finanzdienstleistungsunternehmen, Verkäufern und Kunden besteht eine Dreierbeziehung, auf die der Verkäufer den stärksten Einfluß ausübt. Von seinem Verhalten, seinen Aktivitäten und Qualitäten ist abhängig, ob eine vertragliche Bindung zwischen Kunde einerseits und Unternehmen andererseits zustandekommt und langfristig bestehen bleibt.

Quantität und Qualität des Geschäftes werden maßgeblich durch die Qualität des Verkäufers bestimmt.

Public relations und gezielte Zielgruppen-Werbung haben dabei lediglich eine unterstützende Wirkung.

Abb. 4

1 Der Verkäufer schafft ständig neue Beziehungen zwischen sich und immer wieder neuen Kunden. Die Kontakte sind auf die Persönlichkeit, die fachliche Kompetenz und auf die Kommunikationsfähigkeit des Verkäufers begründet. Die Bindung an den Verkäufer ist lose und ohne jegliche vertragliche Verpflichtung, sie kann jederzeit seitens des Kunden aufgekündigt werden.

Der Verkäufer bringt in diese Beziehung seine Bereitschaft und Fähigkeit ein, den Kunden fachgerecht zu beraten und zu informieren, er ist bereit, Absprachen und Termine einzuhalten und die Gefühle und Bedürfnisse seiner Partner zu achten.

Der Kunde bringt in diese Beziehung keinerlei Pflichten ein, lediglich die Bereitschaft, den Verkäufer anzuhören und ggf. seine Vorschläge zu akzeptieren.

Voraussetzung für eine gedeihliche Partnerschaft ist, die Bindung zwischen Kunden und Verkäufer ständig zu festigen und zu erhalten. Hierzu ist notwendig sich mit den Zielen, Wünschen und Absichten der Kunden zu identifizieren.

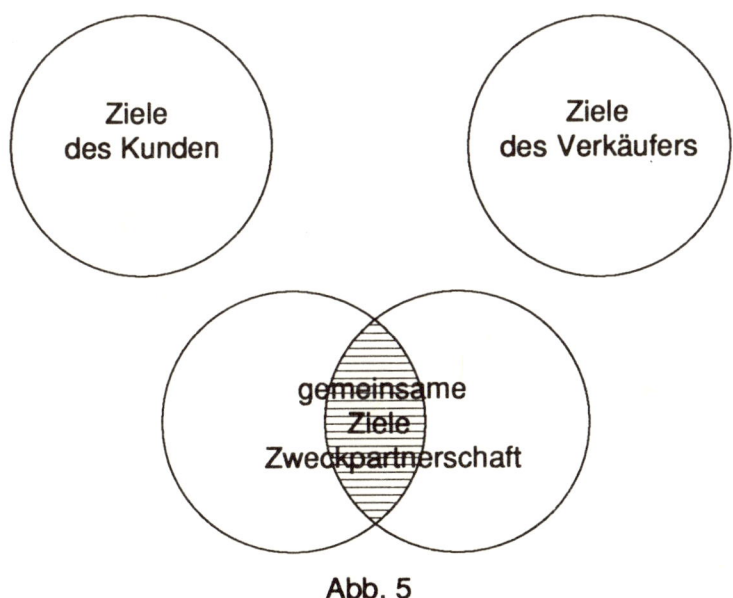

Abb. 5

Schon die Vorstellung des eigenen Unternehmens (General-Agentur, Versicherungsbüro, Makler-Firma, Immobilienbüro, Finanzierungsbüro, Vertriebsunternehmen, Bank usw.) zeigt, inwieweit der Verkäufer sich mit den Zielen des Kunden oder mit seinen eigenen Zielen beschäftigt.

Beispiel:

Ein Generalagent einer Versicherungsgesellschaft stellt sein Unternehmen einem neuen Interessenten vor. Dies geschieht nicht unbedingt sofort am Anfang eines Gespräches, es kann auch im Verlaufe einer Verhandlung erfolgen oder wenn der Kunde auf andere Anbieter oder auf Konkurrenten verweist.

> "Herr Kluge, wenn man krank ist, geht man zu seinem Hausarzt, in steuerlichen Fragen konsultiert man seinen Steuerberater und bei juristischen Fragen holt man sich Rat bei seinem Anwalt.
>
> Häufig stellt man jedoch fest, daß man in Versicherungs- und Versorgungsfragen mehrere "Ratgeber" beauftragt. Oft deshalb, weil man sich durch Verwandtschaft oder Freundschaft "verpflichtet" fühlt oder weil man sich in einem Gespräch dem Verkäuferdruck nicht erwehren konnte.
>
> Jeder Vertreter fühlt sich naturgemäß immer nur für diejenige Versicherung "verantwortlich", die er verwaltet und betreut. Die Folge ist, daß Wichtiges fehlt und unangenehme Überraschungen im Schadenfall sind die Folge.
>
> Deshalb ist es wichtig, sich in solch wichtigen Angelegenheiten von nur einem Fachmann beraten und betreuen zu lassen - immerhin geht es um das Einkommen, den Besitz, das Vermögen und die Zukunft, also das Wichtigste was man besitzt.
>
> Außerdem ist eine Mitverantwortung nur dann möglich, wenn alle Verträge von einer Person verwaltet werden."

Der Verkäufer macht mit dieser Darstellung deutlich, daß der Kunde Vorteile hat, seine Produkte bei ihm zu kaufen und sich künftig nur noch von ihm betreuen zu lassen. Daß er selbst Vorteile hat, braucht er dem Kunden ja nicht erst zu erzählen.

Beispiel:

Ein Mitarbeiter einer Bank oder Sparkasse möchte seinen

Kunden veranlassen alle Geldgeschäfte, also auch Bauspar-
verträge oder Versicherungsverträge über sein Institut
abzuwickeln.

"Herr Kluge, Geld und Geld gehören zusammen: Sparen,
Vermehren, Absichern. Viele Geldgeschäfte stehen in
einem direkten Zusammenhang zueinander: Kredite, Vermögensbildung, Investitionen, Absicherungen, Finanzie-
rungen, Steuersparmodelle, Erwerb von Sachwerten,
Aufbau von zusätzlichen Rentenansprüchen usw.

In allen diesen Bereichen wird man ständig von vielen
verschiedenen Beratern und Verkäufern angegangen. Jeder
hat nur ein Ziel: sein Produkt an den Mann oder an die
Frau zu bringen. Lästige Hausbesuche während der kost-
baren Freizeit werden vereinbart.

Da ist es doch besser mit dem Institut seines
Vertrauens Geldgeschäfte zu besprechen. Entscheidungen
in so wichtigen Dingen trifft man lieber ohne psychologischen Druck in einem Institut, wo einem ein fachlich
kompetenter, unabhängiger und ohne Provisionsinteresse
handelnder Experte zur Verfügung steht ..."

Auch hier wird deutlich, daß der Bankangestellte die
echten, oder vermeintlichen Interessen des Kunden in den
Mittelpunkt seiner Argumentation gestellt hat.

Beide Verkäufer haben sich mit den Interessen und Zielen
des Kunden **identifiziert.**

> **Verkaufen heißt,**
> **die Interessen und Wünsche des Kunden**
> **mit unseren eigenen in Einklang zu bringen.**

Der Kunde wird dann seine lose Beziehung Kunde - Verkäufer
aufrechterhalten und fortführen, wenn er seine eigenen
Interessen gewahrt sieht.

2 Der Erfolg eines Unternehmens und der seiner Mitarbeiter
hängt stark davon ab, wie sich das Unternehmen darstellt
und wie sich die Mitarbeiter im Innen- und Außendienst mit
dieser Unternehmenskultur und -philosophie identifizieren
(Corporate identity).

Die Unternehmensphilosophie muß sich an den Interessen und Belangen der vorhandenen und potentiellen Kunden orientieren.

Sie muß von **allen** Mitarbeitern getragen werden.

Eine vertragliche Bindung zwischen Vertretern und Mitarbeitern auf der einen Seite und den Unternehmen auf der anderen Seite reicht nicht aus, eine Identifikation herzustellen. Auch die Ausstattung mit Werbematerial, Gehalt, fachlicher Unterstützung, Betreuung, Werbekostenzuschüssen usw. trägt allein nicht dazu bei, daß die Ziele des Unternehmens vom Mitarbeiter voll übernommen werden.

Mitarbeiter-Motivation, Führungsstil, Betriebsklima und vor allem die Fähigkeit dem Mitarbeiter Spaß an der Arbeit zu vermitteln, sind Voraussetzung dafür, daß der Mitarbeiter nicht nur egoistisch seine Ziele, sondern auch die Ziele des Unternehmens zu erreichen sucht.

3 Die dritte Beziehung besteht zwischen Kunde und Unternehmen. Hier besteht eine vertragliche Bindung, wobei der eine Partner - der Kunde - sich zur Zahlung des vereinbarten Beitrages verpflichtet und sich bindet, die Obliegenheiten zu beachten. Das Unternehmen verpflichtet sich, die im Vertrag festgelegten Leistungen zu erbringen. In den meisten Fällen ist die Bindung Kunde - Unternehmen lose und unbedeutend, da der Kunde in der Regel bei seinem Partner, dem Agenten oder Berater kauft. Dennoch ist wichtig, wie sich die Unternehmen insgesamt darstellen, welches Erscheinungsbild sie in der Öffentlichkeit haben.

1.5 Selbstmanagement - Basis für den Erfolg

Der Verkäufer von Finanzdienstleistungen bewegt sich in einem weiten und aussichtsreichen Markt. Während in anderen Märkten Absatzschwierigkeiten, Stagnation der Jahresumsätze und Rückgang der Nachfragerzahl durchaus Themen sind, ist der Bedarf der Kunden an Beratung im finanziellen Bereich und ihre Abschlußfreudigkeit weiter auf dem Vormarsch. Freilich ist unverkennbar, daß Interessenten und Kunden im Dienstleistungsbereich die angebotenen Produkte zunehmend kritischer unter die Lupe nehmen. Die Unternehmen und ihre Verkäufer stehen in der Verpflichtung, durch gründliche und wahrhafte Information, kundenorientiertes Verhalten und bedarfsgerechte Angebote Kunden zu gewinnen.

In einem solchen Markt ist für den bloßen Zufallsverkäufer auf Dauer kein Platz mehr. Es genügt nicht mehr, sich einfach auf sein Glück zu verlassen, daß man schon irgendwie an einen Abschlußwilligen geraten werde. Es genügt auch nicht mehr, 'mal eben rasch einen Abschluß zu tätigen und dann auf Nimmerwiedersehen zu verschwinden. Und es genügt schon gar nicht mehr, den Kunden ohne große Vorbereitung aufzusuchen, um dann zu sehen, wie man mit dem Verkaufsgespräch zu Rande kommt.

Der heutige Kunde will in aller Regel von Anfang an wissen, worum es im Gespräch gehen soll. Er muß gleich erkennen, daß es für ihn wichtig und nützlich ist, dieses Gespräch zu führen. Er will sachlich und vor allem verständlich informiert werden. Und er will nach einem Abschluß zuverlässig, aber unaufdringlich betreut werden. All dies besagen statistische Erhebungen, die über den "Wunsch"-Verkäufer von Finanzdienstleistungen erstellt wurden.

Um diesen Anforderungen gerecht werden zu können, muß der Verkäufer eine Reihe von Voraussetzungen erfüllen. Unter anderen gehört dazu auch die Fähigkeit, sich selbst zu organisieren.

Talent oder Handwerk?

Organisationstalent kann eine angeborene Eigenschaft sein. Wohl dem, der sie hat! Aber auch für den anderen besteht nicht der geringste Anlaß zu verzweifeln. Denn mit diesem Talent verhält es sich so wie mit den meisten anderen auch: Bis zu einem gewissen Maß ist alles erlernbar! Und gerade im Bereich des Selbstmanagements erreicht der klare, analytische Menschenverstand häufig mehr als bloßes Talent.

Ob eine bestimmte Vorgehensweise rationell und systematisch ist, kann man erkennen und anhand verschiedener Faktoren abprüfen. Über Möglichkeiten der Büroorganisation, der täglichen Arbeitsplanung oder der Speicherung von Daten und Fakten kann man sich informieren. Für die Einteilung der Arbeitszeit gibt es heutzutage eine Fülle von Hilfsmitteln, die ebenso übersichtlich wie nützlich sind. Wichtig ist lediglich, sich die Notwendigkeit solcher Maßnahmen bewußt zu machen und sie dann auch konsequent durchzuführen.

Seminarveranstaltungen mit unterschiedlichsten Themen unterstützen das Kennenlernen und Einüben solcher Verhaltensweisen.

Zeit sparen durch Terminvereinbarung

Einem Verkäufer von Finanzdienstleistungen geht es nicht anders als den meisten Menschen, die in verantwortungsvollen Berufen tätig sind: Zeit im Überfluß hat er nicht. Er ist zwar ein freier Mann und kann seine Zeit so einteilen, wie er will. Aber er ist doch in vieler Hinsicht auch gebunden, z.B. daran, wann seine Kunden für ihn Zeit haben. Manchmal bereitet es Mühe, einen passenden Gesprächstermin zu finden. Der Verkäufer braucht die ungeteilte Aufmerksamkeit des Gesprächspartners, wenn die Beratung erfolgreich sein soll. Ein gerade so dazwischen geschobener Termin nützt meist nicht viel - jedenfalls nicht, wenn es um grundsätzliche Fragen der Kapitalanlage oder Zukunftsvorsorge geht.

Wann die einzelnen Kunden bzw. Kundengruppen am besten zu

sprechen sind, kann nicht generell beantwortet werden. Dazu sind die persönlichen Umstände zu verschieden. Aber durch die Erfahrung ergeben sich im Lauf der Zeit einige Regeln, die zu beachten sich lohnt

- Arbeitnehmer sind naturgemäß am besten nach Feierabend zu erreichen, also etwa ab 17.00 Uhr.

  Aber Vorsicht, wenn Sportübertragungen auf dem Programm stehen!

- Geschäftsleute können auch während der Arbeitszeit besucht werden. Aber Sinn hat das nur nach vorheriger Terminvereinbarung. Zu leicht können sonst andere Termine des Besuchten - Besprechungen, Telefonate oder dringende Aufgaben - das Gespräch verhindern oder verzögern.

- Ärzte braucht man während der Sprechstunde wohl kaum besuchen oder anrufen.

- Anwälte sind vormittags meist bei Gericht.

- Grundsätzlich gilt für alle Gesprächstermine:

  Es sollten alle Entscheidungsträger anwesend sein. Das heißt z.B., daß die Ehefrau unbedingt mit an den Tisch gehört, wenn es um Fragen der Geldanlage oder des Versicherungsschutzes geht.

- Ernsthafte Beratungsgespräche sollten stets durch eine klare Terminvereinbarung vorbereitet werden. Die Erfahrung zeigt, daß terminierte Besuche erfolgreicher sind als "Überfälle". Die Gesprächsatmosphäre ist gelöster, weil der Kunde innerlich vorbereitet ist. Der Verkäufer ist in diesem Fall kein Eindringling sondern geladener Gast. Dies ist ein wichtiges Ziel der telefonischen Terminvereinbarung (s. auch dort).

Neben solchen Grundregeln ist es für den Verkäufer auch besonders wichtig, sich stets für den einzelnen Kunden die individuellen Besonderheiten hinsichtlich der Ansprechzeit zu vermerken, wenn er Zeit und Kosten sparen will.

1.5.1 Zeit für Vorbereitung einplanen

Zu einer erfolgreichen Verkaufstätigkeit gehört auch eine gründliche Vorbereitung der Kundenbesuche. Die Wahrscheinlichkeit zu einem Abschluß zu kommen steigt, je intensiver und besser vorbereitet der Verkäufer ist. Was gehört zu einer sinnvollen Gesprächsvorbereitung?

- So viele Informationen wie möglich über den Gesprächspartner einholen!

    Die eigenen Unterlagen (Kartei) können dabei ebenso hilfreich sein wie Bekannte, Freunde oder Nachbarn.

- Gesprächsziel festlegen!

    Wer mit einem festen Vorsatz in eine Verhandlung geht, wird zielgerichteter vorgehen und im allgemeinen erfolgreicher sein als der, der alles einfach auf sich zukommen läßt. Neben dem anzustrebenden Hauptziel des Gesprächs sollte man sich auch ein Ziel setzen, das man zumindest erreichen will - selbst wenn sonst alle Stricke reißen.

- Fachwissen aktualisieren!

    Ein gewisses Grundwissen hat jeder Verkäufer sofort verfügbar. Aber nicht immer reicht es aus, die spezifischen Fragen des Kunden zu beantworten. Gerade wenn es sich um weniger häufig besuchte Kundengruppen oder ausgefallenere Produkte aus der eigenen Angebotspalette handelt, ist es schwierig, auf dem laufenden zu sein. Manchmal sind auch die allerletzten Neuerungen noch nicht so hundertprozentig im Griff. Peinlich, wenn man aus Unkenntnis - sprich: mangelnder Vorbereitung -

eine falsche Auskunft gibt! Besser ist da schon eine detaillierte Vorbereitung daheim am Schreibtisch. Diese Art Arbeit ist zwar für viele Verkäufer Knochenarbeit, aber sie zahlt sich letztlich aus.

- Argumentation zurechtlegen!

Kein Verkäufer, der etwas auf sich hält, wird bei jedem Kunden stur die gleiche "Platte" herunterspielen. Ein auswendig gelerntes, voll programmiertes Gespräch engt auf Dauer die Möglichkeiten doch zu sehr ein. Genauso wenig wird jedoch ein erfahrener Verkäufer losziehen, ohne sich gut überlegt zu haben, welche Argumente er bei seinem Gespräch einsetzen will. Dabei wird es sicher bestimmte wiederkehrende Grundraster geben, sozusagen ein Gerippe oder einen roten Faden. Aber die jeweilige Ausformulierung wird auf den individuellen Fall zugeschnitten werden.

- Unterlagen überprüfen!

"Was brauche ich bei diesem Kunden?" Diese Frage stellt sich der Verkäufer wohl vor jedem Verkaufsgespräch, denn zu vielfältig sind die Arbeits- und Beratungsunterlagen, als daß man immer alles dabeihaben könnte. So wird die Auswahl dessen, was man dann tatsächlich mitnimmt, gelegentlich zu einer Art Lotteriespiel. Schließlich will man nicht beladen wie ein Packesel beim Kunden erscheinen. Andererseits ärgert man sich gewaltig, wenn wichtige Unterlagen fehlen und man so nicht zum Abschluß kommt oder noch einmal extra etwas beim Kunden vorbeibringen muß.

Da der Mensch vergeßlich ist und damit vor Überraschungen durch Mängel in der Vorbereitung nie ganz sicher sein kann, empfiehlt es sich mit Check-Listen zu arbeiten, mit deren Hilfe man seine Vorbereitungsarbeit überprüfen kann. So könnte eine solche Check-Liste aussehen:

Check-Liste zur Besuchsvorbereitung

Name des
Gesprächspartners:_____
_____

Ziel des
Gesprächs:_____
_____
_____

Was will ich wenigstens
erreichen:_____
_____
_____

Welchen Bedarf hat mein Gesprächspartner
(vermutlich)?_____
_____
_____
_____

Wie mache ich diesen Bedarf
deutlich?_____
_____
_____
_____

Welchen
Vorschlag mache ich?
_____
_____
_____

Welche Einwände könnte mein Gesprächspartner
vorbringen? _____
_____
_____
_____
_____
_____

Was kann ich darauf
antworten? _____
_____
_____
_____
_____
_____

Welche Hilfsmittel setze ich
ein? _____
_____
_____
_____

Welche Alternativen gibt es zu meinem
Vorschlag? _____
_____
_____
_____

Was unterscheidet sie von meinem
Vorschlag? _____
_____
_____
_____

Welches Material nehme ich
mit? _____
_____
_____

Was muß ich noch
besorgen? _____
_____
_____
_____

Bleibt noch die Frage zu klären, wieviel von seiner insgesamt verfügbaren Zeit der Verkäufer für seine Besuchsvorbereitung verwenden sollte. Hier gibt es nur eine salomonische Antwort:

"Soviel wie nötig, aber so wenig wie möglich!"

Das schafft zwar auch keine besondere Klarheit, aber die Entscheidung ist hier tatsächlich schwer. Das liegt an der unterschiedlichen Situation, Arbeitsmethodik und auch am Arbeitstempo des einzelnen Verkäufers. Dennoch kann als Faustregel gelten, daß man nur ungefähr die Hälfte seiner gesamten Arbeitszeit im Gespräch mit dem Kunden zubringen kann. Die andere Hälfte wird durch die Vorbereitung (etwa ein Drittel der Gesamtzeit!) und die Fahrzeit verbraucht. Wobei hier unter Vorbereitung die gesamte Büroarbeit des Verkäufers zu verstehen ist - also auch die Nachbereitung eines Gesprächs (Daten erfassen, offene Fragen klären, neu terminieren). Aber Nachbereitung des einen Gesprächs ist ja zugleich auch Vorbereitung des nächsten!

1.5.2 Fahrzeit realistisch einschätzen

Neben Kundengespräch und Vorbereitung ist die Fahrt zum Kunden der dritte Zeitfaktor, der für den Verkäufer bedeutsam ist. Je nach Gebietsgröße und Verkehrsaufkommen muß mit teilweise beträchtlichen Fahrzeiten gerechnet werden. Umso wichtiger ist eine rationelle Routenplanung, damit der Verkäufer soviel wie möglich Zeit spart.

Aus diesem Grunde ist es sinnvoll, ein größeres Arbeitsgebiet in verschiedene Bereiche aufzuteilen und im jeweiligen Bereich gleich mehrere Besuchstermine bei einer Fahrt wahrzunehmen. Für den Fall, daß hin und wieder ein Gespräch schneller beendet ist als geplant oder an überraschenden Terminproblemen des Kunden ganz scheitert, kann sich der Verkäufer einige Ausweichadressen aus diesem Teilgebiet zur Sicherheit mitnehmen. Er kann dann immerhin versuchen, ob nicht doch kurzfristig ein Gespräch mit einem anderen Kunden zustandekommt. Auch kann die übrige Zeit für persönliche - statt wie sonst üblich telefonische - Terminvereinbarungen genutzt werden.

Wichtig ist, schon bei der Terminvereinbarung darauf zu achten, daß zwischen den einzelnen Gesprächen genügend Zeit für die Wegstrecke zwischen den Kunden und eine kurze geistige und körperliche Erholung bleibt. Es belastet die Gesprächsführung und damit auch den Ausgang der Verhandlungen sehr, wenn der Verkäufer in Zeitnot gerät, weil der nächste Kunde schon wartet.

Sollte eine Verspätung - aus welchen Gründen auch immer - einmal wirklich nicht zu vermeiden sein, so gibt man selbstverständlich dem Wartenden kurz Bescheid und vergewissert sich, daß das geplante Gespräch auch ein wenig später noch stattfinden kann. Sonst kann es passieren, daß der Verkäufer völlig abgehetzt beim Kunden ankommt, der aber bereits seine Zeit anderweitig verplant hat, weil er annehmen mußte, er sei vergessen worden.

1.5.3 Informationen sind bares Geld wert

Neben seiner Zeit sind Informationen, die er über seine Kunden bekommt, das kostbarste Gut eines Verkäufers. Aus ihnen zieht er seine künftigen Abschlußchancen. Auf sie baut er seine Argumentation auf. Sie stellen praktisch das Kapital dar, das sein Unternehmen trägt.

Nun kann aber niemand - auch nicht mit einem noch so guten Gedächtnis - all die vielen Einzelheiten im Kopf behalten, die sich im Lauf der Zeit ergeben und deren Speicherung nützlich ist. Vergessen bedeutet jedoch zugleich Verlust. Somit ergibt sich für den zielstrebigen Verkäufer nur eine einzige Schlußfolgerung: Es muß ein funktionierendes Informationssystem her, das all die Daten und Fakten aufnimmt und bei Bedarf leicht wieder hergibt!

Informationssysteme gibt es sicherlich viele. Es wird in Verkäuferkreisen viel darüber diskutiert, welches nun das beste sei. Auch hier gibt es - wie so oft bei solchen Diskussionen - kein pauschal gültiges Urteil. Je nach persönlichem Arbeitsstil, Größe des Kundenstammes und Arbeitsaufwand für die einzelnen Produkte ist zu entscheiden, ob beispielsweise ein normales, von Hand oder mit Schreibmaschine geschriebenes Karteisystem genügt oder ob man sich besser einen Personalcomputer anschafft, um mit entsprechenden Datenverarbeitungsprogrammen den Bestand zu verwalten, Bedarfsanalysen zu erstellen oder konkrete Vorschläge zu erarbeiten.

Jeder Verkäufer muß für sich den besten und auch finanziell akzeptablen Weg suchen. Nur eines ist absolut sicher: Ohne Informationssystem gibt es kein vernünftiges und auf Dauer erfolgreiches Arbeiten in diesem Beruf. Wer es dennoch versucht, stochert lediglich im Nebel herum und muß heilfroh sein, wenn er wenigstens gelegentlich einen Glückstreffer landet.

In einem Atemzug mit dem Informationssystem eines Verkäufers muß auch die Frage nach der Organisation seines Büros überhaupt gestellt werden. Auch hier sind alle möglichen Spielarten denkbar - vom Ladenbüro in einer belebten Einkaufsstraße mit todschickem Mobiliar bis zum einfachen Schreibtisch in der Privatwohnung. Als Mindestanforderung muß jedoch gelten:

- Wer professionell verkaufen will, braucht einen Raum, in dem er ungestört arbeiten und telefonieren kann. Dazu einen Schreibtisch, den er nach seinen persönlichen Anforderungen einrichten kann, und einen zweckmäßigen Aktenschrank, in dem er seine Ablage und seine Arbeitsunterlagen aufbewahren kann.

- Selbstverständlich muß der Raum mit einem Telefonanschluß ausgestattet sein. Über das Thema "Telefonische Erreichbarkeit" wird an anderer Stelle noch zu reden sein.

Wenn man vorhat, sich einen Büroraum neu einzurichten, läßt man sich am besten von erfahrenen Kollegen zeigen, wie sie's gemacht haben, und in einschlägigen Fachgeschäften beraten.

1.5.4 Zeitlichen Leerlauf suchen

Alle Bereiche des Selbstmanagements haben einen gemeinsamen Nenner - die Zeit- und Kostensituation. Sie ist für jeden Selbständigen von entscheidender betriebswirtschaftlicher Bedeutung. So auch für den Verkäufer!

Oftmals ist einem jedoch nicht bewußt, wo Zeit und Geld eigentlich hin verschwinden. Klarheit in diesem Punkt schafft man, in dem man in regelmäßigen Abständen genau notiert, wieviel Zeit den ganzen Tag über für die einzelnen Aufgaben aufgewendet wird. Eine detaillierte Kostenaufstellung wird man als Unternehmer je ohnehin führen. So kann durch Zeit- und Kostenanalyse geprüft werden, ob man als Verkäufer mit diesen beiden wichtigen Erfolgsfaktoren wirtschaftlich sinnvoll umgeht.

Für den Faktor Zeit könnte man dabei beispielsweise die folgenden Fragen zugrundelegen:

- Wann stehe ich morgens auf?
- Wie lange brauche ich, bis ich dann wirklich am Schreibtisch sitze?
- Wieviel Zeit verbrauche ich mit Suchen von Unterlagen?
- Wieviel Zeit brauche ich für unproduktive Routinearbeiten?
- Wie telefoniere ich? (Einzeln? Im Block? Lang?)
- Schiebe ich unangenehme Arbeiten vor mir her?
- Welche Störfaktoren gibt es in meiner Umgebung?
- Wie konkret sind meine Termine?
- Wie oft "platzen" meine Termine?
- Wieviel Zeit verbringe ich im Auto?
- Wie weit liegen die einzelnen Gespräche entfernungsmäßig auseinander?

Wer seinen täglichen Arbeitsablauf nach diesen Kriterien regelmäßig durchforstet, wird mit Sicherheit vorhandenen zeitlichen Leerlauf aufspüren. Er wird sicher auch ganz selbstverständlich Ideen entwickeln, wie er den jeweiligen Mangel an Erfolgsorientierung abstellen kann. Dazu muß er sich allerdings ein wenig Zeit zum Nachdenken nehmen (s. auch Kapitel "Streß").

Diese Investition lohnt sich jedoch, wenn damit das Selbstmanagement vervollkommnet wird.

1.6 Motivation - Triebfeder des Verkäufers

Menschliches Verhalten wird oft sehr kritisch beurteilt.

"Da haben Sie sich ungeschickt verhalten."

oder

"Er hat sich wieder 'mal völlig falsch verhalten."

sind Äußerungen, die man jeden Tag aus dem Mund von Vorgesetzten, Kollegen oder Kunden hören kann. Vielfach wird dabei das jeweilige Verhalten losgelöst von allen anderen Einflüssen betrachtet.

Psychologen wehren sich energisch gegen diese Betrachtungsweise. Ihrer Ansicht nach heißt "sich verhalten", sich aufgrund gesammelter Erfahrungen in einer ganz bestimmten Form zu äußern. Erfahrungen wiederum entstehen durch positiv oder negativ empfundene Erlebnisse, so daß das Verhalten des Menschen letztlich durch seine bisherigen Erlebnisse gesteuert wird.

Menschliches Verhalten äußert sich in Handlungen, Taten. Diese wiederum fordern Reaktionen der Umwelt heraus. Und diese Reaktionen bedeuten neue Erlebnisse, die erneut als positive oder negative Erfahrungen empfunden werden. Durch sie wird häufig ein neues geändertes Verhalten produziert, womit sich der Kreislauf wieder schließt.

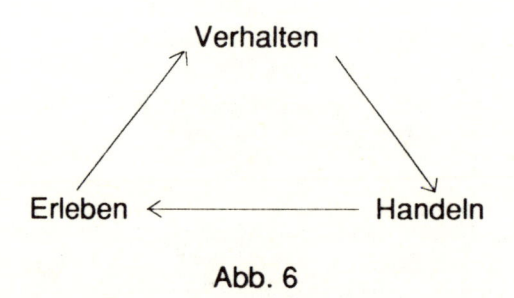

```
                    Verhalten
                   ↗        ↘
           Erleben  ←——  Handeln
```

Abb. 6

Das Persönlichkeitsbild des erwachsenen Menschen setzt sich aus einem Repertoire von Gewohnheitsreaktionen, also aus einem Bündel erlernter Verhaltensweisen zusammen. Dabei handelt jeder Mensch nach dem Gesetz von Belohnung und Bestrafung: Eine Verhaltensweise, die angenehme Erfahrungen nach sich zog - die also "belohnt" wurde -, eignet man sich dauerhaft an und wiederholt sie nach Möglichkeit. Dagegen versucht man eine Verhaltensweise, die negative Erfahrungen auslöste, künftig tunlichst zu vermeiden.

Dieses Wechselspiel von Belohnung und Bestrafung wird uns in der Regel von Kindesbeinen anerzogen. Die Intensität, mit der beides empfunden wird, ist jedoch unterschiedlich. Während der empfindsame Mensch schon bei der leisesten Rüge reagiert und sein Verhalten umstellt, braucht der "Elefant im Porzellanladen" schon den Holzhammer, bevor er Wirkung zeigt. Das Grundprinzip ist aber beiden gemeinsam.

Dieses System von Belohnung und Bestrafung funktioniert deshalb so gut, weil menschliches Handeln im allgemeinen zielgerichtet ist. Bestimmte Bedürfnisse sollen bzw. müssen befriedigt werden, ehe der einzelne sich wohlfühlen kann. Dafür ist er bereit einiges zu tun: sich anzupassen, sich zu engagieren, zu arbeiten, Widerstand zu leisten, usw.

Man unterscheidet grundsätzlich fünf verschiedene Arten von Bedürfnissen (=Motive)

1. Physiologische Bedürfnisse

Der menschliche Körper strebt danach, alle chemischen und physikalischen Reaktionen des Organismus im Gleichgewicht zu halten (Homöostase). So empfindet er Schwankungen dieses Gleichgewichts als Hunger, Durst, Müdigkeit. Auch das hormongesteuerte Triebleben gehört in diesen Bereich.

2. Sicherheitsbedürfnisse

Schutz und Geborgenheit vor Witterungseinflüssen und gefährlichen Tieren oder menschlichen Feinden suchte der Urmensch einst in Höhlen. Bis heute hat sich das Gefühl angenehmer Behaglichkeit in vertrauter Umgebung gehalten. "My home is my castle", sagt der Engländer.

Daneben spiegelt sich das Sicherheitsbedürfnis in dem Wunsch wider, das menschliche Zusammenleben zu strukturieren, eine Ordnung zu schaffen, Gesetze zu erlassen.

Im übrigen hat sich die Absicherung der Existenz sehr stark auf den finanziellen Bereich verlagert. Der Mensch legt etwas "auf die hohe Kante" und schließt eine Reihe von Versicherungen ab. Aus diesem Bedürfnis hat sich ein blühender Wirtschaftszweig entwickelt. Der Verkäufer von Finanzdienstleistungen findet hier den zentralen Ansatzpunkt für seine Argumentation.

3. Soziale Bedürfnisse

Der Mensch ist in aller Regel kein Einzelgänger. Er möchte vielmehr "dazugehören", in Familie und Bekanntenkreis integriert sein. Einsamkeit, Zurückweisung oder Isolation werden schmerzlich empfunden und haben bei Fortdauer dieses Zustands oft schwere seelische Schäden zur Folge. Der Hunger nach Kontakt, liebevollen Beziehungen und Intimität ist auch eine der Wurzeln der Sexualität.

4. Ich-Bedürfnisse

Sich in seinem Beziehungskreis aus der Masse herauszuheben, ist ebenfalls ein Bedürfnis des Menschen. Anerkannt zu werden aufgrund persönlicher Leistungen, fachlicher Kompetenz oder charakterlicher Stärken ist oft Ursache für intensive Bemühungen. Aber auch das Verlangen Macht auszuüben, Statussymbole zu besitzen und gesellschaftliches Ansehen zu haben, gehört in diesen Bereich. Die Achtung anderer und die Selbstachtung spielen eine wichtige Rolle für die innere Zufriedenheit.

5. Bedürfnis nach Selbstverwirklichung

Das Bestreben, die individuellen Möglichkeiten auszuloten, sich persönlichen Neigungen zu widmen, das Leben mit Beschäftigungen und Dingen auszufüllen, die Freude bereiten, macht für viele Menschen das Dasein erst wirklich lebenswert. Selbstgesteckte Ziele zu erreichen, bringt erst die vollkommene Zufriedenheit.

Über die Frage, was die verschiedenen Arten der Bedürfnisse für den einzelnen Menschen bedeuten, haben schon ganze Psychologengenerationen diskutiert und gestritten. Das Spektrum der Meinungen reicht von den monistischen Theorien Freuds (Sex) und Adlers (Macht) über den Amerikaner Maslow (Bedürfnispyramide) bis zu dem deutschen Motivationspsychologen Correll, der in Weiterentwicklung Maslows eine pluralistische Theorie der fünf Motivationstypen vertritt.

Während Maslow davon ausgeht, daß die menschlichen Bedürfniskategorien hierarchisch angeordnet sind und eine von unten nach oben abnehmende Dringlichkeit aufweisen, kann nach Correll die Dringlichkeit der Bedürfnisbefriedigung bei demselben Menschen durchaus zwischen den Bedürfniskategorien wechseln. Je nach persönlicher Situation und äußeren Umständen seien Bedürfnisse, die nach Maslow höher einzustufen sind - wie Selbstverwirklichung oder Ich-Bedürfnisse - für den einzelnen in seinem besonderen aktuellen Fall so wichtig, daß er sie zu befriedigen suche, ungeachtet dessen, ob die untergeordneten - z.B. physiologischen - Bedürfnisse bereits befriedigt sind.

Diese Überlegungen haben für den Verkäufer von Finanzdienstleistungen in mehrfacher Hinsicht Bedeutung:

- Beim Aufbau eines Verkaufsgesprächs muß er davon ausgehen, daß sein Gesprächspartner aufgrund augenblicklicher persönlicher Gegebenheiten nicht dem Sicherheitsbedürfnis sondern einer der anderen Bedürfniskategorien eine größere Bedeutung beimißt. Es gilt also zunächst herauszufinden, welcher Motivationsbereich gerade der entscheidende ist.

- In seiner Verkaufsargumentation hat der Verkäufer zu berücksichtigen, daß alle Bedürfniskategorien des Menschen angesprochen werden. Zumindest muß er die entsprechenden Argumente parat haben, da er unter Umständen mit einer rein auf Sicherheitsbedürfnis ausgerichteten Argumentation nicht immer zum Ziel kommt.

- Und schließlich unterliegt der Verkäufer selbst in seinem Handeln diesen verschiedenen Bedürfnisarten. Somit stellt sich für ihn die Frage, aus welchen Gründen er sich für seinen Beruf (z.B. des Versicherungsverkäufers) entschieden hat. Aus welchen Motiven heraus er seine Tätigkeit ausübt und ob bzw. wie diese Motive sich auf sein Erscheinungsbild und Auftreten auswirken. Es macht sicher einen Unterschied in der Wirkung nach außen, ob jemand nur deshalb Verkäufer ist, weil er irgendeine Beschäftigung braucht, um die einfachsten physiologischen Bedürfnisse (= Lebensunterhalt) befriedigen zu können, oder ob er in der ständigen Auseinandersetzung mit den Problemen seiner Kunden und dem Versuch, diese zu lösen, sein berufliches Lebensziel und damit ein Stück Selbstverwirklichung sieht.

Hier befinden wir uns wieder an einer der zentralen Fragen des Verkäuferdaseins: Welche Einstellung zu meinem Beruf, meinen Kunden, meinen Produkten und Geschäftspartnern habe ich? (s. auch Kapitel "Identifikation").

Und weiter: Wie gewinne ich der Verkaufstätigkeit trotz des Erfolgsdrucks, der damit verbundenen Enttäuschungen und der täglichen Hetze positive Seiten ab? (s. auch Kapitel "Spaß am Verkauf").

Die Motivation des Menschen, etwas Bestimmtes zu tun, kann - wie eingangs beschrieben - darin bestehen, Strafe zu vermeiden oder Streicheleinheiten zu bekommen. Damit dient die Tätigkeit selbst nicht unmittelbar der Bedürfnisbefriedigung sondern führt nur auf einem Umweg dahin.

"Ich verkaufe, damit ich Geld verdiene, um mir damit etwas leisten zu können (z.B. Statussymbole wie Auto, Eigenheim, Reisen, Schmuck)."

"Ich verkaufe, damit ich mein Soll erfülle, um keinen Ärger mit meinem Vorgesetzten/meiner Führungskraft zu bekommen."

Diese Art der Motivation ist zwar - wie schon erwähnt - wirkungsvoll, kann aber auf Dauer unbefriedigend sein und zu Streßerscheinungen führen (s. auch Kapitel "Streß").

Schöner ist es natürlich, wenn die Tätigkeit selbst interessiert, Spaß macht, Freude bringt. Wenn der Verkäufer sagt:

"Ich verkaufe, weil ich Spaß daran habe, mich mit Menschen über ihre Wünsche und Probleme zu unterhalten."

"Ich verkaufe, weil es mir Freude macht, anderen ein Stück Lebenshilfe zu bieten."

So wird er lockerer und gelöster agieren können und damit höchstwahrscheinlich auch erfolgreicher sein. Hier wird mit der Ausführung der Tätigkeit selbst eine Bedürfnisbefriedigung erzielt. Häufig muß diese Form der Motivation erst durch einen langwierigen Prozeß geweckt werden. Aus einer Kette von positiven Verstärkern (Lob, Erfolgserlebnis) erwächst Interesse an der Sache selbst, sodaß irgendwann einmal die äußeren Motivatoren überflüssig werden und die Tätigkeit aus eigenem Antrieb ausgeführt wird.

Für den Verkäufer ist es wichtig, daß er sich von Zeit zu Zeit darüber klar wird, welchen Motivationsgrad er im Moment hat. Denn die aktuelle Motivationslage entscheidet über seinen derzeitigen Erfolg! Ein Motivationstest verhilft ihm zu den nötigen Erkenntnissen. Selbstverständlich hat ein solcher Test nur Sinn, wenn man sich selbst gegenüber ehrlich ist.

Folgende Fragen können als Prüfstein für die Motivation gelten:

Frage	ja	teilw.	nein
1. Habe ich den Verkäuferberuf aus völlig freien Stücken gewählt?	2	1	0
2. Finden meine Freunde/Bekannten meine Tätigkeit gut?	4	2	0
3. Bin ich sicher, daß ich erfolgreich sein werde?	4	1	0
4. Unterstützt mich meine Frau/Familie und steht sie hinter meiner Tätigkeit?	4	2	0
5. Habe ich mich schon früher mit einzelnen Teilgebieten meiner Tätigkeit befaßt?	4	3	0
6. Freue ich mich auf den Kontakt mit den Kunden?	2	1	0
7. Habe ich ein Gefühl der Unsicherheit, wenn ich an die Zukunft denke?	0	1	3
8. Informiere ich mich regelmäßig zu Themen meiner Tätigkeit?	3	1	0
9. Würde ich meine Tätigkeit auch bei schlechterem Verdienst ausüben?	3	2	1
10. Rede ich gern mit anderen über meine Tätigkeit?	2	1	0
11. Würde ich lieber etwas anderes tun, wenn ich die Möglichkeit dazu hätte?	0	1	3
12. Interessieren mich die mit meiner Tätigkeit zusammenhängenden fachlichen Fragen überwiegend?	6	3	0

Je niedriger die auf diese Weise ermittelte Punktzahl ist, desto geringer ist der Stand der Motivation.

Auswertung: 0 - 14 Punkte   = schwach motiviert

15 - 29 Punkte   = hinreichend motiviert

30 - 40 Punkte   = hoch motiviert

Vor allem der schwach motivierte Verkäufer braucht dringend Motivationshilfen. Oftmals wird man sich dabei nicht auf Außenstehende verlassen können, sondern muß sich selbst helfen. Selbstmotivation ist ein gutes, ja unerläßliches Mittel um seinen Erfolg zu verbessern.

Was kann man tun, um sich selbst hier ein bißchen "auf die Sprünge zu helfen"?

Einige Anregungen zur Selbstmotivation sollen im folgenden gegeben werden. Dabei ist jedoch immer eines zu bedenken:

Selbstmotivation ist keine einfache Sache, die im Handumdrehen funktioniert. Sie verlangt vielmehr die Politik der kleinen Schritte. Mit kleinen Tricks, Hilfen, ja sogar Selbstüberlistung wird der Verkäufer arbeiten müssen, damit dieser Weg Erfolg bringt.

- Sich selbst Erfolgserlebnisse vermitteln

Nichts motiviert so wie der Erfolg!

Zufriedenheit und Selbstbestätigung sind die Folge. Also ist es für den Verkäufer sinnvoll, Erfolge zu planen. Natürlich ist das nicht so ganz einfach, weil Motivation und Erfolg sich wechselseitig sehr stark bedingen. Aber, wer sich tatsächlich erreichbare Ziele setzt, der kann sich regelmäßig über Teilerfolge freuen. Sicher gibt es bestimmte Produkte, die man ausgesprochen gern verkauft, oder bestimmte Kunden, die einem wohlgesonnen sind, sodaß man mit ziemlicher Sicherheit einen Abschluß tätigen wird. Hierauf wird man zunächst sein besonderes Augenmerk richten und so seine Erfolgserlebnisse suchen, bevor man sich wieder schwierigeren und unter Umständen frustrierenden Aufgaben zuwendet.

- Belohnungen in Aussicht stellen

Erfreuliche Dinge im Leben spornen an. Diesen Umstand kann man sich zunutze machen, indem man sich selbst solche erfreulichen Dinge in Aussicht stellt - als Belohnung dafür, daß man eine bestimmte unangenehme Aufgabe erledigt hat. Das funktioniert im kleinen wie im großen!

Man kann zum Beispiel sagen:

> "Die nächste Tasse Kaffee gibt es erst, wenn diese schwierige Kundenfrage mit der Hauptverwaltung geklärt ist."

Oder auch:

> "In diesem Jahr werden erst Betriebsferien gemacht, wenn die Produktionszahlen stimmen."

In jedem Fall setzt man sich selbst einem gewissen Zwang aus, der einen antreibt, etwas zu tun.

- Motive suchen

Sollzahlen, Kommissorien oder Wettbewerbe können nüchtern, unpersönlich, abschreckend wirken. Sie verändern aber schlagartig diesen Charakter, wenn der Verkäufer nach Gründen sucht, warum er genau diese Dinge erfüllen oder tun sollte. Wenn er sich klar macht, was es ihm ganz persönlich bringt und welchen Vorteil er selbst davon hat, dann fällt ihm vielfach die Entscheidung, diese Aufgaben in Angriff zu nehmen, um einiges leichter.

- Den Kontakt mit anderen suchen

Verkäufer sind meist Einzelkämpfer. Das Gefühl, ganz auf sich gestellt zu sein, schafft oft Probleme. Motivierend kann wirken, mit anderen Verkäufern Kontakt aufzunehmen und zu pflegen. Meinungen auszutauschen, neue Ideen zu hören und auch die Leistungen miteinander zu vergleichen, fördert den eigenen Ehrgeiz und setzt Energien frei.

- Die Arbeit reizvoll gestalten

Zunächst ist es nützlich, die Frage zu klären:

> "Warum tue ich dies oder jenes nicht gerne?"

Als zweites ist dann zu überlegen:

> "Was müßte sich verändern, damit ich es lieber tue?"

Dabei könnten Antworten eine Rolle spielen wie:

- "Das Büro müßte zweckmäßiger/freundlicher/gemütlicher eingerichtet sein."

- "Das Auto müßte etwas komfortabler sein"

- "Die Telefonarbeit müßte jemand anders übernehmen" usw.

Häufig werden sich diese Mängel abstellen lassen. Manchmal wird eine kleine Investition notwendig sein, die sich aber hundertmal bezahlt macht, wenn der Verkäufer anschließend lieber - und damit motivierter - und erfolgreicher seiner Tätigkeit nachgeht.

Eines ist jedoch bei dem Versuch, sich selbst zu motivieren, wichtig: Man muß sich selbst gegenüber absolut ehrlich sein. Sonst werden die unternommenen Anstrengungen wirkungslos bleiben. Diese Voraussetzung gilt allerdings in mancher Hinsicht für den Verkäuferberuf und ist so gesehen nichts Besonderes!

1.7 Streß - Gefahr oder Notwendigkeit?

In allen Branchen und Berufen wird heutzutage davon gesprochen, daß der Streß die Menschen beeinflußt, schädigt, krank macht. Vom Schüler bis zum Top-Manager beklagen alle dieses Phänomen, das sie hindert, mehr zu leisten, noch besser zu sein, mehr Zeit für das Wesentliche zu haben. Viele finden so lange kein Mittel, sich aus dem Teufelskreis von Aufgabenstellung, Leistungswunsch oder -druck, Terminkalender und persönlicher Leistungsfähigkeit zu befreien, bis es zu spät ist. Die Folgen sind nur zu gut bekannt: Reizbarkeit, Herz-/Kreislaufschwäche, Erschöpfungszustände, Depressionen und letztlich - was den Arbeitsbereich anbetrifft - Fehler, Mißerfolge, Verlust des Selbstvertrauens.

Gerade der Mann im Außendienst, der seine Kunden beraten und seine Produkte verkaufen soll, der von Kontakten zu anderen Menschen lebt und mit dem Terminkalender auf Du und Du steht, der Zielvorgaben erfüllen soll und dennoch seinen Kunden ein guter und fairer Partner bleiben will, gehört zu einer besonders streßgefährdeten Gruppe. Im Spannungsfeld zwischen Kundeninteresse und Abschlußwunsch, zwischen finanziellen Anforderungen der Familie und Unternehmenszielen seines Geschäftspartners, für den er vermittelt, gedeihen die allgemein verbreiteten Streßfaktoren prächtig. Sich dieser Gefahr von Anfang an bewußt zu sein und geeignete Gegenmaßnahmen zu treffen, ist ein wesentlicher Bestandteil konsequenter Lebens- und Berufsplanung. Für einen Verkäufer unerläßlich, will er nicht im Laufe der Zeit von seiner Tätigkeit aufgerieben werden!

Was ist Streß?

Das vielzitierte Wort bedeutet in seinem eigentlichen Sinn zunächst einmal völlig wertneutral: Stoß, Schlag, Angriff. Gemeint ist damit nur die Tatsache, daß Gehirn und Körper des Menschen auf bestimmte äußere Reize und Situationen reagieren. Sie arbeiten sozusagen unter Hochspannung und setzen Kräfte frei, um diese besonderen Situationen zu bewältigen. Die natürliche Lösung der aufgebauten Spannung ist eine Handlung, eine Aktion. Durch ein entsprechendes Ventil wird der "Überdruck" abgebaut. Der Körper kehrt wieder in den Normalzustand zurück.

Das wirkliche Problem entsteht dadurch, daß es vielfach dieses Ventil nicht gibt. Es fehlt einfach die Möglichkeit zu einer befreienden Aktion. Soziale Zwänge, Entscheidungsängste, geistige oder seelische Unterdrückung verhindern sie. Oft ist es nur der Mut, der fehlt. Dieses Fehlen aber hat schlimme Folgen. Denn, was nicht abgebaut werden kann, staut sich auf und sucht sich im menschlichen Körper ein anderes Ventil. Psychische oder physische Erkrankungen sind die Folge, je nachdem, wo der einzelne seine Schwachstelle hat. Nicht umsonst sagt der Volksmund: "Die Sache hat sich mir auf den Magen geschlagen!"

Aber Streß muß nicht zwangsläufig krank machen. Im Gegenteil! Er ist stets auch Voraussetzung, damit beim Menschen Höchstleistungen überhaupt möglich werden. Nur ist eben hier bewußte Planung und eine zielgerichtete Aktion mit im Spiel. Mediziner unterscheiden den Eu-Streß und den Dys-Streß. Der Eu-Streß ist positiv, hilfreich. Er mündet in angenehme Empfindungen - Liebe, Zufriedenheit, Selbstbestätigung - und vermittelt Erfolgserlebnisse. Der Dys-Streß dagegen ist die negative Kehrseite. Er setzt unter Druck, macht krank, unglücklich und kann sogar tödliche Folgen haben.

Welche Art des Streß man als einzelner erlebt bzw. erleidet, hängt im wesentlichen von einem selbst ab. Ärzte wissen, daß jeder dritte Patient zunächst gar nicht organisch krank ist. Er hat lediglich sein psychiches Gleichgewicht verloren. Er agiert nicht mehr aus einer Position der Ruhe und Überlegung sondern aus hektischer und krampfhafter Aktivität heraus.

Ist Arbeit Streß?

Arbeit an sich ist keineswegs schädlich. Und auch der Versuch, in seiner Tätigkeit gut zu sein und sich dafür anzustrengen, schadet nicht. Nur muß man Arbeit und Leistung einen vernünftigen Stellenwert im menschlichen Leben zuweisen. Arbeit soll Freude bereiten und Zufriedenheit schaffen. Tut sie das nicht, wird sie auf Dauer zur Belastung und Quelle leichterer und schwerer Krankheiten.

Daß nicht Arbeit allein Ursache des Streß ist, erkennt man schon daran, daß vielfach auch vom Freizeitstreß die Rede ist. Auch fern vom Arbeitsplatz unterliegen viele Menschen heute einem - zum größten Teil selbst auferlegten - Leistungsdruck. Extreme sportliche Betätigungen wie Jogging, Marathonlauf, Rennradfahren, Skifahren können trotz ihrer im Grunde sinnvollen und positiven Wirkung für den menschlichen Körper zur Belastung werden, wenn sie nicht wohldosiert und geplant und mit der entsprechenden mentalen Ruhe betrieben werden. Gleiches gilt für die heutzutage so beliebten Urlaubsreisen. Möglichst viele Länder in wenigen Tagen gesehen oder die größte Kilometerzahl in den Ferien zurückgelegt zu haben, mag zwar eine oberflächliche Genugtuung verschaffen, bringt aber dem strapazierten Körper und Geist kaum die dringend erforderliche Erholung.

Nicht wenige Mediziner sehen die Hauptursache der vielfältigen Streßerscheinungen ohnehin genau darin begründet. Der Mensch ist in der derzeitigen Gesellschaft im allgemeinen und in seinem persönlichen Umfeld im besonderen kaum mehr in der Lage, wirklich zu entspannen, Geist und Körper ausruhen zu lassen, über sich und seine Lebensziele nachzudenken, Muße zu haben.

Muße ist kein Müßiggang

Die Bedeutung dieses Wortes wird in einer Zeit, in der Aktivität und Hektik regieren, fast zwangsläufig mißverstanden. Muße hat nichts mit Faulheit, Trägheit zu tun sondern ist durchaus zielgerichtet und sinnvoll. Aus dem griechischen scholé über das lateinische schola (= Schule) hat dieser Begriff offensichtlich viel mit Lernen, Bilden und Nachdenken zu tun. Er zählte in früherer Zeit zu den Bildungsidealen, ist aber als solches irgendwann und irgendwo abhandengekommen. Ohne Muße wird jedoch sinnvolles Arbeiten problematisch, da kreative Einfälle und durchdachte Planung kaum aus der Hektik sondern in aller Regel nur aus der ruhigen gedanklichen Arbeit entstehen.

Zugegeben, ein Verkäufer muß fleißig sein, Aktivitäten auf vielen Gebieten entwickeln, permanent am Ball bleiben, wenn er im Dienstleistungsbereich erfolgreich sein will. Aber es ist lebenswichtig für ihn nachzudenken, bevor er handelt. Wer von Termin zu Termin hetzt, hat keine Zeit, sich entsprechend vorzubereiten. Wer unvorbereitet in ein Gespräch mit dem Kunden geht, wird selten alle gebotenen Verkaufschancen erkennen und ausnützen können. Wer Chancen ausläßt, braucht wesentlich mehr Termine, um insgesamt seine Zielvorgaben zu erfüllen bzw. das erforderliche Einkommen zu erzielen, und wird deshalb eine noch größere Terminhetze durchstehen müssen.

Hier schließt sich ein Kreislauf, den zu durchbrechen manche Schwierigkeiten bereitet. Der Verkäufer, der sich jedoch dieses Problems bewußt ist, kann durchaus Maßnahmen ergreifen, die ihm helfen, den Außendienststreß abzubauen:

Zeit zum Nachdenken gewinnen

Im Kapitel "Selbstmanagement" wurde dargestellt, nach welchen Kriterien der Verkäufer seine Zeit einteilen wird. Nun sind solche Kriterien aber nicht für alle Zeiten festgeschrieben. Vielmehr verlangen sich ändernde äußere Gegebenheiten, daß man sich darüber Rechenschaft gibt, ob die einmal festgelegte Zeitplanung überhaupt noch realistisch ist. Verändertes Kundenverhalten, neue beratungsintensivere Produkte, sich ändernde Marktverhältnisse können zum Beispiel früher gültige Regeln über den Haufen werfen. Wer häufiger feststellt, daß er vergessen hat, bei einem Verkaufsgespräch wichtige Punkte anzusprechen, oder daß er vereinbarte Termine nicht pünktlich einhalten kann, der sollte diese Tatsachen als erste Alarmsignale erkennen. Es ist dann an der Zeit, so umzuorganisieren, daß mehr Zeit für Vorbereitung bleibt. Getreu dem Grundsatz

"überlegen macht überlegen"

heißt das, sich kritisch mit dem derzeitigen Zustand auseinanderzusetzen und nach neuen Wegen zu suchen.

Der Beruf des Verkäufers verlangt neben vielen technischen und rhetorischen Fähigkeiten vor allem auch eine hohe geistige Leistung. Zwar wird verkauft nur beim Kunden und wer nicht zum Kunden kommt, wird auch nichts verkaufen können, aber die Grundlage des Verkaufserfolges wird in der Vorbereitung gelegt - vorwiegend daheim am Schreibtisch. Und für diese Phase des Verkaufsgesprächs ist in ausreichendem Maß Zeit - Muße - einzuräumen.

Entscheidungen fällen

Eine wesentliche Ursache für Entwicklung und Eskalation von Streßerscheinungen ist die Unfähigkeit, Entscheidungen zu fällen. Oft ist es ja gar nicht schwer, vorhandene Probleme zu erkennen. Organisatorische Mängel im Büro, fachliche Lücken oder störende Einflüsse bei der Schreibtischarbeit sind zum großen Teil ganz offensichtlich. Sie werden sogar mit anderen diskutiert. Nur - abgestellt werden sie meist nicht!

Wo liegt das Problem? Mit Sicherheit im Verkäufer selbst! Es ist eben furchtbar schwer, liebgewordene Gewohnheiten aufzugeben, sich neu zu orientieren. Was schon immer so gemacht wurde, wirft man nicht so einfach über Bord. Die übliche Angst des Menschen vor einschneidenden Neuerungen tut ein übriges. Es könnte ja etwas schiefgehen! Am Ende ist's hinterher schlimmer als jetzt!

Innerer Zwiespalt und Unentschlossenheit belasten jedoch bei weitem mehr als ein mutiger Schritt nach vorne. Wer niemals den Versuch macht, auf neuen Wegen zum Ziel zu gelangen, wird natürlich auch nie erfahren, ob es geklappt hätte. Wer Probleme vor sich herschiebt, löst sie nicht. Aber die ständige Konfrontation mit unbefriedigenden Zuständen führt zu Mißmut, Ärger, Aggression. Und diese wiederum sind Gift für die eigene Persönlichkeit und auch den Erfolg im Verkauf.

Ordnung halten

Die meiste Zeit, die Verkäufer sinnlos vertun, verlieren sie beim Suchen. Nicht etwa beim Suchen nach dem Erfolg, sondern nach irgendwelchen Unterlagen, Daten und Informationen, die sie verlegt, vergessen oder verloren haben. Solange der Verkäufer sucht, kann er nicht gezielt arbeiten. Es geht ihm wertvolle Zeit verloren, die er durch Hetze wettzumachen versucht.

Viel einfacher ist es doch, von vorneherein konsequent auf Ordnung zu achten. Man kann doch die Kopie des Versicherungsscheines oder die letzte aktuelle Information des Unternehmens gleich dorthin ablegen, wo sie ohnehin abgelegt gehören. Einmal muß man's ja doch richtig tun! Über den Wert eines funktionierenden Karteisystems wurde an anderer Stelle schon gesprochen (s. Kapitel "Selbstmanagement"). Selbstverständlich steht und fällt so ein System mit der Ordnung, mit der es geführt wird. Informationen sind nur etwas wert, wenn sie aktuell und rasch verfügbar sind.

Aufgaben delegieren

Für viele stellt sich das Problem:

"Wie verarbeite ich die Flut von Informationen, die ich über meine Kunden erhalte?"

Sich selbst an den PC zu setzen und alle Daten einzugeben oder bei einem herkömmlichen Karteisystem Stunden um Stunden handschriftlich alles nachzutragen, dafür fehlt oft die Zeit. Macht man's dann endlich, passieren Fehler, weil man nicht ganz bei der Sache sein kann. Es warten ja eigentlich schon wieder andere Aufgaben auf einen!

Hier hilft oft eine Übertragung dieser Arbeiten auf andere. Vielleicht kann die eigene Frau oder Freundin helfen. Oder man stellt kurzzeitig eine Aushilfe (Schüler, Student, Teilzeitkraft) ein, die bestimmte Routinearbeiten übernehmen und den Verkäufer entlasten. Natürlich ist das alles eine grundsätzliche betriebswirtschaftliche Rechnung. Aber das Wertvollste für einen Selbständigen ist die Arbeitszeit. Wenn er sich "Luft" für weitere Kundenkontakte schaffen kann, bringt ihm das sicherlich finanziell mehr ein, als er auf der anderen Seite als Lohn zu zahlen hätte.

Realistische Ziele setzen

Ein Hauptauslöser für Streß ist planloses Arbeiten. Wer nicht weiß, wohin er will, kann auch nicht ankommen! Typisch für solche Menschen ist ihr sprunghaftes Verhalten. Sie beginnen vieles, bringen aber nichts richtig zu Ende. Sie machen es damit aber nicht nur sich selbst schwer sondern auch denen, mit denen sie Kontakt aufnehmen und zu tun haben. Denn sie hinterlassen einen wenig verläßlichen Eindruck und sind schwer auszurechnen.

Für einen Verkäufer besteht jedoch ein großer Teil seiner Arbeit aus Planung. Das beginnt mit der täglichen Zeitplanung, setzt sich fort über die mittelfristige Planung zur Erfüllung seiner Zielvorgaben und gipfelt in der langfristigen Planung des beruflichen Erfolges überhaupt. Dabei ist es ungemein wichtig, sich erreichbare Ziele zu setzen, realistisch zu bleiben. Wer seine Ziele übertrieben hoch ansetzt, programmiert sein eigenes Mißerfolgserlebnis vor. Er setzt sich selbst einem Druck aus, dem er auf Dauer vielleicht nicht standhalten kann.

Erholungspausen einlegen

"Wer arbeitet, muß auch ruhen!",

sagt eine alte Volksweisheit. Niemand kann Tag und Nacht immer nur arbeiten. Von Zeit zu Zeit muß man auch eine Pause einlegen. Eine wirkliche Pause, versteht sich!

Das hört sich leichter an, als es manchmal auszuführen ist. Denn die Gedanken kreisen unablässig um die beruflichen Belange. Richtig abschalten scheint gar nicht zu gehen.

Es geht doch! Aber nur in der ganz bewußten Gestaltung der Freizeit. In einer sinnvollen Art und Weise die Pause für Dinge nutzen, die Freude machen. Das können die verschiedensten Interessen sein. Jeder ist da anders, wenn es um die Frage geht, was einem Spaß macht. Das kann ein gutes Buch sein, schöne Musik, ein Spaziergang im Wald, ein Spiel mit den Kindern. Wichtig ist dabei immer, sich von seiner Arbeit zu lösen und etwas ganz ohne Erfolgszwang und äußeren Druck zu tun - nur um seiner selbst willen. Die Erfahrung zu machen, daß es neben Arbeit und beruflichem Erfolg noch etwas anderes gibt, für das es sich zu leben lohnt.

Und wie gesagt: Das muß man ganz bewußt planen! Den freien Nachmittag mit den Kindern, den Abend für einen Kino- oder Theaterbesuch, das Wochenende mit Freunden. Wer diesen Schritt schafft, der ist ein ganzes Stück weitergekommen in der Bewältigung des gefährlichen - aber auch notwendigen - Phänomens Streß.

Zusammenfassung für mich persönlich:

Was ist aus diesem Kapitel für mich besonders wichtig?

_____
_____
_____
_____
_____
_____
_____
_____

Welche konkreten Maßnahmen möchte ich ergreifen?

_____
_____
_____
_____
_____
_____
_____
_____

Wann will ich damit beginnen?

_____
_____
_____
_____
_____
_____

2 Der Markt

Die Wettbewerbslage auf dem Finanzdienstleistungsmarkt verändert sich stetig.

Gründe:

- Die Konkurrenz zwischen den verschiedenen Anbietern im Kampf um Marktanteile im Bereich Lebensversicherung und Vermögensbildung

- Die Bemühungen der Bundesregierung für mehr Wettbewerb zu sorgen (Änderungen des Kartellgesetzes)

- Vollendung des Europäischen Binnenmarktes bis 1992.
  Die Beseitigung der Marktzugangsbarrieren im Finanzdienstleistungsbereich führt zu einer verstärkten Kooperation und somit zu einer Verschärfung der Wettbewerbssituation

In dieser sich verschärfenden Wettbewerbssituation müssen sich die Unternehmen entscheiden, ob sie

- europaweit, sowohl im Firmen- als auch im Privatgeschäft tätig sein wollen,

- ihre Kunden auch im Ausland über Büros oder Kooperationspartner betreuen wollen und im Privatgeschäft besonders selektierte Produkte in bestimmten Zielgruppen anbieten wollen,

- bewußt auf das europäische Geschäft verzichten und nationaler Anbieter in bestimmten Kundenzielgruppen (oder auch allen Zielgruppen) bleiben wollen.

Gleichgültig wie sich die Unternehmen entscheiden, Ziel wird es immer sein, die Marktposition in Deutschland zu sichern.

Konsequenzen für den Verkäufer

Es gibt kaum ein Versicherungsunternehmen in Deutschland, das von sich behaupten kann seine Marktchancen voll ausgeschöpft zu haben. Mit Investitionen läßt sich mit geringerem Aufwand Wachstum erzielen, als wenn der gleiche Betrag im Ausland investiert wird.

Es gibt kaum ein Versicherungsunternehmen in Deutschland, das in einem bestimmten Produkt einen höheren Marktanteil als drei Prozent hat.

Da ist es doch von entscheidender Bedeutung zu prüfen, wo man aufgrund seiner Stärken die meisten Chancen hat, und die dürften in den meisten Fällen auf dem heimischen, bekannten Markt liegen. Wer im Heimspiel vorne liegt, schießt leicht noch einige Tore mehr. Auswärts dagegen einen Treffer zu landen ist dagegen wesentlich schwerer.

Eine offensive Strategie der Unternehmen ist mit erheblichen Risiken verbunden. Sie haben bei der Internationalisierung ihrer Tätigkeit zu beachten, daß mit der geballten Kapitalkraft, die es einzusetzen gilt, relativ geringe Marktanteile zu erzielen sein werden. Die Geschichte der Erschließung von Auslandsmärkten ist immer auch die Geschichte von hohen Anlaufverlusten. So wird es die primäre Aufgabe aller Versicherungsunternehmen sein, eine solide defensive und erfolgversprechende Strategie zu formulieren.

Ihr Ziel muß es sein, die Position im deutschen Markt nicht nur zu erhalten, sondern zu stärken und auszubauen, um damit für die zukünftigen Herausforderungen durch die Europäisierung der Märkte besser gewappnet zu sein.

Die hier für die deutschen Unternehmen geschilderten Probleme gelten im gleichen Ausmaß für Ausländer, die die Frage der Expansion auf deutsche Märkte prüfen. Gewiß werden einige Ausländer die Chance nutzen, ihre Produkte über Makler und Mehrfachagenturen oder über eigene Büros in Deutschland abzusetzen, doch wird sich der Umsatz, gemessen am Gesamtmarkt in Grenzen halten.

Deshalb gilt für den klassischen Verkäufer von Versicherungen:

Die Chancen erfolgreich zu verkaufen werden besser, denn wenn die Unternehmen größere Anstrengungen unternehmen ihren Marktanteil zu sichern, dann wird vor allem der Verkäufer davon profitieren.

Er wird sich und sein verkäuferisches Verhalten noch stärker nach den Kundeninteressen orientieren müssen. Er wird nicht nur Versicherungen, sondern alle Produkte des Finanzdienstleistungsbereiches seinen Kunden aus einer Hand anbieten, zumal Vermögensaufbau und Absicherung des Erreichten wichtige Faktoren in der Lebensplanung der Menschen sind.

Verkäufer müssen sich dabei die Frage stellen, **was** sie denn eigentlich verkaufen:

1. Sie verkaufen Produkte

    Sie sehen ihre Hauptaufgabe darin, ein bestimmtes Produkt dem Käufer aufzudrängen, sie wollen es nur loswerden. Dabei wäre es reiner Zufall, wenn der Kunde dies auch benötigt.

2. Sie verkaufen sich selbst

    Sie unternehmen alles, um zu ihren Gesprächspartnern eine gute Atmosphäre zu schaffen, dabei versprühen sie ihren Charme und scheuen es auch nicht durch eine Art Kumpanei den Kunden in eine Abhängigkeit zu drängen. Wegen dieses "Sympathiefeldes" fällt dann den Kunden die Ablehnung schwerer.

3. Sie verkaufen nichts, das Produkt muß sich selbst verkaufen

    Sie verhalten sich passiv und bescheiden. Die Vorzüge der Produkte sprechen für sich. Entweder der Kunde kauft oder er unterläßt es. Er übt keinerlei Druck auf den Kunden aus und unterläßt jegliche Offensive.

4. Sie verkaufen beides - etwas vom Produkt und etwas von

ihrer Persönlichkeit

Sie versuchen unter Einsatz konventioneller Verkaufstechnik sowohl sich selbst als auch das Produkt in möglichst attraktiver Weise zur Schau zu stellen. Aus der Sicht des kritischen Kunden wirkt dieses Verhalten häufig hölzern, da es sich um stereotype, auswendig gelernte Argumente handelt. Die Verkaufsunterlagen beschränken sich nicht auf die bildhafte Darstellung von Kundenproblemen oder/und -lösungen, sondern beinhalten auch den Text des Verkaufsgespräches und nicht selten auch die Antworten, die der Kunde gefälligst zu geben hat.

5. Sie verkaufen Problemlösungen

Sie beschreiben die Probleme der Kunden, wecken Wünsche und Bedürfnisse. Ein Teil dieses Problemlösungs-Verkaufens besteht darin, daß sie dem Kunden helfen, zunächst einmal seine eigenen Probleme zu sehen und zu verstehen. Der andere Teil dieses Verkaufens besteht darin, daß sie die Problemlösungen, also die Produkte, in einer fairen und konstruktiven Weise erläutern.

Kunden sind als denkende, urteilsfähige Wesen zu behandeln. Entscheidungen werden dem Kunden nicht abgenommen oder aufgezwängt, sondern sie werden vorbereitet. Der Kunde ist derjenige, der die Entschädigungen fällt.

Die persönliche Integrität des Verkäufers muß unbestritten sein, nur dann wird sich der Kunde ihm anvertrauen.

**Der Markt produziert immer bessere Verkäufer,
die schlechten sondert er ab!**

3 Der Kaufprozess

"Was war zuerst da: die Henne oder das Ei?"
Eine Frage, die oft diskutiert wird, aber ebenso oft nicht abschließend entschieden werden kann! Im Bereich der Finanzdienstleistungen jedoch ist es möglich, eine eindeutige Antwort zu finden. Zuerst war der Kunde da mit seinem Wunsch nach einer Versorgung, Kapitalanlage oder Absicherung. Und erst danach wurde ein bestimmtes Produkt geschaffen, um dem Wunsch des Kunden zu entsprechen bzw. sein Problem zu lösen.

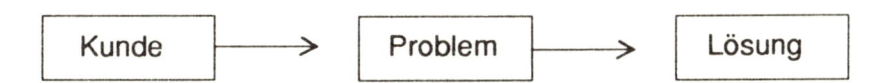

```
┌─────────┐      ┌─────────┐      ┌─────────┐
│  Kunde  │ ───▶ │ Problem │ ───▶ │ Lösung  │
└─────────┘      └─────────┘      └─────────┘
```

So ist zum Beispiel die Feuerversicherung entstanden, weil die Bürger der Städte sich gegen die finanziellen Folgen von Bränden in den engen Straßen schützen wollten.

So ist das Bausparen als logische Folge des Wunsches vieler Bauwilliger nach günstigen Baudarlehen entwickelt worden.

So gewinnt heute ein Versicherungszweig wie die Elektronikversicherung immer mehr an Bedeutung, weil die Betriebe in immer stärkere Abhängigkeit vom Funktionieren des Computers geraten und Teilausfälle oder vollständige Verluste von Geräten, Programmen und Dateien sehr teuer kommen.

Logische Folgerung

Aus dieser Erkenntnis heraus läßt sich nunmehr auch die Frage nach dem richtigen Aufbau eines Verkaufsgesprächs sinnvoll und schlüssig beantworten. Es erscheint absolut logisch, die Reihenfolge "Kunde - Problem - Lösung" auch im Verkaufsgespräch strikt einzuhalten.

Vom Kunden und seiner derzeitigen Situation ausgehend, seine

Wünsche und Probleme beschreibend, erreicht der Verkäufer in einem weiteren Schritt die Produktvorstellung und schließlich das Ziel: den Abschluß.

Der Alltag zeigt leider, daß viele Verkäufer nicht diesen direkten und logischen Weg zum Erfolg beschreiten. Sie ziehen es vielmehr vor, einen mühsamen Umweg zu machen, ihre gesamte Argumentation aus einer wesentlich schwierigeren Position zu führen und - wegen der aufkommenden Diskussionen mit dem Kunden - mehr Zeit als eigentlich notwendig in die einzelne Verkaufsverhandlung zu investieren.

Sie beginnen nämlich ihre Ausführungen mit Informationen zum Produkt und wenden alle erdenkliche Mühe auf, dem Kunden zu erläutern, daß dieses Produkt so gut sei, daß er es unbedingt haben müsse. Dabei gehen sie von der völlig irrigen Vorstellung aus, Produkte aus dem Finanzdienstleistungsbereich würden um ihrer selbst willen gekauft. Dem ist leider überhaupt nicht so! Der Kunde kauft normalerweise erst dann, wenn er erkannt hat, daß er einen bestimmten Bedarf hat und daß das vorgeschlagene Produkt (die Problemlösung) für ihn entscheidende Verbesserungen seiner derzeitigen Situation mit sich bringt.

3.1 Zweckpartnerschaft

Zwangsläufig erhebt sich an dieser Stelle die Frage, warum Verkäufer so handeln, wenn sie es doch anders wesentlich einfacher haben könnten.

Sehr wahrscheinlich liegt es daran, daß der Mensch grundsätzlich dazu neigt, seine eigenen Ziele in den Mittelpunkt aller Überlegungen und Handlungen zu stellen. So spiegelt ein solches Verhalten des Verkäufers lediglich sein persönliches Interesse wieder. Wenn er Informationen vornehmlich über Eigenschaften, Qualität, Preis seines Produktes gibt, so bringt er damit nur zum Ausdruck, was für ihn selbst außerordentlich wichtig ist.

Dabei übersieht er völlig, daß diese Art von Informationen für seinen Kunden zunächst noch ganz nebensächlich, eher störend sind. Denn sein Gesprächspartner hat ja noch nicht einmal erkannt, warum er sich überhaupt damit befassen soll. Der Verkäufer unterstellt einfach, daß seine eigenen Interessen und Ziele ganz automatisch auch die Interessen und Ziele des Kunden sind. Nur zu bald wird er im Gesprächsverlauf erkennen müssen, daß all das, was er bisher vorgebracht hat, den Kunden noch in keiner Weise zum Kauf veranlaßt. Oftmals scheitern Verkaufsverhandlungen unter diesem Vorzeichen gänzlich. Die Folgen sind für beide Seiten negativ. Der Kunde hat sein Problem nicht gelöst, ja er ist sich dessen nicht einmal richtig bewußt geworden. Und der Verkäufer hat keinen Abschluß erzielt. Eine verpaßte Chance mehr!

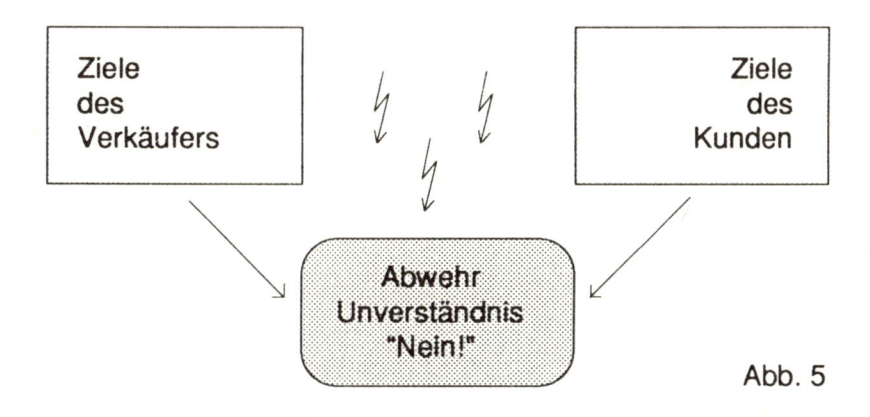

```
┌─────────────┐              ┌─────────────┐
│   Ziele     │   ⚡  ⚡      │   Ziele     │
│    des      │     ⚡        │    des      │
│  Verkäufers │              │   Kunden    │
└─────────────┘              └─────────────┘
         ↘          ╭──────────╮         ↙
                    │  Abwehr  │
                    │Unverständnis│
                    │  "Nein!" │
                    ╰──────────╯           Abb. 5
```

Was ist zu tun? Soll denn ein Verkäufer sich selbst und seine Ziele verleugnen? Soll er dem Kunden nur nach dem Munde reden und - aus Angst, etwas falsch zu machen - keine Eigeninitiative entwickeln?

Sicher nicht! Unehrlichkeit und Heuchelei merkt ein Kunde schnell und dann wär's mit den Chancen gleich vorbei. Der Verkäufer benötigt im Gegenteil sehr viel Initiative und Kreativität, um Wege zu finden, den Kunden zu interessieren und die Sache zu seiner eigenen zu machen. Er braucht die Fähigkeit, sich mit den Problemen und Wünschen seiner Kunden zu identifizieren, sie zu analysieren und seinen Lösungsvorschlägen die geeignete Verpackung zu geben.

Er wird nach Gemeinsamkeiten und Berührungspunkten suchen, ein Zusammengehörigkeitsgefühl erzeugen. Der Kunde soll erkennen, daß seine Probleme auch die des Verkäufers sind. Beide bilden eine Zweckpartnerschaft zur Lösung dieser Probleme.

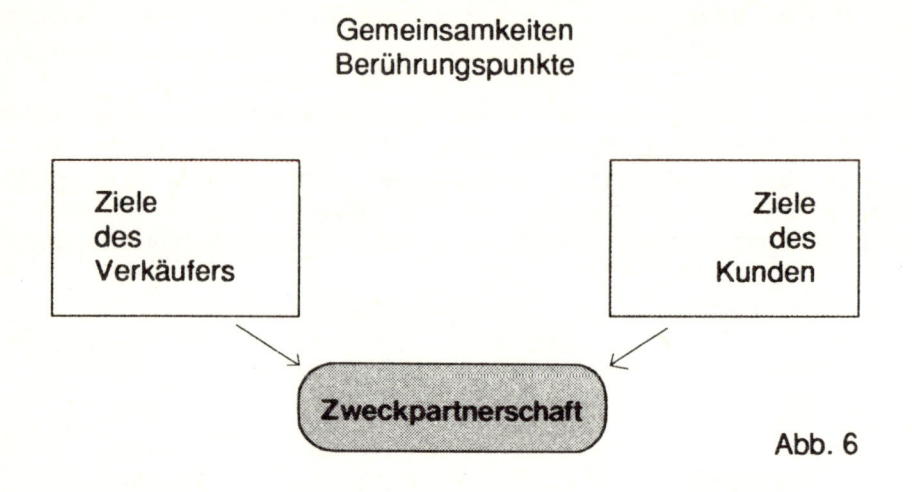

Abb. 6

3.2 Strategien vorbereiten

Selbstverständlich fallen einem solche Ideen nicht einfach zu! Man muß sie sich hart erarbeiten. Ein Verkaufsgespräch will gerade unter diesem Gesichtspunkt gründlich vorbereitet sein. Regelrechte Strategien sind erforderlich, um das gewünschte Ziel zu erreichen. Verkaufen heißt Einfluß nehmen auf das Konsumverhalten der Kunden. Menschliches Verhalten aber hat vorwiegend die Tendenz, in dem bisher gewohnten Zustand zu verharren und läßt sich nur schwer umdirigieren. Dadurch ergeben sich im Hinblick auf das Verkaufsgespräch verschiedene Stufen bzw. Schwerpunkte, die der Verkäufer nicht übersehen darf, wenn er letztlich erfolgreich sein will.

Der ideale Verkäufer stellt das Kundenproblem, die Kundenwünsche und Kundenvorteile in den Vordergrund. Er führt ein problemorientiertes - und damit auch kundenorientiertes Gespräch. Durch seine Vorgehensweise löst er bei seinem Gesprächspartner einen Meinungsbildungsprozeß aus - den Kaufprozeß.

3.3 Die Stufen des Kaufprozesses

Ausgangspunkt für die meisten Verkaufsverhandlungen im Finanzdienstleistungsbereich ist die Tatsache, daß der Kunde eigentlich überhaupt nichts will. Er möchte sein Geld weder für Versicherungen verwenden noch auf ein Bausparkonto einzahlen, weder langfristige Anlagen tätigen noch kurz- oder mittelfristige Sparvorgänge beginnen. Jedenfalls nicht, solange dies alles mit finanziellen Einschränkungen auf anderen Gebieten verbunden ist! Und das ist bei der breiten Masse der Bevölkerung leider notwendig, denn da ist am Ende des Geldes meist noch jede Menge Monat übrig.

Interesse

Diese erste Hürde überwindet der Verkäufer durch einen geschickt gewählten "Gesprächsaufhänger" oder "Türöffner". Oftmals führt eine gezielte Frage zum Erfolg (s. auch "Fragetechnik" und "Cross-Selling"). Damit wird das Interesse des Kunden geweckt.

Informationen

Er ist nun unzufrieden mit seinem Informationsstand und möchte mehr wissen. Nun geht es für den Verkäufer darum, die Situation des Kunden so zu beschreiben, daß dieser erkennt: "Mir fehlt etwas Wichtiges:" Dies erreicht der Verkäufer, indem er Informationen gibt - freilich nicht, ohne vorher selbst notwendige Informationen über Lebensumstände, Ziele, Wünsche seines Gesprächspartners eingeholt zu haben.

Es ist wichtig, daß in dieser Phase ein Informationsaustausch stattfindet. Monologe des Verkäufers sind äußerst unzweckmäßig, da fehlende Rückkopplung stets die Gefahr in sich birgt, daß man "am Kunden vorbeiredet". Nur wer viel und konzentriert zuhört (s. auch "Aktiv zuhören") kann erkennen, was sein Gegenüber wirklich sagen will, und dann entsprechend reagieren.

Problemkonkretisierung

Der Informationsaustausch führt zu einer Konkretisierung des Problems. Diese Phase des Verkaufsgesprächs wird im allgemeinen Bedarfsermittlung genannt. Je konkreter man ein

Problem vor Augen hat, umso stärker wird der Wunsch nach einer Lösung dieses Problems.

Wunsch nach Verbesserung

Dieser Wunsch wird schließlich durch den Verkäufer mit Hilfe einer beeinflussenden Frage fixiert. Dieser Augenblick im Gespräch ist außerordentlich wichtig, da der Kunde hier einen entscheidenden Schritt tut: Er verläßt endgültig die Position des "Ich will nicht!", des Abwartens und Sich-informieren-lassens und tauscht mit dem Verkäufer die Rolle. Nun ist er es, der ausdrücklich etwas will, - nämlich die Lösung seines Problems.

Produkt

Jetzt erst stellt der Verkäufer das Produkt vor. Er nennt seine spezifischen Eigenschaften (z.B. Leistungen) und prüft zusammen mit dem Kunden, ob diese Leistungen mit den vorher fixierten Kundenwünschen übereinstimmen. Dabei wird er sehr deutlich die Nutzen des Produktes hervorheben, d.h. die allgemeinen Vorteile des Produktes auf die besondere Kundensituation zuschneiden (s. auch "Nutzenargumentation").

Bewertung

In der folgenden Bewertungsphase wägt der Kunde schließlich ab, ob das Preis-Leistungs-Verhältnis aus seiner Sicht stimmt. Wie die Antwort ausfällt, wird in hohem Maße davon abhängen, wie intensiv der Wunsch des Kunden, sein Problem zu lösen, bereits ist. Es gilt die Regel: Je größer dieser Wunsch ist, desto höher darf der Preis sein, den er gerade noch akzeptiert. Der Verkäufer wird die Bewertung durch eine geeignete Darstellung des Preises zu beeinflussen suchen (s. "Preisargumentation").

Entscheidung

Nun kommt es zu einer Entscheidung. Wenn alle Gegebenheiten stimmen, wird der Kunde kaufen. Stört ihn noch etwas an dem Vorschlag des Verkäufers, so wird er Einwände bringen, die Entscheidung vertagen oder gar ganz ablehnen. In vielen Fällen läßt sich der Abschluß durch entsprechende Argumentation dennoch erreichen. Wichtig ist jedoch dabei, daß der Verkäufer das tatsächliche Kaufhindernis erkennt. Denn der Kunde gibt oft etwas ganz anderes als Grund vor, als er wirklich meint. Verdeckte Einwände sind in aller Regel viel entscheidender (s. auch "Einwandbehandlung")! Die richtigen Hilfen im richtigen Moment zu geben, ist in dieser Phase die wichtigste Aufgabe des Verkäufers.

Bestätigung

Wenn der Kunde sich zum Kauf entschlossen hat, kommt es häufig zu einer Entscheidungs- oder Kaufreue. Das bedeutet, daß der Kunde noch einmal überlegt, ob die getroffene Entscheidung richtig war. Bei unschlüssigen oder entscheidungsschwachen Kunden tauchen dabei erneute Zweifel auf. Dem kann der Verkäufer durch bestärkende Aussagen und Wiederholung der wichtigsten Nutzen des Produktes entgegenwirken.

Ist die Kaufreue überwunden und macht der Kunde in der Zukunft positive Erfahrungen mit dem erworbenen Produkt, so steht einer dauerhaften Betreuung - und damit Anschlußgeschäften - nichts mehr im Wege.

Cross-Selling

Selbstbewußte Verkäufer schlagen gleich noch die Brücke zu anderen Problembereichen des Kunden (s. "Cross-Selling") und der Gesprächskreislauf kann von vorne beginnen. Ob auch er noch am gleichen Tag zum Erfolg führt, ist sicher von vielen Faktoren abhängig. Auf jeden Fall aber bleibt der Verkäufer im Gespräch und hält sich die Chance für einen Wiederbesuch offen.

Persönliche Zusammenfassung

Was war für mich in diesem Abschnitt besonders wichtig?

_____
_____
_____
_____
_____
_____

Welche persönlichen Maßnahmen will ich ergreifen?

_____
_____
_____
_____
_____
_____

Wann will ich damit beginnen?

_____
_____
_____
_____
_____
_____

4 Konfliktfreie Gesprächsführung

Konfliktsituationen gehören zum täglichen Leben wie Essen und Trinken. Zu vielfältig sind menschliche Charaktere, Interessen und Meinungen, als daß immer alles harmonisch und einträchtig verlaufen könnte. Deshalb werden viele Verhandlungen auch nur darum geführt, damit unterschiedliche Standpunkte einander angenähert, Mißverständnisse und Interessenkollisionen aus der Welt geschafft werden.

Der Verkäufer braucht jedoch für seine erfolgreiche Tätigkeit notwendigerweise Harmonie und Eintracht. Es ist nämlich ungeheuer schwierig, einen Streit mit dem Kunden zu gewinnen und zugleich einen Abschluß zu erzielen. Daher sind gute Verkaufsverhandlungen dadurch gekennzeichnet, daß unterschiedliche Standpunkte oder Interessenkollisionen - obwohl sicherlich auch hier latent vorhanden - gar nicht erst offenkundig werden.

Dies gelingt nur deshalb, weil der erfahrene Verkäufer um die Entstehung von Konflikten, ihre Ursachen und auslösenden Faktoren weiß. So ist es ihm möglich, frühzeitig am verbalen und non-verbalen Verhalten des Gesprächspartners zu erkennen, daß Konflikte drohen bzw. bereits im Entstehen sind. Und er hat ein ganzes Repertoire an gesprächssteuernden Verhaltensweisen zur Verfügung, mit deren Hilfe er sein Gegenüber positiv beeinflussen kann.

4.1 Die Ich-Zustände - Ursache für Konflikte

Im menschlichen Gehirn ist von Geburt an jedes Erlebnis, jede Erfahrung und jedes damit verbundene Gefühl aufgezeichnet und unauslöschlich gespeichert. Diese "Daten" bilden die Grundlage unseres Denkens und Handelns. Die Psychologie führt die einzelnen Handlungsweisen des Menschen auf eine bestimmte innere Grundhaltung zurück, die situativ unterschiedlich sein kann, aber von den erwähnten früheren Erlebnissen und Erfahrungen geleitet wird. Sie nennt diese Grundhaltung "Ich-Zustand" und unterscheidet:

- das Eltern-Ich,
- das Erwachsenen-Ich,
- das Kind-Ich.

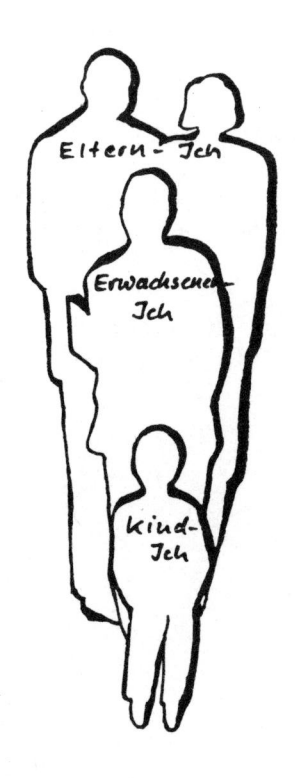

Abb. 7

Jeder Kontakt zwischen Menschen findet auf der Ebene eines dieser drei Ich-Zustände statt, wobei es natürlich nicht unwesentlich ist, von welcher - unterschiedlichen - Ebene aus die beiden Gesprächspartner miteinander kommunizieren.

- **Das Eltern-Ich**

Das Eltern-Ich leitet sich von den Eltern bzw. deren Stellvertretern wie z.B. Großeltern, ältere Geschwister, Lehrer, Vorgesetzte, Fürsorger her. Deren Verhaltensweisen übernimmt und speichert das Kind. Häufig reproduziert es bereits im Kindesalter diese Verhaltensweisen und bietet beim Spiel ein getreuliches Abbild eines wichtigen Erwachsenen in seiner Umgebung.

Im späteren Leben sprechen, reagieren, fühlen - ja sogar denken - die Menschen so, wie es ihrem Empfinden nach die Eltern getan haben. Besonders deutlich wird dies oft bei der Kindererziehung. Meist werden die eigenen Kinder in dem Stil erzogen, in dem man selbst erzogen wurde. Teilweise kehren sogar in bestimmten Situationen die gleichen Formulierungen wieder.

Es sind vorwiegend Gebote, Verbote, Verhaltensvorschriften und moralische Wertungen, die der Mensch in seinem Eltern-Ich-Zustand speichert. Aber auch das Fürsorgliche, Tröstende, Wohlwollend-Unterstützende wird registriert.

Typische Formulierungen aus dem Eltern-Ich sind:

> "Sie müssen ..."
> "Das dürfen Sie so nicht machen!"
> "Sie sollten ..."
> "So ist das nicht richtig!"
> "Warum haben Sie denn nicht ...?"

Das sind Äußerungen, die dem kritischen bzw. strafenden Eltern-Ich entstammen. Aus dem gutmütigen (nährenden) Eltern-Ich-Zustand kommen Wendungen wie:

"Das ist doch nicht so schlimm."
"Sie schaffen das schon."
"Das haben Sie gut gemacht."
"Ich erledige das schon für Sie."

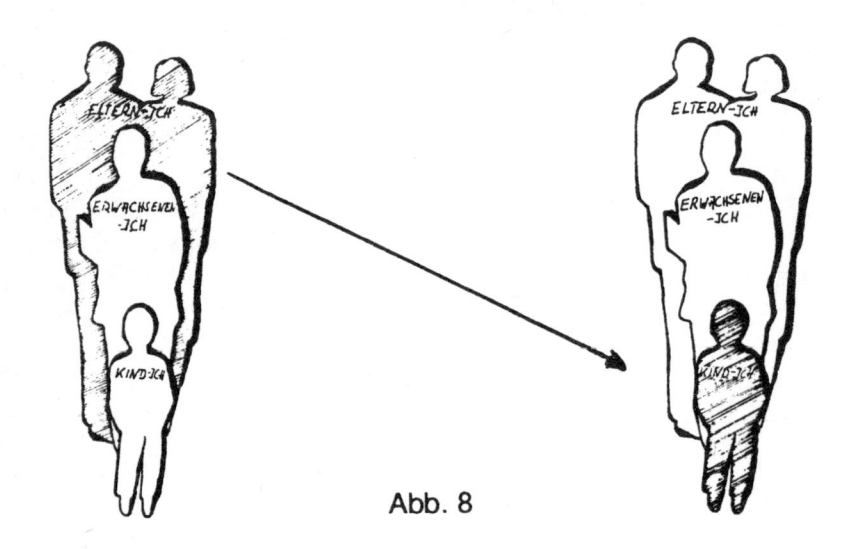

Abb. 8

- **Das Erwachsenen-Ich**

Dieser Zustand stellt den leidenschaftslosen und nüchternen Persönlichkeitsteil des Menschen dar. Mit den fünf Sinnen werden Tatsachen und Informationen aus der Umwelt und der eigenen Person gesammelt, logisch verarbeitet und in entsprechende Konsequenzen umgesetzt. Mit einem Computer durchaus vergleichbar, nimmt der Mensch Fakten und Beobachtungen auf, kombiniert Möglichkeiten und Wahrscheinlichkeiten miteinander.

Das Erwachsenen-Ich arbeitet abgesondert von Gefühlen und Stimmungsphasen. Dies ist für eine unvoreingenommene Betrachtungsweise und das Erkennen der Realität unabdingbare Voraussetzung. Allerdings ist das Erwachsenen-Ich sehr wohl im Stande, die Gefühle der beiden anderen Ich-Zustände bei der Entscheidungsfindung als Informationen mitzuverwerten.

Äußerungen aus dem Erwachsenen-Ich sind offen. Sie lassen weitere Informationen zu. Ganz im Gegenteil zum Eltern-Ich, das keine Widerrede duldet. Man kann den Erwachsenen-Ich-

Zustand an diesen oder ähnlichen Äußerungen erkennen:

"Wer ..."
"Was ..."   (offene Fragen!)
"Wann ..."

"Ich denke (glaube), daß ..."
"Ich meine ..., aber was meinen Sie?"
"Möglicherweise ..."
"Objektiv gesehen ..."
"Gemeinsam können wir ..."
"Stimmen Sie mir zu?"
"Sehe ich das richtig?"

Allgemein sind das eben Äußerungen, die den Gesprächspartner stark mit einbeziehen, ihn auch mitkommen lassen, ihm das Gefühl geben:

"Ich bin okay - und Du bist auch okay!"

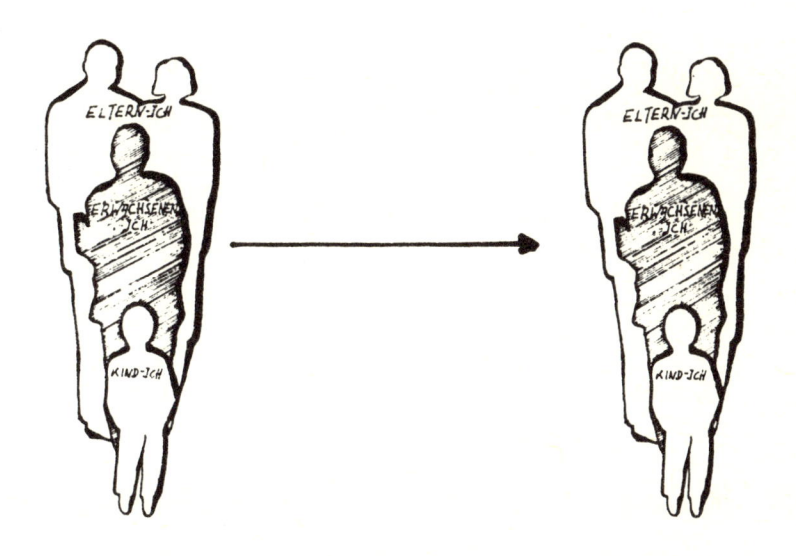

Abb. 9

- Das Kind-Ich

In diesem Zustand handelt, denkt und fühlt der Mensch so, wie er es in seiner Kindheit getan hat. Er spielt, lacht, weint, singt und tanzt, ist aber auch traurig, enttäuscht, eifersüchtig. Begeisterung und Liebe gehören genau so zu diesem Bereich wie Neid, Haß oder Sehnsucht.

Ebenso vielfältig wie die Verhaltensweisen von Kindern sind auch die Äußerungen, die diesen Ich-Zustand kennzeichnen. Angepaßtes Verhalten signalisieren:

> "Da kann man eben nichts machen."
> "Bei mir geht alles schief."
> "Ich habe kein Glück."

Rebellisch ist dagegen, wer etwa sagt:

> "Ich will aber ..."
> "Ich möchte mich jetzt darüber nicht unterhalten."
> "Lassen Sie mich damit in Ruhe!"

Den Ich-Zustand eines freien Kindes zeigt, wer sich etwa so ausdrückt:

> "Ich möchte jetzt gerne ..."
> "Daran habe ich Freude."
> "Das ist toll."

Äußerungen des Kind-Ichs sind zumeist auf die eigene Person gerichtet oder drücken Gefühle aus. Es werden Vokabeln des Wollens, Wünschens oder Rühmens verwendet.

Beispiele für Verkäufer-Argumente aus dem Kind-Ich-Zustand:

> "Ich wollte Sie mal fragen,
>   ob ich Ihnen mal ein Angebot machen dürfte."

"Hätten Sie mal einen Augenblick Zeit für mich?"

"Das ist eine Supersache. Da können Sie irre dabei verdienen."

"Ich zeige Ihnen das gerne einmal. Allerdings kostet das eine Menge Geld."

"Wenn Sie sich das nochmals überlegen wollen?"

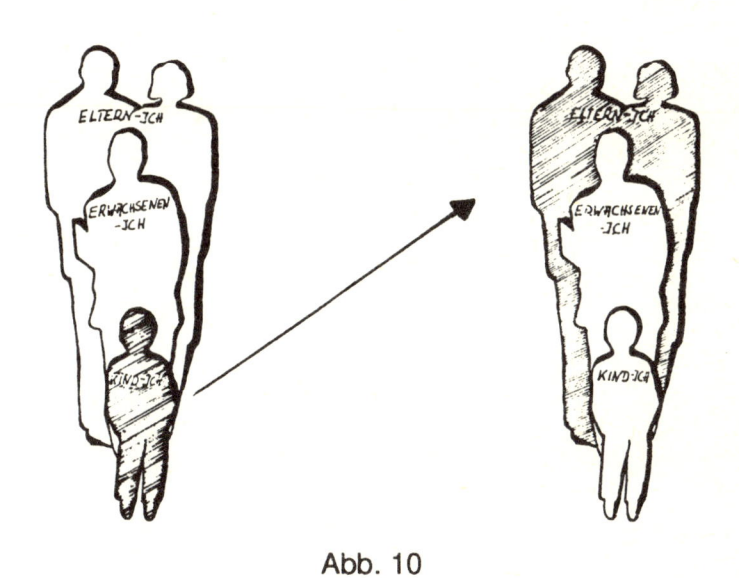

Abb. 10

Das menschliche Verhalten wird also von diesen drei Zuständen gesteuert, wobei der einzelne Mensch nicht etwa ständig starr in einem einzigen Ich-Zustand verbleibt, sondern wechselweise - je nach Situation verschieden - aus einem anderen Ich-Zustand heraus agiert und reagiert. Untersucht man das Verhalten eines Menschen genauer, so stellt man zwar zumeist fest, daß bestimmte Zustände bzw. deren Teilaspekte dominieren, andere eher spärlich auftreten. Aber in seiner Gesamtheit durchlebt der einzelne eben doch alle Phasen.

Es wäre in diesem Zusammenhang falsch, "gute" und "schlechte" Ich-Zustände unterscheiden zu wollen. Der Zustand an sich ist völlig wertfrei zu sehen. Zum Kommunikationsvorteil bzw. -problem gerät das Ganze nur in Verbindung mit dem jeweiligen Verhalten (Ich-Zustand) des Partners. Es gibt Situationen, in denen sich Personen hervorragend miteinander unterhalten. Und die gleichen Personen reagieren in einer anderen Situation wie die berühmten Hund und Katze aufeinander. Woran liegt das?

Bemühen wir noch einmal die Psychologie! Sie erklärt, daß zwischen den Menschen sogenannte Transaktionen stattfinden, und definiert "Transaktion" als verbalen bzw. non-verbalen Austausch zwischen zwei Ich-Zuständen zweier verschiedener Personen. Sie besteht aus einem Reiz (Frage, Feststellung, Augenzwinkern, usw.) und einer Reaktion (Antwort, Gegenfrage, Nicken, usw.). Je nachdem, wie diese Transaktion nun abläuft, kommt es zu einer positiv oder negativ verlaufenden Kommunikation.

Ein typisches Beispiel soll dies veranschaulichen! Auf die Frage:

"Wie spät ist es bitte?" (= Informationsfrage, Erwachsenen-Ich)

kann man z.B. folgende Antwort erhalten:

"Es ist 15.20 Uhr." (= Information, Erwachsenen-Ich)

Beispiel aus dem Verkaufsgespräch:

Verkäufer: "Was gefällt Ihnen an diesem Vorschlag am besten?"

Kunde: "Vor allem die hohe Rendite und die günstige Laufzeit."

Verkäufer: "Mit welcher Bank arbeiten Sie?"

Kunde: "Mein Konto habe ich bei der Commerzbank."

Verkäufer: "Dann schlage ich vor, daß wir von diesem Konto die Beiträge einziehen; dann brauchen Sie sich um nichts zu kümmern."

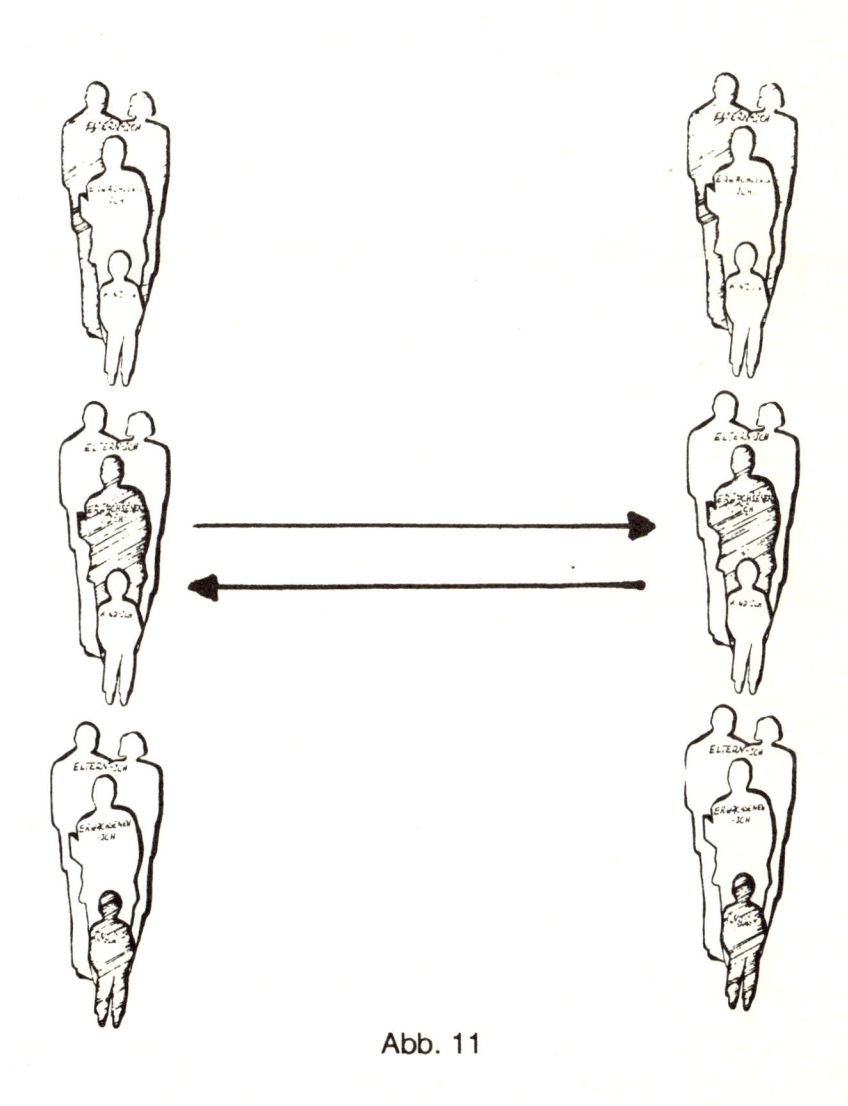

Abb. 11

"Wie spät ist es bitte?"

"Warum schauen Sie denn nicht auf Ihre Uhr?"
(= aggressive Gegenfrage,
Eltern-Ich)

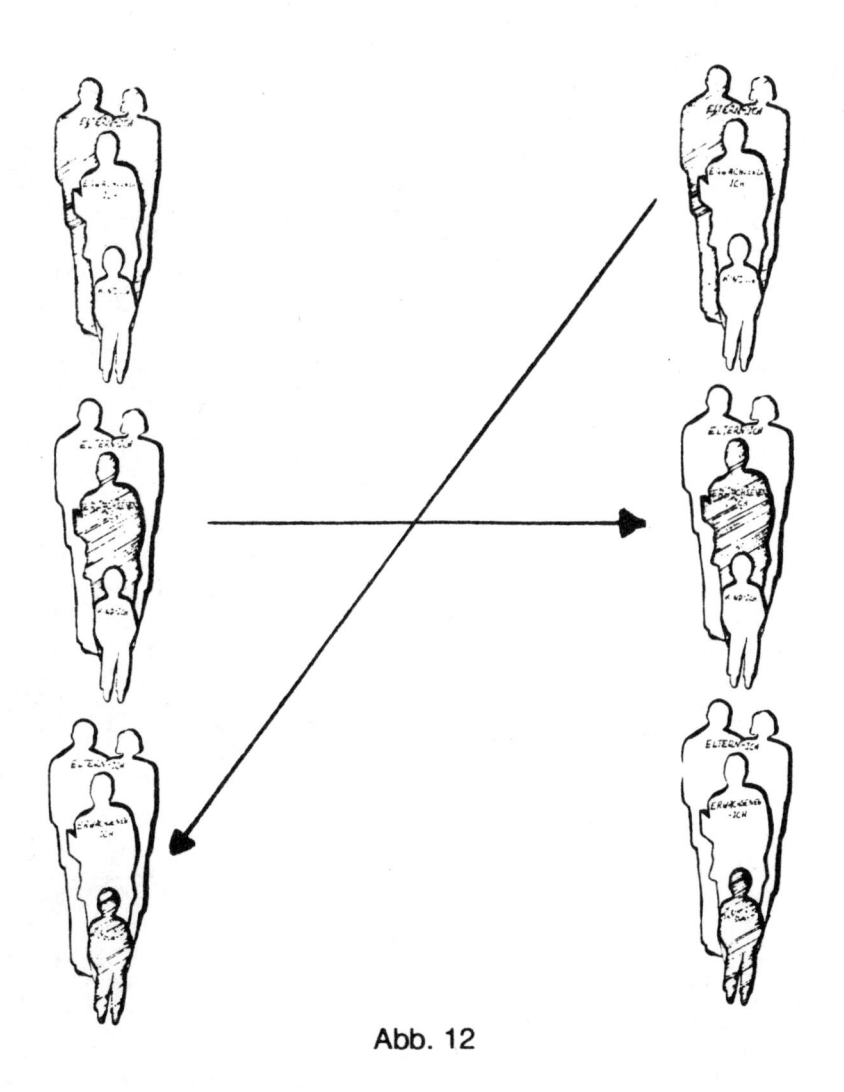

Abb. 12

Beispiel aus dem Verkaufsgespräch:

Verkäufer: "Welcher der beiden Vorschläge gefällt Ihnen eher?"

Kunde: "Wenn ich etwas abschließe, dann werde ich Ihnen schon sagen wie ich es haben möchte!"

"Wie spät ist es bitte?"

"Genau so spät wie gestern um die gleiche Zeit!"
(witzige bzw. ungezogene Antwort,
Kind-Ich)

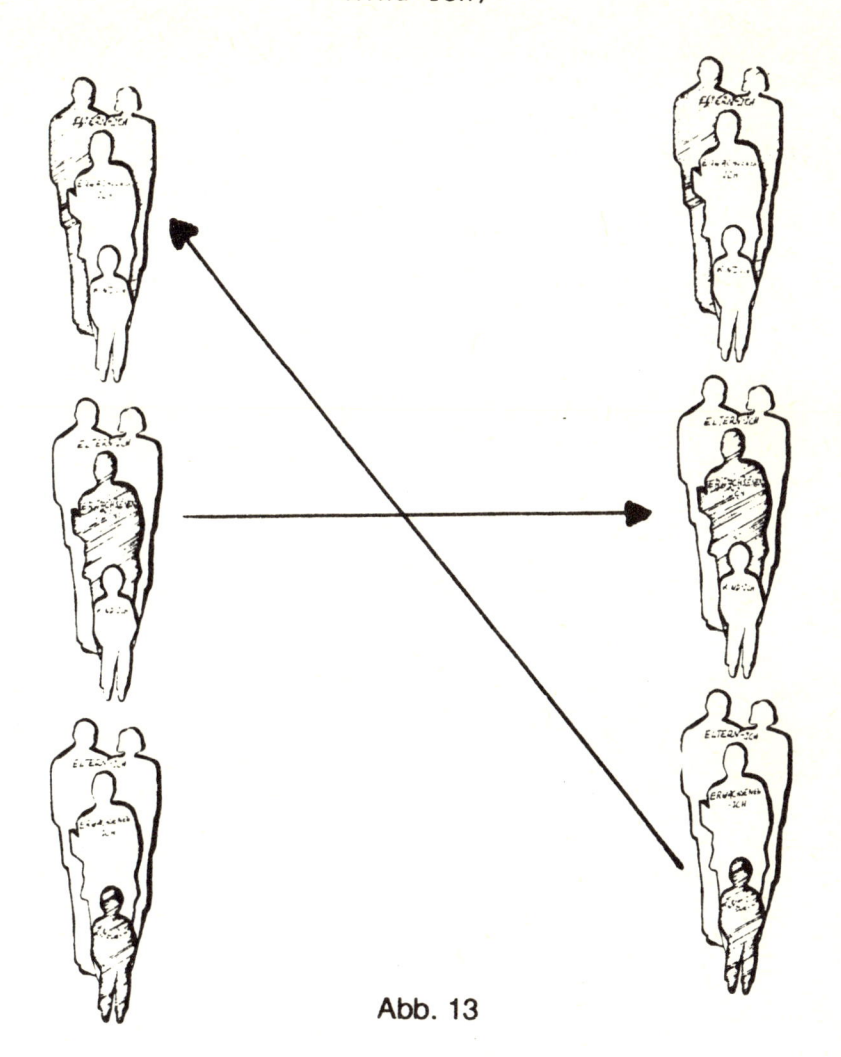

Abb. 13

Beispiel aus dem Verkaufsgespräch:

Verkäufer: "Wie gefällt Ihnen mein Vorschlag?"

Kunde 1: "Eigentlich wollte ich mir das nocheinmal überlegen."

Kunde 2: "Wenn Sie mir das Geld dazu geben - nicht schlecht!

Man erkennt die unterschiedlichen Transaktionen auch als Nicht-Psychologe auf Anhieb und man kann sich durchaus vorstellen, wie in den einzelnen Fällen die Kommunikation weitergehen wird. Im Fall 1 ist sie entweder bereits abgeschlossen oder es folgt eine weitere Frage oder Information. Im Fall 2 kann ein handfester Streit entstehen, je nachdem wie die Reaktion auf die aggressive Gegenfrage - also die neue Transaktion - ausfällt. Im Fall 3 kommt es entweder zu einem Lachen oder zu Verärgerung. Das hängt von dem Verhältnis der beiden Partner zueinander ab bzw. von der augenblicklichen "Stimmung".

Analysiert man die verschiedenen Transaktionen, so lassen sie sich auf drei Arten reduzieren:

- die parallele Transaktion,
- die Überkreuz-Transaktion,
- die verdeckte Transaktion.

4.1.1 Die parallele Transaktion

Eine Transaktion wird parallel genannt, wenn der Angesprochene aus dem gleichen Ich-Zustand reagiert, in dem er angesprochen wurde und beim Partner ebenfalls diesen Ich-Zustand anspricht. Diese Form zeichnet sich dadurch aus, daß die Aussagen beider Gesprächspartner sich decken. Beide haben die gleichen Ansichten, die negativen bzw. positiven Erwartungen stimmen überein. Daher ist der Gesprächsverlauf ohne Überraschungen und vorhersehbar. Parallele Transaktionen können unendlich weitergehen. Der Kommunikationsfluß bleibt erhalten.

Beispiele für parallele Transaktionen:

"Die jungen Leute haben heutzutage gar keinen Sinn mehr fürs Sparen."
"Da haben Sie völlig recht!"

(Eltern-Ich)

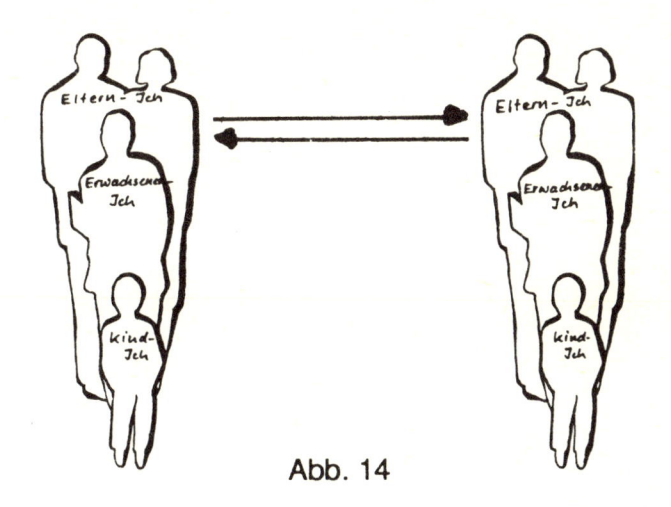

Abb. 14

"Sie können das aber gut erklären."
"Es macht mir auch Spaß, mit meinen Kunden zu reden."

(Kind-Ich)

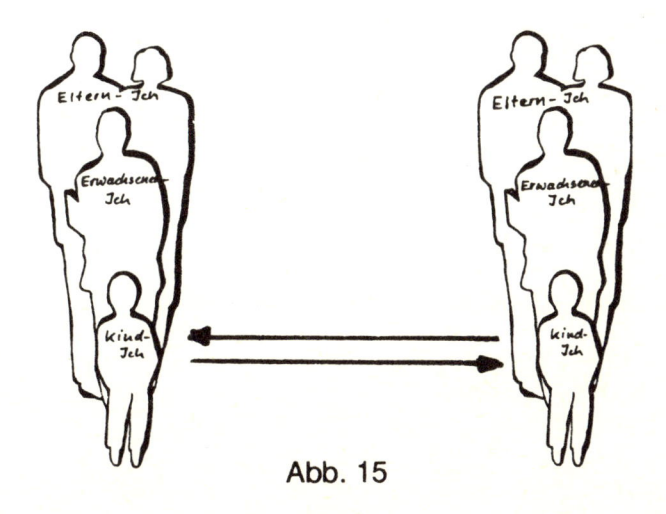

Abb. 15

"Was haben Sie denn monatlich netto zur Verfügung?"
"Rund 2.500,-- DM."

(Erwachsenen-Ich)

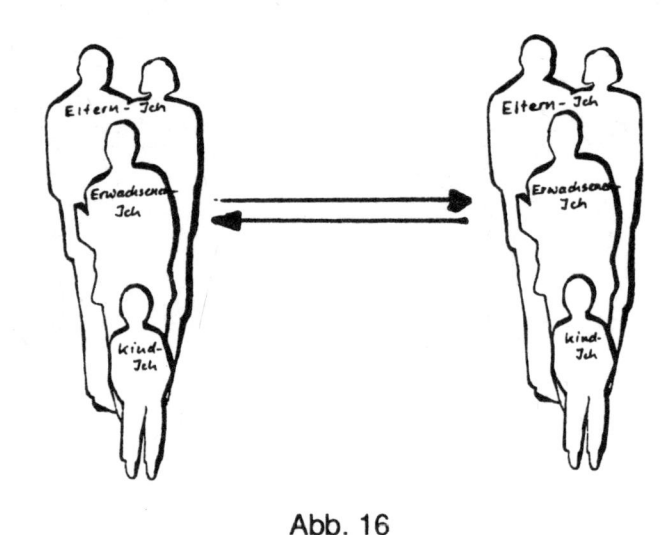

Abb. 16

4.1.2 Die Überkreuz-Transaktion

Jeder hat es schon erlebt, daß er auf eine vernünftige Frage eine völlig unpassende, unhöfliche oder sogar aggressive Antwort erhalten hat. In einem solchen Fall hat der Angesprochene mit einem anderen Ich-Zustand reagiert als dem, in dem er angesprochen wurde. Der andere ist nun überrascht, verwirrt oder verärgert.

Überkreuz-Transaktionen geben dem Gespräch eine dramatische Wendung - zum Positiven oder Negativen. Oft schlägt das Pendel leider zum Negativen aus, weil durch diese Art der Transaktion in der Regel der Neandertaler im Partner geweckt wird. Bewußt eingesetzt kann eine Überkreuz-Transaktion aus dem Erwachsenen-Ich an das Erwachsenen-Ich des anderen der erste Schritt sein, um ein konfliktgeladenes Gespräch zu versachlichen und in ruhigere Bahnen zu lenken.

Beispiele:

"Wie ist bitte das Kennzeichen Ihres Wagens?"
"Warum schauen Sie nicht selbst in Ihre Unterlagen. Da steht's doch!"

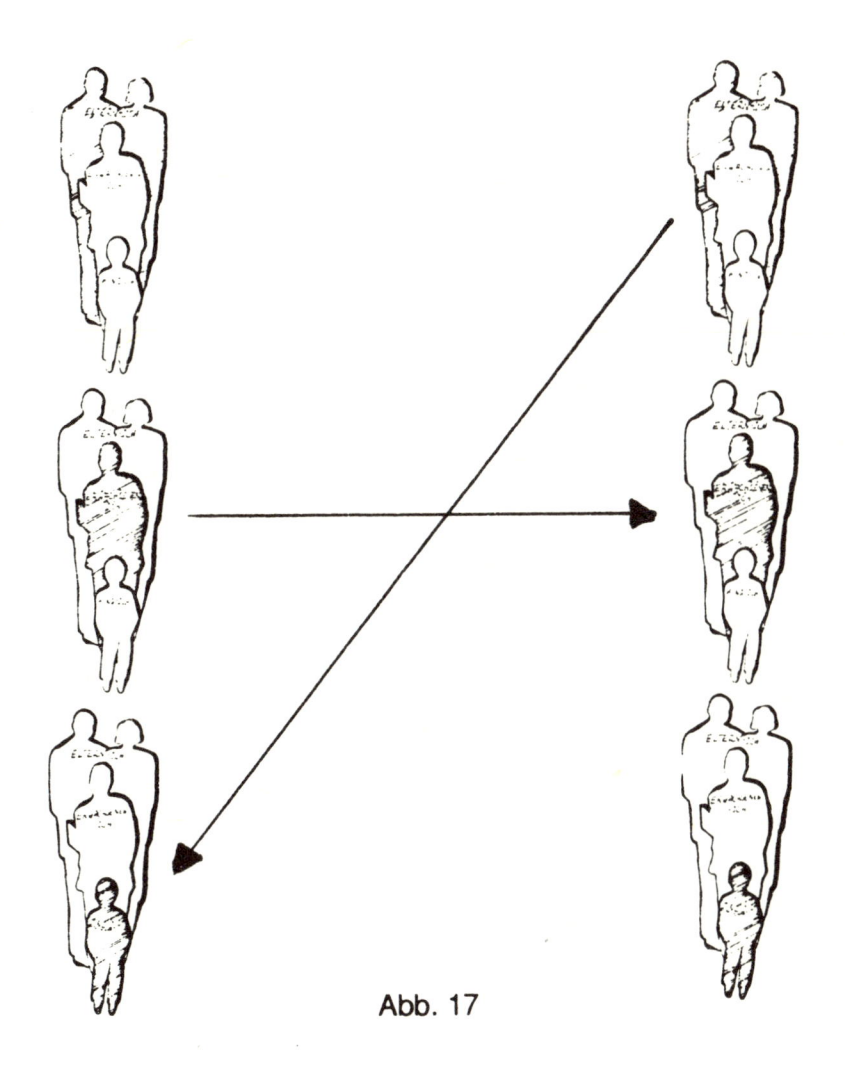

Abb. 17

(Auf eine sachliche Frage aus dem Erwachsenen-Ich antwortet der Angesprochene aus dem Eltern-Ich, um das Kind-Ich des Fragers anzusprechen.)

"Können Sie nicht einmal einen Termin einhalten?"
"Da müssen gerade Sie mir etwas erzählen!"

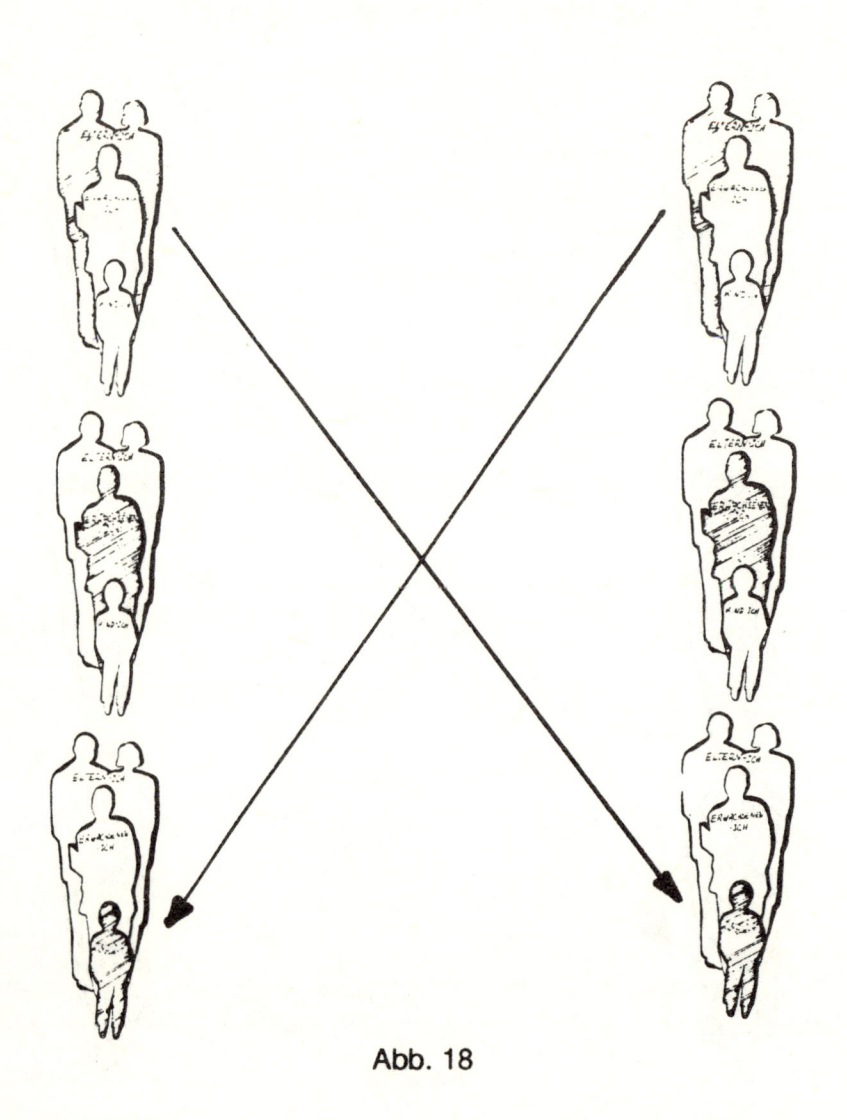

Abb. 18

(Beide Gesprächspartner agieren aus dem - kritischen - Eltern-Ich mit dem Ziel, den anderen in das - angepaßte - Kind-Ich zu bringen. Dies ist die Grundform des Krachs.)

"Sie haben schon wieder den Termin versiebt.
 Das ist wirklich unmöglich von Ihnen."
"Welchen Termin meinen Sie?"

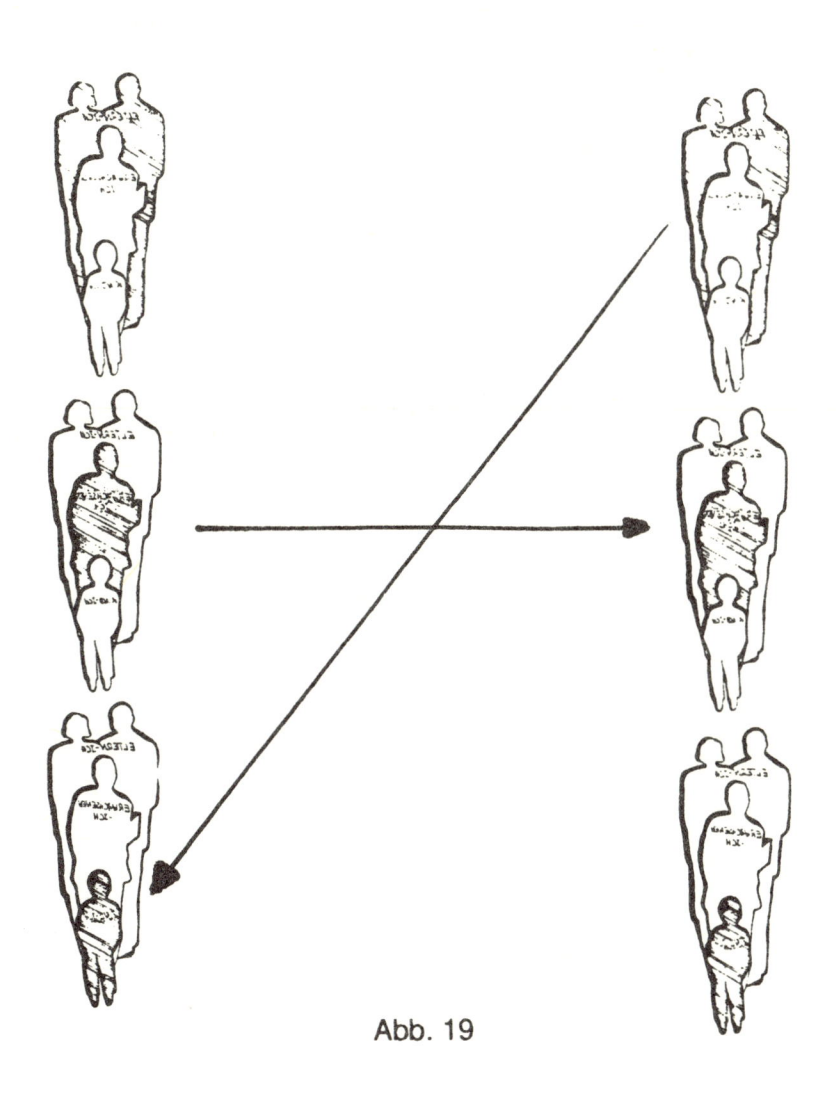

Abb. 19

(Auf den Vorwurf aus dem Eltern-Ich reagiert der Angesprochene mit einer Frage, die aus dem Erwachsenen-Ich kommt und an das Erwachsenen-Ich des Beschwerdeführers gerichtet ist. Damit nimmt er - vermutlich ganz bewußt - die Schärfe aus dem Dialog.)

4.1.3 Die verdeckte Transaktion

Diese Art der Transaktion ist am schwersten zu durchschauen, denn hier wird etwas anderes gesagt als gemeint ist. Es werden also verschlüsselte (verdeckte) Botschaften gleichzeitig mit einer scheinbar rein sachlichen Aussage mitgesandt.

Verdeckte Transaktionen sind häufig das Ventil für verletzte Gefühle, Normen bzw. Wertvorstellungen. Man vermeidet, die Dinge offen und konkret anzusprechen, und flüchtet sich in ironische Bemerkungen, versteckte Drohungen, vage Unterstellungen und unterschwellige Angriffe.

Beispiele:

"Sollen wir uns genau an die neue Arbeitsanweisung halten?"
"Ja!"

Auf den ersten Blick handelt es sich hierbei um eine rein sachliche Transaktion im Erwachsenen-Ich. Durch Tonfall, Mimik und Situation wird jedoch die verdeckte Transaktion im rebellischen Kind-Ich deutlich:

"Denen werden wir schon beweisen, daß das nicht funktioniert!"
"Auf die dummen Gesichter freue ich mich jetzt schon."

oder:

"Haben Sie diese Angelegenheit nun endlich erledigt?"
"Ja, ja, das ist längst geschehen!"

Verdeckt - nur ganz schwach an dem Wort "endlich" erkennbar schwingt hier folgende Botschaft mit:

"Sie sind immer so langsam bzw. unzuverlässig!"
"Laß mich doch endlich in Ruhe mit dieser

> lästigen Fragerei!"
>
> Also handelt es sich eigentlich um eine Anrede aus dem Eltern-Ich mit einer Antwort aus dem Kind-Ich.

Verdeckte Transaktionen sind deshalb für die Kommunikation so problematisch, weil äußerlich das Gespräch scheinbar völlig normal weiterläuft, innerlich jedoch Blockaden und Antipathie aufgebaut werden, die häufig erst zu einem viel späteren Zeitpunkt zum Tragen kommen.

Welche Konsequenzen ergeben sich für den Verkäufer aus den Erkenntnissen der Transaktionsanalyse?

Der erfolgreiche Verlauf eines Verkaufsgesprächs hängt von vielen Faktoren ab, unter anderen auch vom Geschick, sich sprachlich auszudrücken. Wie man formuliert, wird zwar in vielen Aus- und Weiterbildungsveranstaltungen gelehrt, aber der Verkäufer stellt in der Praxis immer wieder fest, daß ihm sogenannte "schädliche" oder "negative" Redewendungen ungewollt unterlaufen. Das hängt mit seinen eigenen Ich-Zuständen zusammen, in die er durch die Äußerungen seines Gesprächspartners versetzt wird.

Der Verkäufer kann jedoch lernen, bewußt mit diesen Ich-Zuständen umzugehen und sich bevor er sich selbst äußert, überlegen, welche Reaktion er hervorrufen möchte und welchen Ich-Zustand des anderen er deshalb ansprechen muß. So hat es zum Beispiel wenig Sinn, einem Kunden, der aus dem kritischen Eltern-Ich das Kind-Ich des Verkäufers anspricht und einen Vorwurf oder eine Beschwerde vorbringt, mit gleicher Münze herauszugeben und ihm selbst die Schuld an der ganzen Angelegenheit zuzuschieben. Der Krach ist so vorprogrammiert. Besser ist es da sicherlich, durch eine bewußt an das Erwachsenen-Ich gerichtete Informationsfrage dem anderen Interesse an der sachlichen Beseitigung des Problems zu signalisieren und ihn so zur Kooperation "aufzufordern".

Weiter wird nun für den Verkäufer deutlich, warum es häufig für das Gesprächsergebnis nachteilig ist, wenn er selbst aus dem Eltern-Ich argumentiert und dem Kunden seine Meinung aufzwingen will mit Formulierungen wie:

>"Sie sollten ..."
>"Da müssen Sie ..."
>"Das dürfen Sie so nicht sehen."

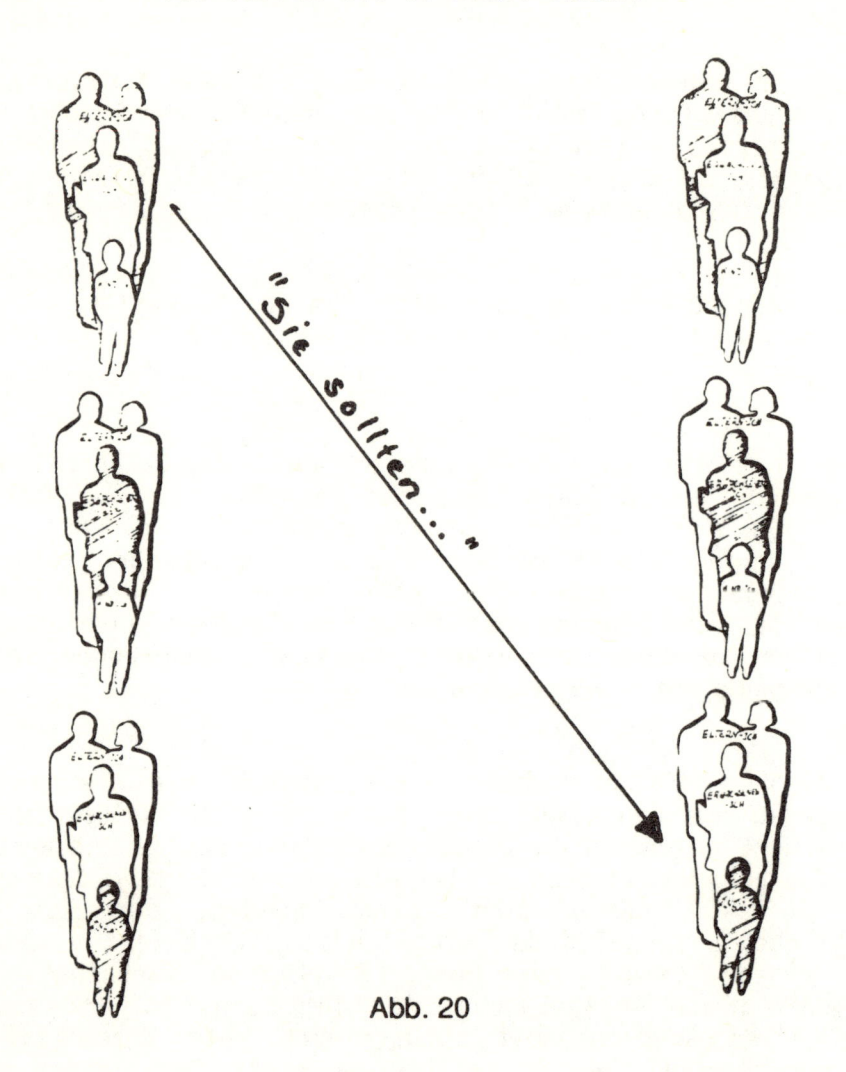

Abb. 20

Damit spricht er das Kind-Ich des Kunden an und braucht sich nicht zu wundern, wenn der wie ein rebellisches Kind reagiert und genau das nicht tut, was man ihm empfohlen hat.

Auf der anderen Seite gibt es bekanntlich zwei Arten des Eltern-Ichs. Und es kann durchaus förderlich sein, bei in Geld- und Versicherungsfragen unsicheren, hilfebedürftigen Kunden aus dem gutmütigen Eltern-Ich zu argumentieren und

Hilfestellung zu geben. Die Kunst besteht eben darin, zu erkennen, ob der Gesprächspartner dies wünscht.

Begibt sich der Verkäufer selbst ins Kind-Ich und begegnet dem Kunden mit unterwürfigem, bittstellerischem Verhalten schon am Anfang des Gesprächs, so fordert er eine aus dem Eltern-Ich stammende Reaktion des Kunden geradezu heraus.

"Ich wäre Ihnen dankbar, wenn ich Sie 'mal besuchen dürfte."
"Dürfte ich Ihnen dazu ein Angebot machen?"
"Hätten Sie vielleicht kurz Zeit für mich?"

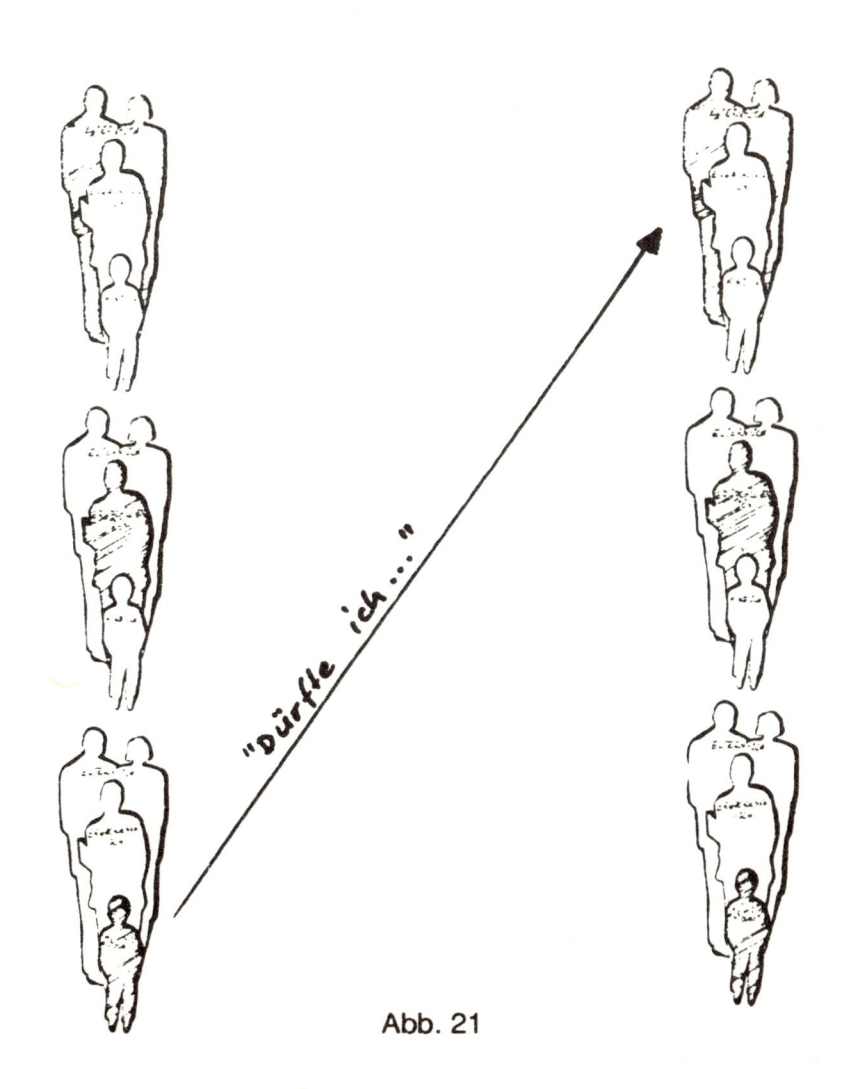

Abb. 21

Welche Antworten wird man wohl erhalten? Selbst wenn sie positiv ausfallen, ist der Kunde sofort in der Rolle des Überlegenen, Gewährenden und wird diesen Vorteil auszuspielen versuchen. Abschlüsse erbettelt man sich nicht, sondern man erhält sie aufgrund überzeugender Argumentation und durch Sicherheit ausstrahlendes Verhalten.

Sinnvollerweise wird sich der Verkäufer bemühen, vorwiegend aus dem Erwachsenen-Ich zu argumentieren und seine Botschaften auch an das Erwachsenen-Ich des Kunden zu adressieren. Dies geschieht durch sachliche Weitergabe von überprüfbaren Tatsachen, Daten und Informationen, durch aktives Zuhören, durch den gekonnten Einsatz von Fragen und nicht zuletzt durch die an anderer Stelle bereits angesprochene positive Grundeinstellung, die sich vor allem durch ein positives Vokabular äußert.

Freilich ist Kommunikation ein Vorgang, der oft sehr rasch vonstatten geht. Da bleibt kaum Zeit für große Überlegungen. Umso wichtiger ist es, daß der Verkäufer - wenigstens in der Vor- und Nachbereitung - selbstkritisch immer wieder einige Fragen gedanklich zu lösen versucht:

> Wie sieht die Situation aus (wird sie aussehen)?
>
> Was sind die objektiven Fakten und Daten?
>
> Welche Normen können bei mir und beim anderen die objektive Betrachtungsweise beeinträchtigen?
>
> Aus welchem Ich-Zustand spreche ich selbst (habe ich gesprochen)?
>
> Auf welche typischen Reaktionsmuster muß ich bei mir selbst besonders achten?
>
> Wie soll sich der Angesprochene verhalten?
>
> Welchen Ich-Zustand spreche ich bei ihm deshalb an?
>
> Aus welchem Ich-Zustand reagiert er jetzt (hat er reagiert?)?

Welche Gefühle spüre ich in mir?

Wie wirkt sich meine Reaktion auf seine Gefühle aus?

Schon allein diese Fragen zeigen, in welch einem komplexen und anspruchsvollen Bereich des menschlichen Wesens sich der Verkäufer hier bewegt. Selbstverständlich gehört sehr viel Übung und auch Bereitschaft zur Selbstreflexion dazu, wenn man sich auch auf dieser Ebene des Verkäuferberufs weiterentwickeln will. Aber es lohnt sich! Denn Verkaufen heißt letztlich Menschen beeinflussen, sie in eine positive Kaufstimmung versetzen, sie zum Abschluß bewegen. Und dabei gilt es, Konflikte tunlichst zu vermeiden. Mit einer entsprechenden Gesprächssteuerung aus dem Erwachsenen-Ich ist man deshalb deutlich im Vorteil.

Persönliche Zusammenfassung

Was ist aus diesem Kapitel für mich besonders wichtig?

_____
_____
_____
_____
_____
_____
_____

Woran möchte ich gerne arbeiten?

_____
_____
_____
_____
_____
_____
_____

Wann beginne ich damit?

_____
_____
_____
_____
_____
_____
_____

4.2 Kommunikationsfördernde Verhaltensweisen

Wer sich als Verkäufer bewußt ins Erwachsenen-Ich begeben will, um das Gespräch in seinem Sinne zu steuern, muß einige wichtige Verhaltensweisen beherrschen:

- Fragen stellen,
- aktiv zuhören,
- partnergerecht sprechen,
- logisch argumentieren.

Diese Verhaltensweisen zu erlernen, ist zwar nicht immer ganz einfach, aber durchaus möglich. Einige wesentliche Kriterien werden im folgenden kurz dargestellt.

4.2.1 Fragen stellen

Wer fragt, der führt! Eine wahrlich alte Verkäuferweisheit! Umso erstaunlicher, daß sich auch heute noch viele außerordentlich schwer tun, richtig zu fragen. Oder auch diese Regel ganz einfach ignorieren und versuchen, über lange Monologe zum Erfolg zu kommen. Dabei liegt es doch buchstäblich auf der Hand:

Wer spricht, hört nichts!

Wer dagegen den anderen reden läßt, kann eine Menge in Erfahrung bringen über seine

- Meinungen,
- Einstellungen,
- Motive,
- Wünsche,
- Bedürfnisse,
- Vorstellungen,
- Stimmungen,
- Bedenken.

Jeder Fortschritt, jede Entwicklung, jede neue Erkenntnis wurde und wird nur dadurch möglich, daß irgendwer, irgendetwas, irgendwann in Frage stellt oder gestellt hat.

Der gute Verkäufer tut dies auch. Aber er stellt nicht nur seine Arbeitsweise, sein Verkaufsgespräch und seine Selbstorganisation ständig in Frage. Sondern er stellt vor allem seinen Kunden viele, viele Fragen.

> "Das Fragezeichen ist der Ausweis des
> Gebildeten, der Punkt der des Halbgebildeten."
> (Hans Knudzus)

oder anders ausgedrückt:

> Kluge lernen stets noch von den anderen,
> Mittelmäßige durch Schaden oder Spott.
> Dumme lernen nichts mehr.
> Sie können schon alles.

Der Verkäufer möchte zur ersten Gruppe gehören. Also fragt er!

In der Fragetechnik unterscheidet man zwei grundsätzliche Arten der Fragestellung: die öffnende und die schließende.

- Öffnende Fragen

> "Wissen Sie eigentlich, was Verkaufen ist?"

Dies ist eine schlechte Frage. Denn als Antwort bekommt man entweder ein "Ja" oder ein "Nein". Und damit ist einem nicht gedient. Das Gespräch ist nicht geöffnet.

Anders, wenn man die Frage so formuliert:

> "Was ist Verkaufen?"

Nun muß der andere überlegen, sich auf mögliche Antworten konzentrieren und selbst etwas "produzieren". Gleichzeitig werden seine Gedanken gefesselt, sodaß er gar nicht auf die unerwünschte Reaktion ("Wieso willst Du das eigentlich wissen?") kommt.

Öffnende Fragen zwingen also den Partner zum Mitdenken, machen ihn produktiv und bringen ihn dazu, Stellung zu beziehen. Damit haben sie eine gesprächsbelebende Wirkung. Nach der mit ihr verfolgten Absicht unterscheidet man:

1. Die Informationsfrage
2. Die Ansichtsfrage
3. Die Gegenfrage
4. Die meinungsbildende Frage
5. Die Cross-Selling-Frage

1. Die Informationsfrage

Es gibt im Verlauf eines Verkaufsgesprächs Informationen, die der Verkäufer unbedingt braucht, um richtig beraten zu können oder einen kunden- und bedarfsgerechten Vorschlag ausarbeiten zu können. Dazu zählt z.B. auch das Einkommen des Kunden, etwaige Verpflichtungen oder familiäre Umstände. Da der Kunde viele Informationen nicht von sich aus gibt, muß man ihn danach fragen. Dabei schlagen manche Verkäufer die tollsten Kapriolen:

"Könnten Sie mir mal sagen,
 was Sie denn so ungefähr verdienen?"
"Dürfte ich Sie 'mal bitte fragen ...?"
"Würde es Ihnen etwas ausmachen ...?"

Bei jeder dieser Fragen ist es geradezu mit den Händen zu greifen, daß der Verkäufer unsicher und ängstlich ist und seiner eigenen Meinung nach etwas indiskretes, fast Anstößiges tut. Dies signalisiert er mit der Verwendung des Konjunktivs und dem langen Anlauf bis er zum Kern seiner Frage kommt.

Ein Arzt würde niemals solche Umstände machen. Dessen Fragen sind bestimmt und präzise - auch, wenn es um wesentlich indiskretere Dinge als das Einkommen geht. Ein Verkäufer von Finanzdienstleistungen ist in seinem Bereich auch so etwas wie ein Arzt für den Kunden. Er soll die augenblickliche Situation analysieren, soll helfen bestimmte Probleme zu lösen und soll aufgrund vorhandener Fakten Empfehlungen geben. Warum soll er dann nicht auch seine notwendigen Informationsfragen bestimmt und direkt, ohne dabei unhöflich zu sein, stellen. Die Beantwortung der Fragen wird von vornherein gar nicht in Zweifel gezogen:

> "Wann sind Sie genau geboren?"
> "Wie hoch ist zur Zeit Ihr verfügbares Einkommen?"
> "Wieviel wollen Sie monatlich zurücklegen?"
> "Welche Anlageformen haben Sie bisher genutzt?"

2. Die Ansichtsfrage

Für den Gesprächsverlauf ist es nicht minder wichtig, ständig von den Ansichten und Meinungen des Gesprächspartners eine klare Vorstellung zu haben. Der Verkäufer wird deshalb öfter nachfragen:

> "Was halten Sie von diesem Vorschlag?"
> "Welche Punkte sind für Sie besonders wichtig?"
> "Wie ist denn Ihre Ansicht dazu?"

Er zeigt damit dem anderen, daß es ihn interessiert, was dieser denkt. Er wertet ihn auf und gibt ihm das Gefühl, ein gleichberechtigter Partner zu sein.

3. Die Gegenfrage

Sie ist ein Mittel, das man sich für schwierige Verhandlungssituationen aufspart, etwa wenn der Kunde unfaire Kritik äußert, aggressiv wird oder man selbst verunsichert ist.

Sie hilft Zeit zu gewinnen, denn der Gesprächspartner muß seine Frage neu formulieren. Dabei korrigiert er oft die ursprüngliche Härte bzw. die Frage selbst. Der Verkäufer erhält Hintergrundinformationen und kann leichter reagieren. Gelegentlich beantwortet sich der andere seine eigene Frage selbst, wenn er noch einmal Stellung dazu nehmen muß.

> "Wie meinen Sie das?"
> "Was verstehen Sie genau unter ...?"
> "Wie bitte?"
> "Wie darf ich das verstehen?"

Solche Wendungen helfen, manche unangenehme Situation zu meistern.

4. Die meinungsbildende Frage

Diese Frage regt den Partner zum Mitdenken an und fordert ihn auf, nach Lösungen zu suchen. Oft ist es besser, statt Patentrezepte zu bieten, den Gesprächspartner durch geschickte Fragen selbst auf den richtigen Lösungsweg zu bringen. Anstatt des belehrenden "Sie müssen ..." oder "Sie sollten..." lassen sich andere Formulierungen mit weitaus größerem Erfolg verwenden:

>"Was haben Sie ... vor?"
>"Wie wollen Sie dieses Problem lösen?"
>"Was haben Sie bisher unternommen, um
> diese Situation zu verbessern?"
>"Wie müßte die Ideallösung aussehen?"

Verkäufer neigen häufig dazu, sich negative Äußerungen und Ansichten der Kunden begründen zu lassen:

Verkäufer: "Was halten Sie von diesem Vorschlag?"

Kunde: "Nicht viel!"

Verkäufer: "Warum nicht?"
"Was gefällt Ihnen nicht?"

Mit dieser Frage wird der Kunde gezwungen, seine **negative** Einstellung zu begründen, denn er muß Argumente **dagegen** suchen.

Mit der meinungsbildenden Frage werden grundsätzlich positive Argumente erfragt:

Verkäufer: "Was sollen wir ändern?"
"Auf welche Punkte legen Sie besonders Wert?"
"Worin muß der Vorschlag noch verbessert
 werden?"

5. Die Cross-Selling-Frage

Diese Frageart heißt so, weil man mit ihr besonders geschickt auf ein neues Gesprächsthema (= Problemsituation und Produktvorschlag) überleiten kann. Man kann sie auch als "unterstellende Frage" bezeichnen. Denn in der Tat wird dabei etwas Bestimmtes unterstellt, z.B., daß der Kunde bereits eine bestimmte Versicherung hat, daß er sich schon mit einer bestimmten Problemsituation auseinandergesetzt hat, daß er die neuesten Gesetzesänderungen bereits voll im Griff hat, usw.

Die gute Cross-Selling-Frage hat außerdem immer etwas überraschendes an sich und weckt dadurch die Neugier des Kunden:

> "Wann wurden Sie zuletzt über Ihren Kontostand in der gesetzlichen Rentenversicherung informiert?"
> "Welche Möglichkeiten nutzen Sie zur Zeit, um Steuern in Privatvermögen umzuwandeln?"
> "Wer bekommt die Wohnungsbauprämie der Oma?"
> "Wann wurde das letzte Mal für Sie der Versicherungs-TÜV gemacht?"
> "Wer erstellt Ihnen Ihre Finanzanalyse?"
> "Wer zahlt eigentlich Zins und Tilgung für Ihr Haus bei Krankheit, Unfall, Berufsunfähigkeit?"

Allen öffnenden Fragen ist eines gemeinsam:
Sie beginnen mit einem Fragewort. Der Schriftsteller Rudyard Kipling hat diese Tatsache einmal so beschrieben:

> "Ich habe sechs Bedienstete, die mich alles gelehrt haben, was ich weiß. Ihre Namen sind:
> Wer, Wie, Wo, Wann, Was und Weshalb."

Deshalb werden die öffnenden Fragen oft auch als W-Fragen bezeichnet.

- Schließende Fragen

Eine Reihe von Fragen läßt nicht diese Antwortbreite der öffnenden Fragen zu, sondern kann nur mit "Ja" oder "Nein" beantwortet werden. Sie bringen ein Gespräch zum Abschluß oder zumindest teilweise zum Abschluß. Deshalb werden sie schließende Fragen genannt. Sie sind für den Verkäufer recht gefährlich, weil der Kunde zur Passivität verurteilt ist und außerdem jederzeit mit einem negativen Bescheid alle Bemühungen zum Scheitern bringen kann. Daher sind unter den schließenden Fragen diejenigen zu bevorzugen, die der Partner nur mit "Ja" beantworten kann. Dazu zählen folgende Fragearten:

    1. Die Bestätigungsfrage
    2. Die Suggestivfrage
    3. Die Beeinflussungsfrage
    4. Die Zusammenfassung
    5. Die Feed-Back-Frage
    6. Die Alternativfrage

1. Die Bestätigungsfrage

Am Telefon oder auch zu Beginn einer Verhandlung weiß der Verkäufer oft schon einiges vom Kunden: Name, Beruf, Familienstand, Arbeitgeber, usw. Diese Tatsachen läßt er sich durch den Gesprächspartner bestätigen, um eine erste Vertrautheit und Übereinstimmung zu erzielen.

 "Spreche ich mit Herrn Kluge persönlich?"
 "Wir haben doch gestern miteinander telefoniert?"
 "Herr Kluge, Sie sind Arbeitnehmer?"
 "Sie sind Mieter (Hausbesitzer, Steuerzahler,
  verheiratet, Autofahrer ...)?"
 "Sie sagten mir, daß Sie sich bisher mit Vermögens-
  bildung noch nicht befaßt haben, stimmt's?"
 "Sie wollten schon immer mal in eigenen vier
  Wänden wohnen, Ihren Kindern zuliebe, sagten Sie
  mir das letzte Mal?"

2. Die Suggestivfrage

Häufig strebt der Verkäufer sein Gesprächsziel sehr eilig an. Dabei läßt er sich allzugerne dazu verleiten, dem Kunden seine Meinung aufzuzwingen. Er formuliert deshalb eine Frage so, daß der Gesprächspartner zustimmen muß, obwohl er unter Umständen diese Meinung noch gar nicht teilt.

Die logische Folge: Der Kunde bereut sofort seine Schwäche und versucht sich der unangenehmen Situation wieder zu entziehen, indem er Vorwände oder Ausflüchte formuliert.

> "Sie stimmen mir doch sicher zu, daß diese
> Summe nicht mehr ausreicht?"

Der Kunde antwortet zwar mit "Ja", erkennt aber gleich darauf, daß diese Antwort eine vorweggenommene Kaufentscheidung bedeutet, und fährt mit einer typischen Abwehrreaktion fort:

> "Ja schon, aber ich muß mir das alles noch 'mal
> in Ruhe überlegen."

Suggestivfragen setzen den Partner unter Druck und gehören deshalb nicht in ein fair geführtes Gespräch.

3. Die Beeinflussungsfrage

Sie hat ebenfalls das Ziel, eine zustimmende Antwort auszulösen. Sie drängt aber - im Gegensatz zur Suggestivfrage - dem Kunden nicht eine fremde Meinung auf. Sie steht vielmehr am Ende einer logischen Gedankenkette und bringt lediglich die Meinung des Kunden auf den Punkt.

Die Beeinflussungsfrage stellt die Übereinkunft zwischen Verkäufer und Kunde sicher. Mit der Beantwortung bestätigt der Kunde, daß er gewillt ist, etwas zum Positiven hin zu verändern.

Beispiel:

"Herr ..., Sie sind bei der Firma Krüger
 beschäftigt.

Über Ihren Arbeitgeber sind Sie in der
gesetzlichen Unfallversicherung versichert.

Diese leistet jedoch nur nach Unfällen am
Arbeitsplatz, auf dem direkten Weg von zuhause
zur Arbeitsstätte und zurück.

Die finanzielle Problematik ist allerdings
nach jedem Unfall die gleiche ...

**Sie möchten doch sicher auch außerhalb des
beruflichen Bereichs finanziell gesichert sein?"**

Weitere Beeinflussungsfragen, die am Ende einer logischen Gedankenkette stehen können:

"Sie benötigen sicher mehr Rente, um Ihren Lebensstandard halten zu können?"

"Sie möchten gewiß im Schadenfall sofortige
unbürokratische Hilfe?"

"Sie wollen doch auch Steuern in Privatvermögen
umwandeln?"

"Sie wollen doch sicher in Geldangelegenheiten von
einem einzigen Fachmann betreut und beraten
werden?"

"Sie möchten auch jede Möglichkeit nutzen, um
Betriebskosten in Privatvermögen umzuwandeln?"

"Sie möchten auch Geld für sich arbeiten lassen?"

"Sie wollen vor Gericht Chancengleichheit?"

Diese Beeinflussungsfrage ist nicht typisch für den Verkauf von Finanzdienstleistungen, sondern sie wird **vor allem** im Dienstleistungs-, Konsumgüter- und Investitionsgüterverkauf verwendet:

Autoverkäufer: "Sie wollen doch sicher Bequemlichkeit, Sicherheit, Komfort und gleichzeitig Geld einsparen?"

Friseur: "Haare sind Schmuck, der sofort von jedem wahrgenommen wird. Da will man ja nur das beste für seine Haare tun, Sie doch sicher auch?"
"Sie möchten doch auch bewundert werden?"

Computer-Verkäufer: "Sie möchten doch sicher auch aus variablen Kosten (Löhne) fixe Kosten machen?"

Um die "richtige" Beeinflussungsfrage zu formulieren, muß man zuvor die Motive des Kunden kennen.
Folgende Motive veranlassen den Kunden zum Kauf:

      Anerkennung   Geld
      Selbstverwirklichung   Sparsamkeit
      Fürsorge   Schutz
      Verantwortung   Geborgenheit
      Sicherheit   Neid
      Wohlbefinden   Wohlstand
      Komfort   usw.

Wer mit der Beeinflussungsfrage das Motiv des Kunden "trifft", hat es leicht, denn er verknüpft die Wünsche des Kunden mit seinen eigenen.

4. Die Zusammenfassung

Ziel einer Verhandlung ist es, Gemeinsamkeiten mit dem Gesprächspartner herbeizuführen. Sinnvollerweise werden die erzielten Ergebnisse von Zeit zu Zeit durch zusammenfassende Fragen "gesichert":

"Herr ..., fassen wir also noch einmal zusammen: Sie wollen ...?"
"Wir sind uns also bis hierher einig?"
"Wir können somit festhalten, ...?"

5. Die Feed-Back-Frage

Gelegentlich drohen Gespräche im Sande zu verlaufen oder der Kunde weicht auf einen "Nebenkriegsschauplatz" aus. In solchen Fällen kann der Verkäufer auf früher festgestellte Gemeinsamkeiten zurückgreifen, indem er formuliert:

> "Wir hatten ja bereits festgestellt ...?"
> "Für Sie war doch besonders wichtig ...?"
> "In diesem Punkt waren wir uns ja bereits einig?"

6. Die Alternativfrage

Diese Frageart nimmt unter den schließenden Fragen eine Sonderstellung ein. Sie bringt das Gespräch ebenfalls zu einem Ende, läßt dem Kunden jedoch die Möglichkeit, zwischen zwei Möglichkeiten zu wählen.

Auch hier kommt es ganz darauf an, wie die Frage formuliert wird. Ein geschickter Verkäufer wird die Alternativen so wählen, daß die Antwort des Kunden in jedem Fall positiv für ihn ausfällt. Also nicht:

> "Wollen Sie nun diese Versicherung oder nicht?"

Sondern:

> "Soll der Vertrag am nächsten Ersten beginnen oder doch lieber schon rückwirkend ab letzten Monat?"

oder:

> "Reichen zunächst 800 DM monatliche Rente oder wollen Sie nicht doch lieber 1.000 DM?"

Häufig wird die Technik der Alternativfrage bei der telefonischen Terminvereinbarung angewandt:

> "Wann paßt es Ihnen besser: Dienstag, um 18.00 Uhr oder doch lieber Donnerstag, um 19.30 Uhr?"

> "Wann soll ich Sie zurückrufen? Gleich am Montag? Oder besser erst Ende der Woche?"

Alternativfragen sind - wie alle schließenden Fragen - immer dann gut und für den Verkäufer hilfreich, wenn es darum geht, eine Entscheidung herbeizuführen. Dies ist in der Regel erst im fortgeschrittenen Stadium des Gesprächs der Fall. Am Anfang wird man vorwiegend mit öffnenden Fragen operieren, abgesehen von der allerersten Gesprächsphase, wo man sich durch Bestätigungsfragen einen Überblick verschafft.

Weitere Beispiele:

"Was ist für Sie wichtiger, die Verfügbarkeit oder die Rentabilität?"
"Was steht für Sie im Vordergrund, der Preis oder die Leistung?"
"Möchten Sie das gesamte Kindergeld anlegen oder zunächst nur einen Teil?"

Fragetechnik will gelernt und geübt sein. Wer sich darauf verläßt, daß ihm während des Gesprächs schon die geeigneten Fragen einfallen werden, der ist wohl meist verlassen. Das Sicherste ist, sich die wichtigen Fragen vorher zuhause gründlich - sogar wörtlich - vorzuformulieren und in diesem entscheidenden gesprächssteuernden Bereich nichts dem Zufall zu überlassen.

Persönliche Zusammenfassung

Was ist aus diesem Kapitel für mich besonders wichtig?
_____
_____
_____
_____
_____
_____
_____

Was möchte ich persönlich davon umsetzen?
_____
_____
_____
_____
_____
_____
_____

Wann will ich damit beginnen?
_____
_____
_____
_____
_____
_____
_____

Welche Fragen will ich in meinen Gesprächen einsetzen?

Telefon: _____
_____
_____

Gesprächseröffnung: _____
_____
_____

Bedarfsermittlung: _____
_____
_____

Rollentausch: _____
_____
_____

Vorschlag: _____
_____
_____

Abschlußphase: _____
_____
_____

Cross-Selling: _____
_____
_____

Weiterempfehlung: _____
_____
_____

Wann beginne ich damit?
_____
_____
_____
_____

4.2.2 Aktiv zuhören

Ein Verkäufer muß gut reden können, denn schließlich verdient er sein Geld ja mit dem Mundwerk! So oder ähnlich lautet eine weit verbreitete Ansicht über diesen Berufsstand. Anlaß zu dieser Ansicht geben des öfteren die Verkäufer selber, wenn sie in langen Monologen den Kunden mehr zu überreden denn zu überzeugen versuchen. Wen wundert es, wenn der dergestalt "beratene" Kunde künftig Gespräche mit Verkäufern dieser Art nach Kräften vermeidet.

Andererseits gibt es glücklicherweise auch viele Beispiele, daß sich der Kunde ausgesprochen gerne und ausgiebig mit dem Verkäufer unterhält - oft auch über Themen und Probleme, die er sonst nur mit ganz wenigen Menschen bespricht. Woran liegt das?

Was zunächst wie ein großes Geheimnis aussieht, stellt sich bei näherer Betrachtung als eine recht simple Erkenntnis über das Funktionieren zwischenmenschlicher Beziehungen heraus. Eine angenehme Gesprächsatmosphäre kann auf Dauer nur dann entstehen, wenn beide Partner zum Sprechen kommen. Dazu muß aber jeder dem anderen erst einmal eine Chance geben - indem er auch wirklich zuhört. Leider scheint Zuhören in der heutigen Zeit mehr und mehr zu einer regelrechten Kunst zu werden, die nur noch wenige beherrschen. Dabei läßt sich diese "Kunst" durchaus erlernen - mit einer positiven Grundeinstellung dem Gesprächspartner gegenüber, mit ein wenig Selbstdisziplin und viel Übung.

Woran liegt es, daß viele Menschen nicht im Stande sind, anderen aufmerksam zuzuhören? Eine Reihe von menschlichen Eigenarten trägt dafür die Verantwortung. Natürlich kann es zunächst einmal an äußeren Einflüssen liegen, die ein konzentriertes Zuhören verhindern. Störungen durch Lärm, unangenehme Umgebung, abstoßende Äußerlichkeiten oder Sprachfehler des anderen. Aber das sind die bei weitem selteneren Ursachen! Zumeist liegen die Gründe für schlechtes Zuhören in der eigenen Person.

Das beginnt mit persönlichen Problemen, die einen gedanklich so gefangenhalten, daß eine Konzentration auf die Ausführungen des Gesprächspartners nicht möglich ist. Das setzt sich fort über ein überzogenes Rede- und Selbstdarstellungsbedürfnis und das endet schließlich in der häufig anzutreffenden Neigung, voreilig zu folgern, daß man bereits voll verstanden habe, was der Partner sagen will. Dabei entgehen einem dann wesentliche Punkte in den Ausführungen des anderen, weil man bereits "abgeschaltet" hat. Hinzu kommt, daß der Mensch ohnehin oft nur das heraushört, was er hören will, und alles andere unbewußt ignoriert. Er ist fixiert auf seine eigenen Ansichten und Vorstellungen und akzeptiert nur das, was sich mit ihnen deckt. Neues, Fremdartiges wird herausgefiltert und abgelehnt. Dies alles sind freilich schlechte Voraussetzungen, ein guter Zuhörer zu sein!

Wenn jemand von "zuhören" spricht, denkt man spontan an ein passives Verhalten, z.B. in der Schule, bei einem Vortrag oder während einer Radiosendung. In Wirklichkeit ist Zuhören keineswegs nur inaktives Aufnehmen von Informationen, die uns ein Gesprächspartner übermittelt. Zuhören ist vielmehr ein Begriff für verschiedenartige Aktivitäten und Zustände. Der Grad der Intensität variiert dabei stark. Im Laufe einer Verhandlung nimmt die Intensität ständig zu und auch wieder ab - je nach Bedeutung der "Botschaften" für den jeweiligen Partner. Auch die momentane körperliche und geistige Fitness spielt dabei eine wichtige Rolle.

Der Begriff "aktives Zuhören" leitet sich selbstredend aus der Tatsache her, daß der Zuhörer eine Reihe von Aktivitäten entwickeln muß, wenn er dem Anspruch, ein "aktiver" Zuhörer zu sein, gerecht werden will. Während beim passiven Zuhören lediglich die Konzentration als Anstrengung eingesetzt wird, geht beim aktiven Zuhören die Initiative vom Verkäufer aus:

> Der Partner wird zum Reden gebracht.
> Der Partner wird am Reden gehalten.
> Der Partner wird geöffnet.
> Der Partner teilt mit, was ihn
>   interessiert, was er fühlt,
>   was ihn beschäftigt.
> Der Partner ist Dreh- und Angelpunkt
>   des gesamten Bemühens.

Der besondere Effekt beim aktiven Zuhören entsteht dadurch,

daß es dem Verkäufer auch wirklich gelingt, seinem Gesprächspartner zu verdeutlichen, daß er zuhört. Beides ist entscheidend: die Informationsaufnahme und das Gefühl, das beim Kunden erzeugt wird. Ein Gefühl der Zufriedenheit, ernst und wichtig genommen zu werden, und ein Gefühl der Aufwertung durch das offenkundige Interesse des Verkäufers an den Ansichten, Gedanken und Problemen seines Kunden.

Diesen Effekt erzielt der Verkäufer durch den bewußten Einsatz einiger Verhaltensweisen, die aktives Zuhören signalisieren:

- Augenkontakt halten

Wer mit einem anderen spricht, sieht ihn an. Wer konzentriert zuhört, erst recht! Am Blick des Partners erkennt man als Sprecher sehr genau, ob er geistig noch folgt oder gerade abschweift. Deshalb zeigt ein Verkäufer, der seinen Kunden fest und zugleich freundlich anblickt, daß er immer noch aufmerksam ist.

Selbstverständlich darf der Augenkontakt nicht zu einem unangenehmen Starren geraten, das mehr irritiert als erfreut. Der Blick muß sich von Zeit zu Zeit völlig natürlich vom Gesprächspartner lösen, um dann nach kurzer Zeit wieder zurückzukehren.

- Aufmunterer und Verstärker einsetzen

Schweigt einer von zwei Gesprächspartnern über eine längere Zeit, so kann das durchaus ein Zeichen dafür sein, daß er genau zuhört. Gleichwohl ist sich der andere dessen nicht sicher und fühlt sich deshalb leicht unbehaglich.

Deshalb läßt der Verkäufer seinen Kunden ständig wissen, daß er ihm noch zuhört, indem er verstärkende bzw. aufmunternde Kommentare gibt:

    "Aha!"
    "Ach was?"
    "Interessant!"

"Wie kam es denn dazu?"
"Wirklich?"

Auch Mimik und Gestik des Verkäufers können dabei unterstützend wirken. Ein ermunterndes Kopfnicken, ein Hochziehen der Augenbrauen, eine Handbewegung fortzufahren, veranlassen den Kunden weiterzusprechen.

- Vorsichtig erwidern

Um die Gefühle und Empfindungen eines anderen einigermaßen verstehen zu können, muß man versuchen, sich in seinen persönlichen Bezugsrahmen hineinzuversetzen. Da es aber niemandem gelingt, die Dinge voll und ganz aus dem Blickwinkel des anderen zu sehen, ist im besten Fall eine Annäherung an das Verstehen möglich.

Deshalb erwidert der Verkäufer beim aktiven Zuhören vorsichtig und tastend, um die definitiven Aussagen dem Kunden zu überlassen. Er muß schließlich erst nach und nach herausfinden, ob er den Partner richtig verstanden hat. Dabei sind viele Formulierungen zur Ein- und Überleitung möglich.

Wenn der Verkäufer das Gefühl hat, daß seine Wahrnehmungen zutreffen, kann er zum Beispiel folgendermaßen formulieren:

"Von Ihrem Standpunkt aus ..."
"Wie Sie es sehen ..."
"Sie denken, daß ..."
"Mit anderen Worten ..."
"Wie ich Sie verstehe ..."
"Sie meinen ..."

Wenn er dagegen über das, was der Kunde meint, noch einigermaßen im Dunkeln tappt, dann verwendet er besser Wendungen wie:

"Ich frage mich, ob ..."
"Trifft es zu, daß ...?"
"Es scheint, daß ..."
"Sagen Sie mir, wenn ich mich irre, aber ..."

"Gefällt Ihnen die Idee ...?"
"Habe ich Sie richtig verstanden? Sie ..."

In jedem Fall ist genau auf die Reaktion des Kunden zu achten und die eigene Ansicht gegebenenfalls entsprechend zu korrigieren.

- **Notizen machen**

Wem zu den Ausführungen seines Gesprächspartners spontan Antwortideen kommen, der tut gut daran, sich diese kurz zu notieren. Damit befreit er sich selbst von einer möglichen Blockade beim Zuhören. Denn oftmals ist die Angst, die gerade gewonnene Idee wieder zu verlieren, größer als die Sorge, eine wesentliche Aussage des Kunden zu überhören.

Darüberhinaus ist es sinnvoll, die Rede des Partners in ihren Kernaussagen ebenfalls festzuhalten - vor allem, wenn sich mehrere Gedanken aneinanderreihen. So läßt sich nachher besser auf die einzelnen Punkte eingehen. Und der Kunde hat außerdem das Gefühl, daß nichts von seiner Aussage verlorengeht.

Persönliche Zusammenfassung

Was ist aus diesem Kapitel besonders wichtig für mich?
_____
_____
_____
_____
_____
_____
_____
_____

Woran möchte ich besonders arbeiten?
_____
_____
_____
_____
_____
_____
_____
_____

Wann beginne ich damit?
_____
_____
_____
_____
_____
_____
_____
_____

4.2.3 Partnergerecht sprechen

Die Stimme ist das Medium, mit dessen Hilfe der Verkäufer seine Informationen an den Mann bzw. die Frau bringt. Allein mit ihr erzielt er bereits Wirkung, unabhängig von seinen Argumenten. Eine Stimme kann Vertrauen einflößen, beruhigend wirken, überzeugen helfen. Genauso aber kann sie Ablehnung hervorrufen, Unsicherheit verbreiten, die Meinungsbildung negativ beeinflussen.

Gleichermaßen bestimmt die Ausdrucksweise eines Verkäufers seinen Gesprächserfolg. Jemand, der grundsätzlich positiv formuliert, verbreitet eine andere Stimmung als der, der ständig negative Ausdrücke verwendet. Wer stets das treffende Wort bereit hat, wird bereitwilligere Zuhörer finden, als einer, der sich mit ungenauen Begriffen behelfen muß. Rhetorische Gewandtheit überzeugt leichter als schwerfällige Ausdrucksweise.

Daher achten viele Verkäufer beim Sprechen zum einen auf Klang und Artikulation, zum anderen auf Wortwahl und Satzbau und versuchen, sich auch auf diesen Gebieten zu verbessern.

Der Klang einer Stimme hängt wesentlich davon ab, ob die Resonanz im Kopf- oder im Brustbereich entsteht. Die sogenannte "Kopfstimme" ist hoch und wirkt stets aufgeregt. Ihr längere Zeit zuhören zu müssen, ist unangenehm und weckt Aggressionen. Wird die Stimme dagegen im Brust- und Bauchraum gebildet, so ist sie tiefer und voller, wird als angenehm und sympathisch empfunden.

In engem Zusammenhang mit dem Klang steht auch die beim Sprechen angewandte Atemtechnik. Wer nur sehr schnell und flach atmet, wird während des Sprechens relativ rasch in Atemnot geraten. Dadurch klingt die Stimme gepreßt und unsicher, was sich oftmals mit dem tatsächlichen Gemütszustand deckt. Geübte Redner wenden Zwerchfellatmung an, was sie in ruhigem Tonfall und ohne erkennbare Ermüdungserscheinungen auch längere Zeit sprechen läßt. Die Atmung erfolgt lautlos, die Schultern bewegen sich dabei nicht.

Natürlich hängt der Klang der Stimme häufig unmittelbar vom augenblicklichen seelischen Zustand des Sprechers ab. Einem aufgeregten Menschen hört man die Erregung an der - im Extremfall sogar überschnappenden - Stimme an. Daß dies nicht besonders gut wirkt in einem Gespräch, in dem es noch dazu um wichtige finanzielle Angelegenheiten geht, bedarf keiner besonderen Ausführung. Deshalb ist es für einen Verkäufer wichtigste Aufgabe, durch die Stimme zunächst einmal Ruhe und Überlegtheit auszustrahlen. Hat er hierbei durch seine natürliche stimmliche Veranlagung Schwierigkeiten, empfiehlt es sich, einen Fachmann für Sprecherziehung zu Rate zu ziehen.

Oftmals kann man sich jedoch auch selbst helfen, indem man dafür sorgt, daß man beim Sprechen ruhiger wird. Hier hilft eine intensive Vorbereitung vor dem Gespräch, eine genaue strategische Planung der Vorgehensweise und letztlich die Erfahrung im Umgang mit den Kunden ein ganzes Stück weiter. Daneben kann man sich darauf konzentrieren, langsamer und mit mehr Pausen zu sprechen. Dadurch gewinnt man selbst Zeit zum Nachdenken, Formulieren und - Atmen.

Die meisten Verkäufer sprechen für ihren Gesprächspartner zu schnell. Als Fachleute in einem ganz bestimmten Themenbereich bringen sie ihre Argumente mit einem solchen Tempo, daß der Kunde - als Laie, der er ist, - nicht folgen kann. Er erfaßt nur einen Teil des Gesagten, verliert den Zusammenhang und schließlich das Interesse. Lange Sätze, die in einem Zug vorgetragen werden, können einfach nicht richtig erfaßt werden. Zudem besteht die Gefahr, daß man sich selbst dabei verheddert, und am Ende die ganze komplizierte Konstruktion nicht mehr zusammenpaßt.

Das Gebot für den Verkäufer heißt also: Möglichst einfache, kurze Sätze bilden! In sinnvollen, zusammenhängenden Wortblöcken sprechen und nach den einzelnen Blöcken Pause machen! So erhält der Zuhörer Gelegenheit, die Aussagen gedanklich einzuordnen und einen entsprechenden Bezug herzustellen. Es schadet auch durchaus nichts, hin und wieder um den richtigen Ausdruck "zu ringen". Das fördert die Aufmerksamkeit des Zuhörers, ja kann ihn sogar soweit aktivieren, daß er das fehlende Wort beisteuert.

Am besten kann man als Gesprächspartner den Ausführungen des anderen folgen, wenn hinter dem Gesagten eine gewisse Struktur erkennbar wird. Dies geschieht, wenn der Verkäufer seine Informationen klar gliedert:

> "Dabei sind folgende drei Punkte wichtig ..."
> "Zwei Vorteile erzielen Sie damit! Erstens ..., Zweitens ..."
> "Zwei wichtige Fragen vorweg, Herr ...!
> Zum einen ... Und meine zweite Frage ..."

Durch diese Formulierungen wird außerdem eine gewisse Spannung erzeugt, was denn nun als zweiter oder dritter angekündigter Gesichtspunkt folgen wird. So wird die Aufmerksamkeit des Kunden wachgehalten.
Ein wichtiges rhetorisches Mittel, beim Sprechen zu gliedern, ist die Betonung. Es gibt immer wichtige und weniger wichtige Bestandteile eines Satzes. Wenn die Rede des Verkäufers eintönig dahinplätschert, ist es für den Kunden schwierig, das Wichtige von dem weniger Wichtigen zu unterscheiden. Wird jedoch das für ihn Entscheidende deutlich betont - durch ein Heben der Stimme, durch mehr Nachdruck, durch eine zusätzlich unterstreichende Geste -, dann erfaßt er es sofort und behält es auch besser. Außerdem wird die Gefahr von Mißverständnissen verringert, wenn man Bedeutsames ausdrücklich hervorhebt.

Die Qualität des sprachlichen Ausdrucksvermögens eines Verkäufers steht in direktem Zusammenhang mit seinem verfügbaren Wortschatz. Treffsichere Formulierungen, neue unverbrauchte Begriffe und überraschende Ausdrucksvarianten machen Ausführungen lebendig und interessant. Wer dagegen stereotyp die gleichen Schlagwörter gebraucht, die man überall hören und lesen kann, langweilt auf Dauer.

Apropos lesen! Lesen ist ein gutes Mittel, seinen verfügbaren Wortschatz zu erweitern - vorausgesetzt, man liest gute bis anspruchsvolle Texte: Fachbücher, zeitgenössische aber auch klassische Literatur, Zeitschriften mit gehobenem Niveau. Neben dem Wortschatz wird so auch die Allgemeinbildung verbessert und man kann leichter "mitreden".

Eine plastische, bildhafte Sprache prägt sich wesentlich besser ein als eine nüchterne, theoretische Ausdrucksweise. Wem es gelingt, seine Informationen mit anschaulichen Vergleichen und Geschichten zu unterstützen, erzielt einen höheren Behaltenseffekt. Humorvolle Randbemerkungen, ein treffendes Witzchen oder auch der Ausspruch eines Prominenten illustrieren einen Sachverhalt oft deutlicher als langatmige Erklärungen. Zum Beispiel:

> "Der gute Ehemann schließt zugunsten seiner
> Ehefrau eine Lebensversicherung ab.
> Der vorbildliche Ehemann sorgt dafür, daß sie
> auch tatsächlich in den Genuß der Leistung
> kommt."
> (George Bernard Shaw)

oder

> "Wo wären Sie bei einer Fahrt über das Meer wohl
> besser aufgehoben: auf einem Fischkutter oder
> auf einem Luxusliner?"

Einprägsam sind auch Wiederholungen. Sie werden ja gerade deshalb gemacht, damit sich das Gesagte festigen soll. Eine beliebte Technik ist die Art der Wiederholung, bei der ein zweiter Satz mit der gleichen Aussage beginnt, mit der der vorherige geendet hat (Chiasmus).

> "Dieser Vorschlag ist besonders günstig.
> Günstig vor allem deshalb, weil ..."
> "Also, Herr ..., ich rufe Sie morgen wieder
> an. Morgen, gleich um acht Uhr!"
> "Ihr Ziel war es, möglichst Steuern zu sparen.
> Steuern sparen können Sie mit dieser
> Anlageform ganz hervorragend."

Wiederholungen gehören zu den ganz wichtigen rhetorischen Stilmitteln eines Verkäufers. Da der Kunde im allgemeinen Laie ist, behält er keinesfalls alle entscheidenden Informationen auf Anhieb. Vielmehr müssen sie ihm buchstäblich "eingetrichtert" werden. Deshalb wiederholen erfahrene Verkäufer des öfteren bestimmte Punkte ihrer Argumentation, teilweise wörtlich, teilweise in abgewandelter Form.

> "Während der laufenden Rentenzahlung
> brauchen Sie auch keine Beiträge mehr zu
> zahlen .....
> Sie erinnern sich: Während der Rentenzahlung
> sind keine Beiträge ....."

oder

> "Diese Anlageform hat zwei wesentliche
> Vorteile für Sie: Sie bilden Kapital und
> sparen Steuern! .....
> Und dazu kommt noch die Steuerersparnis!"

Die Wahl der Formulierungen, die ein Verkäufer gebraucht, spiegelt seine innere Einstellung wider. Ist er ein von Natur aus optimistischer Mensch, so wird er sich vorwiegend positiv ausdrücken. Er wird beispielsweise nicht davon sprechen, worauf ein Kunde in dieser oder jener Situation verzichten muß, sondern er wird das beschreiben, was man als Kunde erwartet, erhalten möchte, haben will. Er wird anstelle der Begriffe, die vom Kunden negativ empfunden werden, positive suchen, also statt von "Risiko" von "Sicherheit" sprechen, statt von "Schulden" von "festen Ausgaben", statt von "Einwänden" von "Fragen" oder "Anregungen".

Und er wird hohle Phrasen vermeiden, die ohnehin nur als Füller verwendet werden, bei genauerem Mithören aber vom Gesprächspartner negativ gedeutet werden können. Typische Beispiele dafür sind:

> "Eigentlich ..."
> "Ehrlich gesagt ..."
> "Wenn ich ganz offen bin ..."

Solche Äußerungen machen den Kunden mißtrauisch, denn wörtlich genommen sagen sie nichts anderes als:

> "Normalerweise sage ich ja nicht die (ganze)
> Wahrheit. Aber, weil Du es bist, will ich
> ausnahmsweise doch einmal damit
> herausrücken."

Vertrauen bilden, eine positive Gesprächsatmosphäre herstellen, das sind vorrangige Ziele des Verkäufers. Dabei kann auch behilflich sein, möglichst Namen von Personen, die der Kunde kennt, ins Gespräch einfließen zu lassen. Wer Namen von Familienangehörigen, Freunden oder Kollegen des Gesprächspartners nennt, wird mit der Zeit im Gefühl des anderen selbst ein Teil dieses vertrauten Kreises. Namen bekannter Persönlichkeiten haben, wenn sie zum Thema etwas Einschlägiges zu sagen hatten, die Wirkung eines Zeugen. Und nicht zuletzt: Den Namen des Kunden nicht vergessen! Auch außerhalb von Begrüßung und Verabschiedung hört er sich gerne beim Namen genannt. Und diese Namensnennung schafft ein Stück Beziehung.

Die Wahl der richtigen Worte ist - wie es scheint - oft nicht ganz so einfach, wie man es sich macht, wenn man munter drauflosredet. Tatsächlich muß man auch als Verkäufer feststellen, daß sich Gesprächspartner nicht verstehen. Das kann daran liegen, daß sie "eine andere Sprache sprechen". Was ist damit gemeint?

Menschen nehmen die Welt auf unterschiedliche Art wahr: mit den Augen, den Ohren oder dem Körper. Folgerichtig unterscheidet man

- den Augentyp,
- den Ohrentyp,
- den Körpertyp.

Welchem Typ der einzelne angehört, kann man meist deutlich an den gebrauchten Redewendungen ablesen.

Der **Augentyp** sagt z.B.,
er würde etwas nicht sehen,
er habe keine klare Vorstellung,
er beobachte schon länger,
usw.

Der **Ohrentyp** meint eher,
eine Idee klänge nicht gut,
er habe sich schon oft gefragt,
er höre immer wieder,
usw.

Der **Körpertyp** sagt,
ihm schaudere bei dem Gedanken,
er habe ein ungutes Gefühl,
er spüre etwas auf ihn zukommen,
usw.

Für den Verkäufer ist es von Bedeutung, auf solche Ausdrücke zu achten. Denn hier kann er wichtige Kommunikationsbrücken schlagen, wenn es ihm gelingt, seine eigene Ausdrucksweise an die seines Gesprächspartners anzupassen. Wenn ihm diese Einzelheiten entgehen, dann droht allerdings das, was in

Gesprächen leider öfter passiert: Die Partner reden aneinander vorbei.

Grundvoraussetzung für den guten Kontakt zum anderen ist bewußtes Wahrnehmen. Das muß jedoch häufig erst gelernt werden, denn nur wenigen ist die Fähigkeit, wirklich gut zu beobachten, angeboren. Auch im sprachlichen Bereich sind bewußtes Hinhören und geistiges Verarbeiten der Signale wichtige Voraussetzungen für exzellentes verkäuferisches Verhalten.

Persönliche Zusammenfassung

Was ist für mich persönlich aus diesem Kapitel ganz besonders wichtig?

_____
_____
_____
_____
_____
_____
_____
_____

An welchen Punkten möchte ich arbeiten?

_____
_____
_____
_____
_____
_____
_____
_____

Wann will ich damit beginnen?

_____
_____
_____
_____
_____
_____
_____
_____

4.2.4 Logisch argumentieren

Neben der Art und Weise, wie ein Verkäufer etwas sagt, ist natürlich auch maßgebend, was er sagt - also seine Argumente. Tatsächlich haben viele Verkäufer an sich sehr gute Argumente für ihre Produkte. Dennoch bleibt ihnen der Erfolg versagt. Unerklärlicherweise will der Kunde durchaus nicht so, wie sie gerne wollen.

Kurze Zeit später hat ein anderer Verkäufer von einem sonst chancenlosen Mitbewerber, der auch keine wesentlich anderen Argumente vorbringen kann, jedoch plötzlich Erfolg und schließt ab. Da stellt sich der Erfolglose verbittert die Frage: Warum?

Läßt man die Möglichkeit beiseite, daß sich beim Kunden inzwischen ein großer Sinneswandel grundlegender Art vollzogen hat, und sind die Konditionen auch nicht gravierend unterschiedlich, so drängt sich eine Antwort förmlich auf: Es muß wohl an der Darstellung der Argumente und an ihrer Reihenfolge gelegen haben!

Verkaufen besteht in der Kunst zu überzeugen, das heißt eigene Meinungen auf andere zu übertragen oder bestehende Meinungen zu verändern. Voraussetzung dazu ist, sich in die Lage, Gefühle und Denkweise des Gegenübers hineinversetzen zu können, damit man als Verkäufer die Bereiche der menschlichen Psyche anspricht, die zu Handlungen motivieren. Denn am Ende des Verkaufsgesprächs steht eine Handlung des Kunden - die Unterschrift unter den Antrag. Deshalb wird es für den Verkäufer zur entscheidenden Frage, wodurch sich sein Gesprächspartner zu einer Handlung bewegen läßt.

Über Motivationstheorien wurde an anderer Stelle schon ausführlich gesprochen. Unter dem Blickwinkel einer konfliktfreien Gesprächsführung ergeben sich für den Verkäufer drei wichtige Aspekte:

1. Unbewußte Motivation

Je stärker die Sympathie für einen Gesprächspartner, umso größer ist die Akzeptanz seiner Argumente. Folglich wird der Verkäufer versuchen, ein Sympathiefeld zwischen sich und dem Kunden herzustellen. Denn dieses Sympathiefeld entscheidet wesentlich darüber, ob ein Kauf zustandekommt.

Dieser Bereich ist jedoch höchst sensibel und man kann dabei auch Fehler machen. Falsch ist es, sich beim Kunden anzubiedern, z.B. durch übertriebene Lobhudelei und ständiges Nach-dem-Munde-Reden. Falsch ist sicherlich auch der Versuch, den Partner zu Dank zu verpflichten und damit in Zugzwang zu bringen. Die Situation im Supermarkt ist dafür ein typisches Beispiel. Viele Kunden bringen es nicht fertig, nachdem sie bei einem Propagandisten eine Ware probiert haben, wieder wegzugehen, ohne zu kaufen. Sie nehmen die Ware mit, legen sie jedoch in einiger Entfernung in irgendeinem Regal wieder ab.

Dieses Verhalten ist nicht auf Sympathie, sondern auf Unsicherheit und Schuldgefühle zurückzuführen. Das verpflichtende Verhalten des Verkäufers löst eine unechte Kaufhandlung aus, die bei nächstbester Gelegenheit wieder rückgängig gemacht wird.

Echte Sympathie entsteht beim Kunden, wenn er das Bemühen des Verkäufers spürt, ihn optimal zu informieren und zu betreuen - und zwar auch dann, wenn die Information keine direkten persönlichen Vorteile für den Verkäufer bringt.

Ein Sympathiefeld wird durch Stärkung des Selbstwertgefühls des Partners aufgebaut, nicht durch Verunsicherung. Es wird genährt durch Blickkontakt, Zuwendung, Aufmunterer und parallele Transaktionen.

2. Motivation durch Handlungsnormen

Durch Prägung während der Erziehung im Elternhaus, in der Schule und in der Religion sind im Menschen Verhaltensnormen entwickelt worden, die recht stabil sind. Eine innere Stimme schreibt vor, was "man" tut oder nicht tun darf.

Ansichten, die diesen Verhaltensnormen widersprechen, werden häufig nicht akzeptiert, da sie sonst Schuldgefühle und Irritation auslösen.

Der Verkäufer wird es tunlichst vermeiden, mit solchen Normen zu kollidieren. Er wird sich vielmehr diese Erkenntnisse zunutze machen und seine Argumente gerade auf solche Handlungsnormen gründen.

"Man hat der Familie gegenüber Verantwortung."
"Man möchte sich im Alter etwas leisten können."
"Man will den Kindern die bestmögliche Ausbildung zukommen lassen."
"Man will so schnell wie möglich wieder gesund werden."

Diese allgemeingültigen Argumente zeichnen sich durch die typischen "Man"-Formulierungen aus, mit denen der Verkäufer beim Kunden die Reaktion auslöst:

"Wenn man (= alle) das tut, dann auch ich!"

1. Bild:

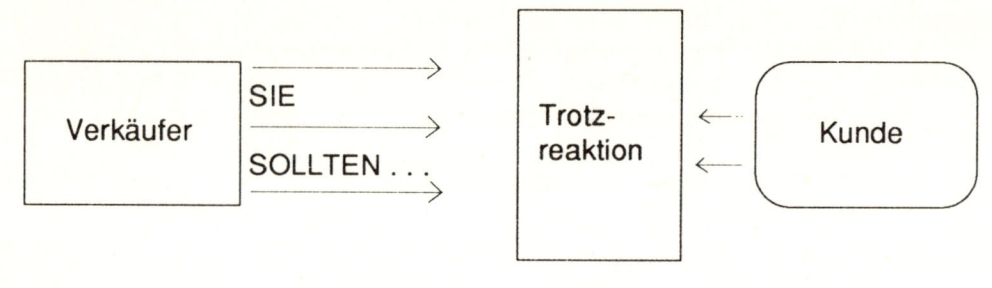

Abb. 22

Direkte Sie-bezogene Argumente lösen häufig Widersprüche oder Trotzreaktionen aus. Der Widerspruch richtet sich nicht etwa gegen die Botschaft, nämlich die Information, sondern gegen die Bevormundung (Eltern-Ich: "Sie sollten ..., Sie müssen ..., usw."). Werden Botschaften dagegen in allgemeingültige Formulierungen "verpackt", ist die Akzeptanz größer.

Beispiele:

Kunde: "Wann werde ich schon berufsunfähig?"

Verkäufer: "Auch Sie können das nicht völlig ausschließen, Herr Kluge."

Kunde: "Ich passe auf, außerdem übe ich einen ungefährlichen Beruf aus."

Verkäufer: "Sie könnten ja auch durch einen Verkehrsunfall berufsunfähig werden."

Kunde: "Jetzt malen Sie ja nicht den Teufel an die Wand ..."

Besser verhält sich derjenige Verkäufer, der die direkte Konfrontation durch die allgemeingültige Argumentation ersetzt:

Verkäufer: "Ob **man** berufsunfähig wird oder nicht, weiß **man** nicht. Das kann **man** auch nicht beeinflussen. Die finanzielle Situation dagegen kann **man** verbessern. Deshalb ist es besser über die Dinge zu sprechen, die **man** beeinflussen kann!"

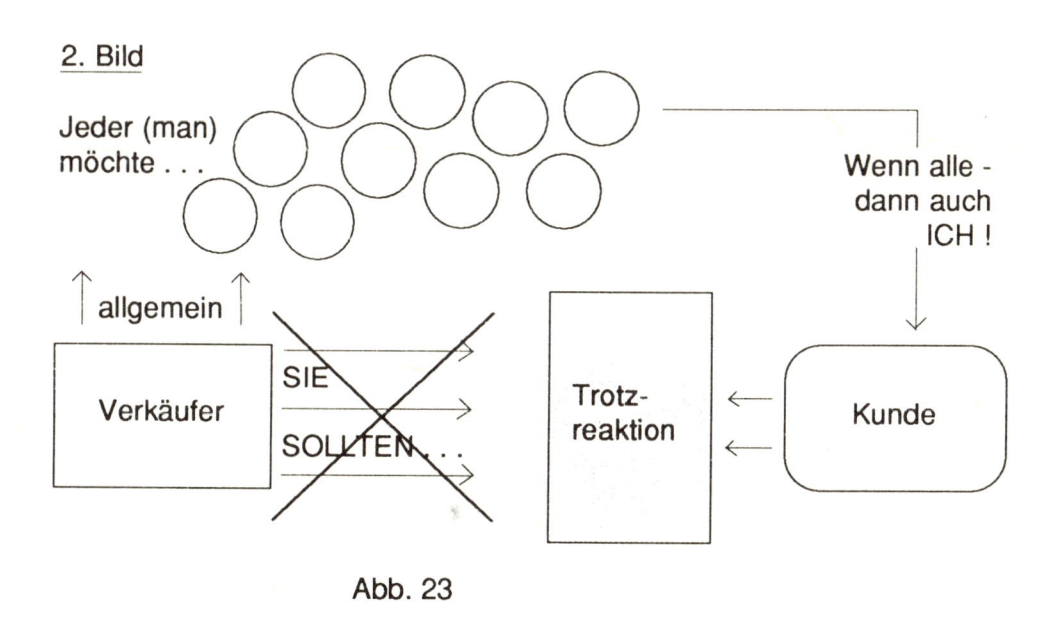

2. Bild

Jeder (man) möchte...

allgemein

Verkäufer — SIE SOLLTEN... → Trotzreaktion ← Kunde

Wenn alle - dann auch ICH!

Abb. 23

Falsch:

Sie sind als Hausfrau vielen Gefahren ausgesetzt.

Sie können dadurch Steuern einsparen.

Richtig:

Hausfrauen sind vielfältigen Risiken und Gefahren ausgesetzt.

Dabei spart man obendrein noch Steuern in beachtlichem Umfang.

Falsch:	Richtig:
Ihr Sohn ist im Kindergarten gesetzlich unfallversichert.	Im Kindergarten sind Kinder gesetzlich unfallversichert.
Ihre heutige Miete könnten Sie besser auf ein eigenes Konto überweisen ...	Miete zahlt man doch lieber in die eigene Tasche.
Sie sollten die Entscheidung nicht auf die lange Bank schieben.	Bevor man sich entscheidet, will man alle Fragen, die für die Entscheidung von Bedeutung sind vorher klären.
Auch Ihnen könnte mal was passieren.	Gegen die täglichen Gefahren ist man nie völlig gefeit.
Die Konkurrenz kann Ihnen auch nicht mehr bieten.	Wer gut ist, braucht nicht billig zu sein. Billigkeit weckt Mißtrauen.

Wenn persönliche Konfrontationen aus der Verhandlung herausgenommen werden, werden Argumente zu Fakten und haben Tatsachencharakter; wie Sprichwörter und Sentenzen:

>Man geht nicht mehr ohne Hut!

>Man reicht einer Dame nicht zuerst die Hand!

>Man trägt wieder lang!

>Das hat man jetzt so!

>Die Freiheit der Meinung setzt voraus, daß man eine eigene Meinung hat. (Heine)

>Es hört jeder nur das, was er versteht. (Goethe)

>Wer überlegt, ist überlegen.

>Wenn man auf seinen Lorbeeren sitzt, trägt man sie an der falschen Stelle.

>Man soll den Leuten nicht nur etwas hineintrichtern, man muß auch etwas herausholen!

Wenn man besser ist,
braucht man nicht billig zu sein.

Durch Zuhören schmeichelt man am besten.

Mit einem freundlichen Lächeln zeigt man
Zähne am wirkungsvollsten.

3. Motivation durch ich-orientierte Einstellung

Es gibt auch Menschen, die ihre Handlungen und Entscheidungen rein aus dem Ich heraus steuern lassen. Oftmals gelten sie als "starke Persönlichkeit", sind jedoch im sozialen Verhalten als absolute Egoisten einzustufen.

Sie lassen sich nicht durch ihre Umwelt oder durch Aussagen und Meinungen anderer beeinflussen. Bei ihnen versagt die Argumentation auf der Basis von Handlungsnormen kläglich. Wichtig für den Verkäufer, zu erkennen, daß er solch einen Menschen vor sich hat! So kann er seine Argumentation rechtzeitig auf dessen egoistische Ziele umstellen.

Wer sich eine erfolgreiche Argumentation zurechtlegen will, beachtet die wichtigsten Regeln der Logik. Er geht davon aus, daß sich beim Partner eine Meinungsbildung vollziehen muß, die er durch seine Informationen und Aussagen auslösen will. Er berücksichtigt weiter, daß eine solche Meinungsbildung nie spontan vor sich geht, sondern im Laufe eines Prozesses geschieht. Und dieser Prozeß wird durch die logische Folge der Argumente in Gang gesetzt.

Die dabei verwendeten Aussagen müssen wahr sein. "Wahr" bedeutet: Der Aussageinhalt muß mit dem ausgesagten Sachverhalt übereinstimmen und die Aussage muß überprüfbar sein. Fakten und Tatsachen werden vom Gesprächspartner als wahr erkannt, weil sie sich nachprüfen lassen. Sie sind deshalb nie Ursache für Konflikte und Meinungsverschiedenheiten. Behauptungen dagegen sind geradezu prädestiniert, Konflikte heraufzubeschwören, da sie ohne Beweiskraft in den Raum gestellt werden und jederzeit angreifbar sind.

Mehrere wahre Aussagen, zu einer Folge geordnet, ermöglichen es dem Kunden, die Gedankengänge des Verkäufers nachzuvollziehen. Leider versäumen es gerade die erfahrenen Verkäufer des öfteren, ihre Aussagen so systematisch Schritt für Schritt aufzubauen, daß der Kunde die einzelnen Schritte, die zu der - selbstverständlich richtigen - Schlußfolgerung geführt haben, erkennen und mit durchdenken kann. Als Fachleute in ihrem Bereich setzen sie bei ihren Kunden viel zu viel voraus und überspringen verschiedene Zwischenschritte. So kommt es dann zu Äußerungen, die der Kunde aufgrund seines Informationsdefizites als reine Behauptungen einstuft und zumindest innerlich sofort ablehnt. Gelegentlich leistet er sogar mit Worten Widerstand. Typische Verkäuferaussagen dieser Art sind z.B.:

"Ihre Versorgung im Alter reicht sowieso nicht!"
"Ohne Rechtsschutz geht es nicht!"
"Das ist die beste Geldanlage!"
"Da ist ein Bausparvertrag die beste Lösung!"
"Wir sind das günstigste Unternehmen für Sie!"

All diese Behauptungen beruhen auf Informationen, die nur der Insider haben kann. Für den Kunden sind sie nicht nachvollziehbar. Der Verkäufer kann sie aber dem Kunden zugänglich machen, indem er das, was er irgendwann einmal erfahren hat und was ihn letztlich zu dieser Erkenntnis gebracht hat, in kleinen Portionen aneinanderreiht, sodaß der Gesprächspartner schließlich selbst die Schlußfolgerung zieht. Dann befinden sich beide wieder im selben Boot.

Auf genau dieser logischen Vorgehensweise beruhen die Gesprächsstrategien, auf die an anderer Stelle noch näher einzugehen sein wird. (Beispiele finden sich im Anhang dieses Buches!)

Zur Illustration einer logischen Gedankenkette soll aus den obigen Behauptungsbeispielen eines in seine notwendigen Teilinformationen zerlegt werden:

- Das Zusammenleben der Menschen ist durch eine Vielzahl von Gesetzen, Paragraphen und Verordnungen geregelt.

- Diese rechtlichen Bestimmungen sind notwendig, weil Geschäftspartner, Unfallbeteiligte, Nachbarn usw. gegensätzliche Interessen verfolgen.

- Dadurch entstehen zwangsläufig Konflikte.

- Wer viel Geld hat, hat im Konfliktfall alle Möglichkeiten, sein Recht durchzufechten. Er kann sich die besten Anwälte leisten, Gutachter bemühen, Gerichtskosten mehrerer Instanzen zahlen.

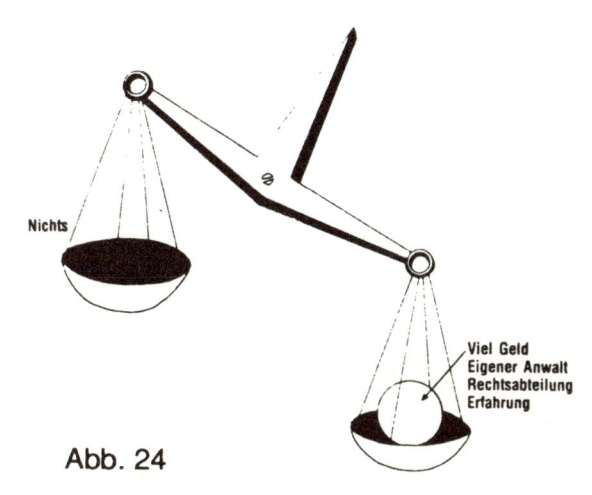

Abb. 24

- Wer wenig Geld hat, ist somit von Anfang an in der unterlegenen Position - besonders dann, wenn die Rechtslage nicht ganz eindeutig ist.

- Mit einem Rechtsschutz ist man jedoch in jeder Hinsicht dem Gegner gleichgestellt. Es entscheidet nicht der größere Geldbeutel, sondern das wirkliche Recht.

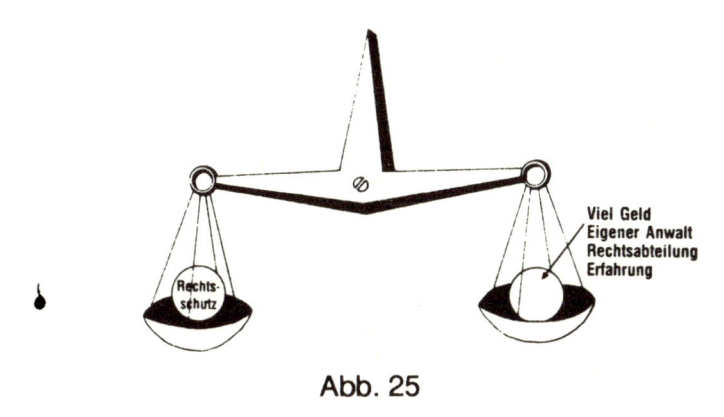

Abb. 25

Folgerung: Ohne Rechtsschutz geht es nicht.

Persönliche Zusammenfassung

Was ist für mich persönlich aus diesem Kapitel
besonders wichtig?

_____
_____
_____
_____
_____
_____
_____
_____

Woran möchte ich besonders arbeiten?

_____
_____
_____
_____
_____
_____
_____
_____

Wann will ich damit beginnen?

_____
_____
_____
_____
_____
_____
_____
_____

4.2.5 Konflikte erkennen

Ein Verkaufsgespräch ist wie eine Reise, deren Ziel oftmals nur der Verkäufer kennt. Und obwohl er seinen Kurs mit aller gebotenen Vorsicht steuert, birgt diese Reise doch immer wieder Überraschungen - manchmal auch Umwege - in sich. Trotz aller Bemühungen, Konflikte jeglicher Art zu vermeiden, ist nie ganz ausgeschlossen, daß Verkäufer und Kunde zwischenzeitlich auseinanderdriften und auch einmal das totale Scheitern der Verhandlungen droht.

Solche Situationen zu erkennen, ist sicher immer dann nicht schwer, wenn die beiden Gesprächspartner bereits in einer Atmosphäre der Offenheit und des Vertrauens miteinander umgehen. Denn dann wird sich der Kunde verbal äußern, was ihm an Argumentation oder Vorschlag des Verkäufers nicht gefällt, und dieser erkennt sofort, daß er sich auf dem berühmten Holzweg befindet.

Leider ist die Situation nicht immer so günstig! Solange die Beziehung Verkäufer/Kunde noch in den Kinderschuhen steckt - also vor allem im Neukundengespräch, beim Erstkontakt - läßt sich der Kunde oftmals emotional noch nicht "in die Karten schauen". Besonders unangenehm wird die Lage dann, wenn sich der Kunde auch mit sachlichen Äußerungen, aus denen man Ablehnung oder Zustimmung ableiten könnte, sehr zurückhält. In solchen Fällen hilft dem Verkäufer die Beobachtung des non-verbalen Verhaltens (Mimik, Gestik, Körperhaltung) seines Gegenübers. Daraus kann er wichtige Schlüsse über den inneren Zustand des anderen ziehen.

Die "Bewegung" begleitet unser Leben, was immer wir auch tun. Daraus hat sich die Lehre von der Bewegung entwickelt, **Kinetik** genannt.

Wenn wir von der Ausdeutung der körperlichen Bewegungen und Aussagen sprechen, so heißt das **Kinesik**.

Die Pantomime ist eine Kunstrichtung, die Zustände, Abläufe und Empfindungen auf der nichtsprachlichen Ebene verdeutlicht. Bei der Kinesik, im Zusammenhang mit verkäuferischen Aktivitäten, geht es um das Erkennen von unbewußten, der

Kontrolle entglittenen Botschaften.

Kinesik geht davon aus, daß der Mensch unbewußt seine inneren Regungen durch bestimmte Bewegungen zum Ausdruck bringt. So kann ein aufmerksamer Beobachter an der Art, wie sein Gesprächspartner sitzt, steht oder sich bewegt erkennen, ob dieser sich z.B. wohlfühlt, interessiert ist, ruhig ist oder aber voller Zweifel, ablehnend, nervös ist.

In Bewegungen steckt oft mehr Ehrlichkeit als in Bemerkungen. Nur wer den Code knackt, kann sich in seinem sprachlichen und nichtsprachlichen Verhalten rasch auf die jeweilige Situation einstellen.

Für den Verkäufer sind solche Erkenntnisse zweifellos eine gute Hilfe. Allerdings ist das alles in der Praxis nicht ganz so einfach, wie man beim ersten Hinsehen vielleicht glaubt. Ehe man sich voll und ganz auf seine Eindrücke verläßt, sollte man sich einige Punkte gut überlegt haben. Sonst besteht die Gefahr, daß man sich mit seinem rein auf non-verbales Verhalten gestützten Urteil leicht vergaloppiert.

1. Bevor man während des Verkaufsgesprächs überhaupt Zeit für Beobachtung findet, muß man sich seiner Vorgehensweise hinsichtlich der Gesprächsführung schon ziemlich sicher sein, das heißt nicht mehr zuviel mit sich selbst in der Rolle des Verkäufers zu tun haben.

2. Man muß schon von Natur aus ein einigermaßen gutes Beobachtungsvermögen haben, wenn man auf Anhieb alle wichtigen Einzelheiten im Bewegungsablauf des Kunden erkennen und richtig deuten will. Meist schafft man das erst durch längere konsequente Schulung der Beobachtung.

3. Menschliches Verhalten ist ambivalent. Fast jede Bewegung läßt sich zugleich positiv und negativ deuten. Ein Lachen kann beispielsweise sowohl als wirkliche Freundlichkeit wie auch als rein rituelles Verhalten ohne innere Beteiligung verstanden werden.

Ein ernstes Gesicht läßt sich als Ablehnung wie auch als Konzentration und Respektsbezeigung interpretieren.

4. Man darf daher sein Urteil sicherheitshalber nie auf ein einziges beobachtetes Verhalten des anderen gründen. Man muß vielmehr darauf achten, ob weitere Verhaltensweisen die erste Annahme bestätigen oder nicht ihr eher zuwiderlaufen.

5. Es gibt Menschen, die haben sich bestimmte Verhaltensweisen als sogenannte Marotten angewöhnt und reproduzieren dieses Verhalten ständig wieder, ohne daß in Wirklichkeit besondere innere Regungen dabei eine Rolle spielen. Solche Marotten (z.B. Brille zurechtrücken, Hände reiben, mit den Augen zwinkern) können den Verkäufer, wenn er sie nicht erkennt, ganz schön irreführen.

Testen Sie sich selbst!

Was bedeutet es, wenn der Partner:

- die Füße um die
  Stuhlbeine klammert?

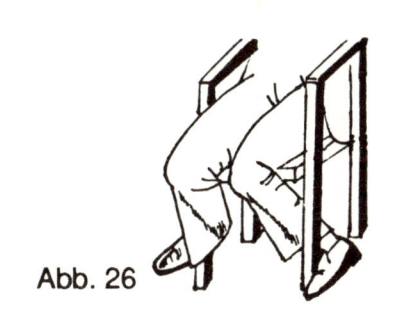

Abb. 26

───────────────

- die Füße während des Gespräches plötzlich nach hinten nimmt?

───────────────

- sich kurz an die Nase greift?

───────────────

- die Fingerkuppen aneinanderpreßt?

- ein Spitzdach mit den
  Händen formt?

Abb. 27

- den Kopf einzieht?

- mit dem Oberkörper weit nach vorne kommt?

- mit einem Gegenstand wie Bleistift oder Feuerzeug spielt?

- mit dem Finger direkt auf den Verkäufer zeigt?

- sich genüßlich die
  Hände reibt?

Abb. 28

- den Oberkörper weit zurücklehnt?

- eine Hand vor den Mund nimmt

  während des Sprechens?

  nach dem Sprechen?

- das Kinn streichelt?

- weite, ausholende Armbewegung macht?

- mit den Fingern trommelt?

- die Arme verschränkt?

Abb. 29

- keinen Blickkontakt mehr hält?

- die Augenbrauen hebt?

Auf den ersten Blick scheint es sehr einfach zu sein, die Bedeutung der Ausdrucksmerkmale zu erkennen. Jedoch sind sie nicht so pauschal festzulegen, denn sich an die Schläfe, Stirn oder Nase zu greifen, kann auch bedeuten, daß man nur einen Juckreiz beheben will.

Trotz dieser Bedenken soll die folgende Liste einen Überblick über die verschiedenen Deutungsmöglichkeiten menschlichen Verhaltens geben. Man beachte besonders, wie die gleiche Verhaltensweise jeweils positiv oder negativ interpretiert werden kann!

Verhalten	Bedeutung	
	positiv	negativ
Abstand zum Gesprächspartner	Respekt Diplomatie Vorsicht	Angst Ablehnung Unbehagen
Nähe zum Partner	Sympathie Wohlwollen	Aggression Anbiederung
steife Haltung	Korrektheit Disziplin	Reserviertheit Angst
lockere Haltung	Sicherheit Selbstbewußtsein	Provokation Flapsigkeit
Lachen	Freundlichkeit Herzlichkeit	Maske Ritual
Ernst	Konzentration Sachlichkeit	Ablehnung Verärgerung
gesenkter Kopf	Respekt Konzentration	Unsicherheit Schlaffheit
erhobener Kopf	Aktivität Aufmerksamkeit	Provokation Trotz
Augenkontakt	Höflichkeit Beobachtung	Aufdringlichkeit Zurechtweisung
ausweichender Blick	Rücksicht	Unsicherheit
verschränkte Arme	Stärke Dominanz Gemütlichkeit	Angst Unsicherheit Aggression

Arme lässig	Entspannung	Herausforderung
unruhige Hände/ unruhige Füße	Temperament Aktivität	Nervosität Ungeduld
Brille auf- und absetzen	Aufmerksamkeit	Nervosität
an Ohr, Nase, Mund, Kinn oder Hals fassen	Nachdenklichkeit Zeitgewinn	Verlegenheit schlechtes Gewissen
den Partner berühren	Freundschaft Vertrauen Sympathie	Bedrängung Bedrohung Respektlosigkeit
auf die Uhr sehen	Kontrolle Disposition	Unruhe Desinteresse

Und noch eine Erkenntnis ist für diesen Bereich menschlicher Beziehungen wichtig. Der britische Physiologe Carpenter hat sie bereits vor mehr als 110 Jahren entdeckt.

Der nach ihm benannte Carpenter-Effekt bewirkt, daß jemand, der eine bestimmte Bewegung wahrnimmt, die Neigung verspürt, die gleiche Bewegung auszuführen. Typische Situationen, bei denen dieser Effekt zu beobachten ist, sind der Handschlag, der Griff zum Kugelschreiber, das Gähnen.

Manche Verkäufer nutzen diese Erkenntnis insoweit, als sie über diesen Effekt den Kunden durch ihr Verhalten bewußt zu beeinflussen suchen. Sie beugen sich zum Beispiel bei wichtigen Passagen vor, kommen also dem Kunden entgegen. Sehr häufig reagiert der Kunde ebenso. Der erwünschte Effekt, daß sich beide gemeinsam über ein Problem beugen, ist dadurch erreicht. Aus dem Gefühl der Gemeinsamkeit heraus trifft der Kunde dann womöglich leichter seine Entscheidung.

Ebenso wichtig wie die Beobachtung des Kundenverhaltens ist für den Verkäufer die Kontrolle seines eigenen Verhaltens. Denn er signalisiert ja durch seine Haltung und Bewegungen auch bestimmte innere Regungen. Wenn auch der Kunde in aller Regel die Lehren der Kinesik nicht kennt, so registriert doch sein Unterbewußtsein oft sehr deutlich, was der Verkäufer "sendet". So fühlt er sich durch dominantes non-verbales Verhalten (z.B. mit dem Kugelschreiber auf ihn "einstechen", erhobener Zeigefinger, Daumen in den Gürtel verhaken, Fingerkuppen gegeneinander tippen, die Hand mit nach unten gekehrter Handfläche geben, usw.) leicht unter Druck gesetzt und blockiert auch, was die Argumente des Verkäufers betrifft.

Auch bei Gesichtsausdruck, Körperhaltung und Gestik ist es wichtig, daß der Verkäufer sich im Erwachsenen-Ich befindet. Nicht nur die Argumentation sondern das gesamte Erscheinungsbild muß stimmen. Welche non-verbalen Verhaltensweisen sind dem Erwachsenen-Ich angemessen?

Gesichtsausdruck:	dem Partner zugewandt, offen und direkt, Blickkontakt, nachdenklich, interessiert, entspannt, häufiger Wechsel den Ausführungen des Kunden entsprechend.
Körperhaltung:	aufrecht, gerade Kopfhaltung, Oberkörper nach vorne gelehnt.
Gestik:	angemessen, unterstreichend, ruhig.

Persönliche Zusammenfassung

Was war für mich in diesem Kapitel besonders wichtig?
___
___
___
___
___

Woran möchte ich gerne arbeiten?
___
___
___
___
___

Wann werde ich damit beginnen?
___
___
___
___
___

Achten Sie auf Ihre eigene Körpersprache, wenn Sie

- Kunden begrüßen
- sich hinsetzen
- Kunden aktivieren wollen
- argumentieren
- fragen
- zum Kauf auffordern
- Konflikte abbauen
- sich verabschieden

Achten Sie auf Ihre Stimme und Sprache

- am Telefon
- bei der Gesprächseröffnung
- während der Verhandlung

5 Zielgruppenorientierte Vorgehensweise

5.1 Bestimmen von Zielgruppen

Wirtschaftswissenschaftliche Theorien, die sich mit dem Marktgeschehen befassen, unterscheiden die am Markt Beteiligten in Anbieter und Nachfrager. Der Verkäufer von Finanzdienstleistungen gehört streng genommen der Anbieterseite an durch seine vertragliche Bindung, Bezahlung und Verkaufsorientierung.

In der Praxis kommt ihm aber viel eher eine Mittlerfunktion zwischen dem von ihm vertretenen Unternehmen (Bank, Versicherung, Bausparkasse) und seinen Kunden zu. Sein Betätigungsfeld erstreckt sich auf eine Vielzahl von Einzelpersonen, Personengruppen, Firmen und Institutionen, die alle potentielle Nachfrager seiner Produkte sind. Verständlich, daß eine so große Zahl von Nachfragern im Hinblick auf eine umfassende und zielgerichtete Bearbeitung in kleinere - und damit übersichtlichere - Untergruppen aufgeteilt wird. Es ist heute allgemein üblich geworden, einzelne Zielgruppen herauszuschälen und besondere verkäuferische Vorgehensweisen für sie zu entwickeln.

Was versteht man unter einer Zielgruppe? Mit diesem Begriff wird eine größere Anzahl von Personen bezeichnet, die in aller Regel in mehreren Merkmalen - mindestens jedoch in einem - übereinstimmen und somit in bestimmter Hinsicht gleich behandelt werden können. Im Finanzdienstleistungsbereich besteht diese Übereinstimmung vorwiegend in einer gleichartigen Problemsituation.

5.2 Unterscheiden von Zielgruppen

Nach welchen Kriterien Zielgruppen unterschieden werden sollen, entscheidet der Verkäufer unter Zweckmäßigkeitsgesichtspunkten. So kann es für ihn z.B. sinnvoll sein, alle 15- bis 20jährigen in einer besonderen Angelegenheit anzusprechen oder alle Sozialversicherten, alle Paten bzw. Großeltern, alle, die monatlich mehr als ein bestimmtes Bruttoeinkommen haben, usw. Wichtig ist dabei lediglich, daß die jeweils Angesprochenen ein gemeinsames Problem oder gemeinsame Wünsche haben.

Es ist auch durchaus möglich, daß ein und dieselbe Person grundsätzlich verschiedenen Zielgruppen gleichzeitig zuzurechnen ist. Jemand kann z.B. sozialversicherter Arbeitnehmer sein, zugleich Hauseigentümer und Familienvater. Als Mitglieder dieser sehr unterschiedlichen Zielgruppen wird er mit ebenso unterschiedlichen Problemsituationen konfrontiert sein. Welche nun im Verkaufsgespräch zum Tragen kommt, hängt vom jeweiligen Ansatzpunkt des Verkäufers ab.

Häufig werden dem Verkäufer von Finanzdienstleistungen von dem Unternehmen, für das er tätig ist, geschäftspolitisch und produktpolitisch bestimmte Zielgruppen vorgegeben. So unterscheiden z.B.

- Geldinstitute
  - Girokunden
  - Kleinsparer
  - vermögende Privatkunden
  - Firmenkunden
  - Darlehensnehmer
  - Existenzgründer
  - Immobilienkäufer
  - Kontoeröffner
  - Schulabgänger
  usw.

- Versicherungen
  - sozialversicherte Arbeitnehmer
  - Berufsanfänger
  - Alleinstehende
  - leitende Angestellte
  - Familienväter
  - selbständige Unternehmer
  - Freiberufliche
  - Beamte
  - Hausfrauen
  - Senioren
  - Bauherren, Bauwillige
  - Mieter
  - Haus- bzw.

	Wohnungseigentümer usw.
- Bausparkassen	- Bauwillige - Hauseigentümer - Mieter - Berufsanfänger - Umschuldner - Immobilienkäufer - Pensionäre usw.

Wie man erkennt, gibt es teilweise Überschneidungen in der Zielgruppenauswahl, was dem Cross-Selling der Unternehmen dienlich ist.

5.3 Problemanalyse

Diese Klassifizierungen allein nützen dem Verkäufer jedoch noch herzlich wenig, denn für ihn ist es nicht einfach mit der Einordnung seines Kunden in eine "Schublade" getan. Für ihn wird die einzelne Zielgruppe erst durchsichtig und damit erfolgversprechend, wenn er sie auf ihre jeweiligen Problemsituationen hin analysiert hat. Die unterschiedlichen Probleme, die der einzelne Angehörige einer bestimmten Zielgruppe z.B. aufgrund seines Familienstandes, seiner Mitgliedschaft in einem Versorgungswerk, seiner besonderen Eigentumsverhältnisse zu meistern hat, sind für die Gesprächsplanung und Argumentation außerordentlich wichtig.

Sie müssen dem Verkäufer zuallererst deutlich vor Augen stehen und auch formuliert sein, bevor er sich weitere Schritte überlegen kann. Sie sind also ein Stück gedankliche Gesprächsvorbereitung! Je besser diese Aufgabe vom Verkäufer gelöst wird, desto leichter wird er es dann haben, wenn er im individuellen Gespräch argumentieren muß.

Aus der jeweiligen Problemsituation ergeben sich dann folgerichtig die Kundenwünsche und -ziele dieser (Ziel-)Gruppe, die der Verkäufer mit seinen Produkten erfüllen will.

Im folgenden soll eine Auswahl aus den oben genannten Zielgruppen auf ihre besondere Problemstellung hin untersucht werden:

- Als **Girokunde** hat man eine Reihe laufender finanzieller Angelegenheiten abzuwickeln. Man hat im allgemeinen von vielen Geldfragen nur laienhafte Vorstellungen. Dennoch treten in allen möglichen Lebenssituationen finanzielle Probleme und Wünsche zutage, die den Rat und die Entscheidung eines Fachmannes erfordern.

  Wer am Ende des Monats von seinem laufenden Einkommen noch etwas übrig behält, steht vor der Frage, wie er dieses Geld am sinnvollsten anlegt.

  Von Zeit zu Zeit entstehen finanzielle Engpässe, die es zu überbrücken gilt - oft hervorgerufen durch überraschende Kosten, Reparaturen, notwendige Anschaffungen oder reizvolle Urlaubspläne.
  usw.

- Als **Familienvater** steht einem ein bestimmtes geregeltes Einkommen zur Verfügung, an dem sich der Lebensstandard der gesamten Familie orientiert. Dieses Einkommen kann durch verschiedene Ereignisse im Leben gemindert werden oder ganz wegfallen. Eingegangene finanzielle Verpflichtungen sind dennoch in vollem Umfang zu erfüllen.

  Außerdem hat man für Schäden, die durch Familienmitglieder verursacht werden, einzustehen. Die im BGB geregelte gesetzliche Haftpflicht verlangt Wiedergutmachung ohne Begrenzung nach oben.

  Den Kindern gegenüber besteht eine besondere Fürsorgepflicht - vor allem auch bei Krankheit und nach einem Unfall. In Schule und Kindergarten sowie auf dem Weg dorthin und wieder nach Hause stehen die Kinder im Verantwortungsbereich des Staates. Deshalb gilt für sie dort auch die gesetzliche Schülerunfallversicherung. 88 Prozent aller Kinderunfälle passieren jedoch in der

Freizeit, bei Spiel und Sport - also im Verantwortungsbereich der Eltern. In einem solchen Fall aber leistet die gesetzliche Unfallversicherung nicht.

Für das eigene Heim und seine Ausstattung hat man oft viel Geld und Zeit investiert. Jedes Jahr gehen in der Bundesrepublik beträchtliche Werte durch Feuer-, Leitungswasser-, Sturm- und Hagelschäden und durch Diebstähle verloren. Die Wiederbeschaffung übersteigt häufig die derzeitigen finanziellen Möglichkeiten einer Familie.
usw.

- Als **Hauseigentümer** hat man erhebliche Mittel in die Erstellung oder den Erwerb des Wohneigentums investiert. Man trägt jahrelang - oft jahrzehntelang - an den finanziellen Lasten.

  Im Lauf der Zeit verändern sich die Lebensumstände und mit ihnen der Bedarf an Wohnraum. Auch die Erkenntnis, daß dies oder jenes zweckmäßiger, schöner oder bequemer gelöst werden könnte, gibt den Anstoß für einen An-, Aus- oder Umbau.

  Wer Eigentum hat, unterliegt auch einer gewissen Verpflichtung, es zu erhalten. Häuser werden nach Jahren der Nutzung auch einmal krank und renovierungsbedürftig. Man benötigt Mittel, diese Arbeiten durchführen zu können. Der Staat unterstützt Instandhaltungsmaßnahmen auf vielfältige Weise. Aber er übernimmt nicht alle Kosten. Eine beträchtliche Eigenbeteiligung bleibt.
  usw.

- Als **vermögender Privatkunde** hat man regelmäßig die Entscheidung zu treffen, wie man sein Geld neu anlegt. Dabei spielen Renditeüberlegungen eine große Rolle.

  Wer Vermögen hat, zahlt Steuern für die Zinsen, die er aus diesem Vermögen erwirtschaftet. Da aber niemand gerne mehr Steuern zahlt als unbedingt notwendig, sucht man ständig nach Möglichkeiten, die Steuerlast zu mindern.

Auch in Schmuck, Wertpapieren, Pelzen, Teppichen oder Antiquitäten stecken beträchtliche Vermögenswerte. Ohne Schutzmaßnahmen sind diese Werte ständig in Gefahr.
usw.

- Als **selbständiger Unternehmer** ist man frei in seiner Entscheidung, wie man seine Alters- und Familienversorgung künftig regeln will. Man kann selbst bestimmen, da man versicherungsfrei in der gesetzlichen Rentenversicherung ist, und wird sich für die persönlich beste Lösung entscheiden.

  Die eigene Arbeitskraft ist für einen Unternehmer ein sehr wichtiger Erfolgsfaktor. Krankheit oder Berufsunfähigkeit führen zu Einkommensverlusten und gefährden die Existenz.

  Stets liquide zu sein, ist für einen Unternehmer eine wirtschaftliche Grundvoraussetzung. Möglichkeiten, die Liquidität sicherzustellen oder zu verbessern, sind immer gesucht und willkommen.

  Als Unternehmer trägt man eine Reihe von Risiken. Einige lassen sich kalkulieren oder kalkulierbar machen, andere nicht. Wer viele seiner Risiken auf ein kalkuliertes Maß herabsetzen kann, hat große Chancen auf Dauer erfolgreich zu sein und "überleben" zu können.

  Erfolgreiche Unternehmer zahlen aus ihren Gewinnen auch beträchtliche Steuern. Durch Investitionen und Betriebsausgaben werden die Gewinne gemindert und damit auch die Steuern gedrückt. Unternehmer suchen nach sinnvollen Maßnahmen auf diesem Gebiet.
  usw.

- Als **Hausfrau** hat man einen 10- bis 12-Stundentag, leistet wertvolle und aufopfernde Arbeit für die Familie, erhält jedoch kein eigenes Arbeitseinkommen. Daher ist man jeder berufstätigen Frau gegenüber benachteiligt. Man erhält keine gesetzliche Versorgung nach einem Unfall. Man hat meist auch keinen Rentenanspruch mehr bei Erwerbsunfähigkeit und auch das künftige Altersruhegeld fällt kaum mehr als dürftig aus.

Tatsächlich aber ist die Tätigkeit einer Hausfrau besonders unfallträchtig. Im Haushalt passieren 15 Prozent aller Unfälle - ebenso viele wie im Straßenverkehr. Der Umgang mit Elektrogeräten, scharfen Werkzeugen und offener Flamme trägt genauso seinen Teil dazu bei wie das Herumklettern auf Leitern, Stühlen und Fensterbrettern.

In allen finanziellen Fragen ist die Hausfrau von ihrem Ehemann abhängig. Oft genug muß sie nicht nur größere Ausgaben sondern auch die Erfüllung kleinerer persönlicher Wünsche mit ihm genau absprechen.

Fällt die Hausfrau aus, entstehen der Familie erhebliche finanzielle Belastungen, wenn sie die Arbeiten nun von jemand anderem ausführen lassen und dafür bezahlen muß.

- Als **Mieter** hat man eine laufend steigende Mietbelastung, da Mieten in regelmäßigen Abständen angehoben werden. Die höchste Mietbelastung hat man schließlich zu einem Zeitpunkt, zu dem ein Teil des bisherigen Einkommens wegfällt, im Alter.

  Mieter müssen oftmals mit der Komfortstufe vorliebnehmen, die ihre Wohnung von Natur aus bietet. Zu Verbesserungen des Wohnkomforts ist der Vermieter meist nicht bereit.

  Will man irgendwelche baulichen Veränderungen vornehmen, braucht man die Zustimmung des Vermieters. Wenn man sie überhaupt erhält, dann muß man die Kosten für die Umbaumaßnahmen selbst tragen.

  Häufig sind heutzutage Mietwohnungen in keiner Weise kindergerecht geplant. Die sogenannten Kinderzimmer sind mehr als Kammern denn als Zimmer zu bezeichnen. Der Bewegungsdrang der

Kinder wird durch Serien von Ge- und Verboten in der gesamten Wohnanlage eingeschränkt.
usw.

- Als **Auszubildender** hat man seine gesamte berufliche Zukunft noch vor sich. Man hat Karrieremöglichkeiten und vor allem die Chance, in den nächsten fünfzig Jahren noch viel Geld zu verdienen. Die Arbeitskraft ist zu diesem Zeitpunkt noch gut und gerne eine bis eineinhalb Millionen wert.

  Ein Auszubildender hat zwar zur Zeit noch ein geringes Einkommen, aber er beginnt bereits, seine finanzielle Zukunft zu planen. Vielerlei Anschaffungen stehen im Lauf der nächsten Jahre und Jahrzehnte ins Haus. Der finanzielle Bedarf ist in dieser Zeit beträchtlich. Umso mehr ist man auf seinen Verdienst, den man durch Gesundheit und Leistungsfähigkeit erzielt, angewiesen.

  Junge Leute wissen häufig noch nicht hundertprozentig, was sie finanziell im einzelnen künftig realisieren werden. Daher ist es wichtig, sich alle Möglichkeiten offen zu halten.

  Der Berufsanfänger steht erstmals vor der Frage, wie er die Möglichkeiten der staatlichen Sparförderung nutzen soll. Vielfach fehlen einem in diesem Alter Kenntnisse und Vergleichsmöglichkeiten. Der Rat eines erfahrenen Fachmanns ist gefragt.
  usw.

- Als **Darlehensnehmer** ist man bei seinem Geldinstitut gut angesehen, denn man kann es sich leisten, Geld zu kaufen. Aber - unbestritten - man lädt sich auch regelmäßige finanzielle Belastungen auf. Unvorhergesehene Ereignisse können zu Schwierigkeiten bei der Darlehensrückzahlung führen. Da die Verpflichtungen aber in jedem Fall bestehen bleiben, sind erneute, nun wesentlich unangenehmere Verhandlungen erforderlich.

Darlehen werden oftmals deshalb genommen, weil man zu geringe finanzielle Mittel hat, um eine günstige Gelegenheit (z.B. Autokauf, neue Wohnungseinrichtung, Reise) nutzen zu können. Oftmals hat man es wegen dieser Gelegenheit sehr eilig, an das Geld zu kommen, damit man das erhoffte "Schnäppchen" noch rechtzeitig unter Dach und Fach bringen kann.

Gelegentlich entsteht durch besondere Umstände plötzlich ein zusätzlicher Geldbedarf. Man sucht nach Möglichkeiten, das vorhandene Darlehen aufzustocken. Oder aber es geht genau andersherum: Man kommt plötzlich zu Geld und ist nun in der Lage, das Darlehen vorzeitig zurückzuzahlen und dadurch Zinsen zu sparen. usw.

- Als **Beamter** hat man einen gesicherten Arbeitsplatz und ein gesichertes regelmäßiges Einkommen. Allerdings erst, wenn man Beamter auf Lebenszeit ist. Wird man vorher dienstunfähig, verliert man seinen Beamtenstatus und wird entlassen.

Auch der Beamte auf Lebenszeit erhält bei Dienstunfähigkeit nicht seine vollen bisherigen Bezüge weiter. Er muß sich mit einem deutlich geringeren Ruhegehalt zufriedengeben, das er obendrein noch wie Arbeitseinkommen versteuern muß.

Beamte haben häufig Wohneigentum erworben und von daher laufende finanzielle Belastungen zu tragen.

Beamte haften - anders als die übrigen Arbeitnehmer - für Schäden, die im Zusammenhang mit ihrer dienstlichen Tätigkeit stehen, selbst. Und das sowohl einem geschädigten Dritten als auch ihrem eigenen Dienstherrn gegenüber. Die Höhe solcher Schäden ist im einzelnen nicht kalkulierbar.

Beamte sind nicht krankenversicherungspflichtig, da sie insgesamt nicht der Sozialversicherung unterliegen. Sie sind gehalten, sich privat zu versichern. Hinzu kommt, daß sie beihilfe-

berechtigt sind und damit ganz besondere versicherungsrechtliche Bestimmungen zu beachten sind.
usw.

- Als **Senior (Pensionist)** hat man 365 Tage Urlaub im Jahr. Endlich genügend Zeit all das zu tun, was man während des Berufslebens nie tun konnte.

  Man hat Kinder bzw. Enkelkinder, die zwar nicht mehr unmittelbar von einem abhängig sind, aber finanzielle Unterstützungsmaßnahmen nach wie vor dankbar aufnehmen.

  Wer im Laufe seines Lebensabends pflegebedürftig wird, benötigt finanzielle Mittel, um eine Pflegeperson bezahlen zu können.

  In diesem Lebensalter werden auch die früher einmal abgeschlossenen Lebensversicherungen nach und nach fällig. Man macht sich deshalb Gedanken über die Verwendung dieses Kapitals.

  Unter bestimmten Voraussetzungen müssen auch Senioren Steuern zahlen. Da das keiner gerne tut, sucht man nach Wegen auch im Alter noch Steuern sparen zu können.
  usw.

In diesem Sinne lassen sich für alle Zielgruppen Problemsituationen detailliert formulieren. Der erfolgsorientierte Verkäufer tut dies aus mehreren Gründen:

1. Er erleichtert sich damit selbst die Verkaufsarbeit. Wie er ganz selbstverständlich sein Büro in Ordnung hält, so schafft er mit dieser Vorgehensweise eine Art geistiger Ordnung. Er packt die einzelnen Zielgruppen sozusagen in geistige "Schubladen", aus denen er sie bei Bedarf leicht wieder hervorholen kann.

2. Er weiß, daß er durch diese Vorgehensweise im Verkaufsgespräch problemorientiert - und damit

kundenorientiert - argumentieren wird. Er meidet somit die Gefahr, rein über das Produkt zu verkaufen (s. auch Kapitel "Kaufprozeß").

3. Er schöpft die Geschäftsmöglichkeiten besser aus, da sich bei einer solchen gründlichen Problemanalyse zumeist Ansatzpunkte für den Verkauf mehrerer Produkte bieten.

4. Er sichert damit letztlich auch seinen Kundenstamm gegen Mitbewerber ab. Denn ein in allen finanziellen Bereichen umfassend informierter und beratener Kunde fühlt sich gut aufgehoben und bietet keine Angriffsflächen.

5.4 Gesprächsziel festlegen

Nach dieser grundsätzlichen gedanklichen Vorarbeit legt nun der Verkäufer seine eigenen Ziele für das Gespräch mit dem Angehörigen einer bestimmten Zielgruppe fest. Dies geschieht, indem er zunächst aus der Problemsituation der jeweiligen Zielgruppe Kundenwünsche ableitet und ihnen eine Problemlösung in Gestalt eines seiner Produkte zuordnet.

Dabei kann es sein, daß er ein ganz spezielles Ziel für einen einzelnen Kunden formuliert oder aber - im Rahmen seiner Aktion - ein pauschales Ziel, das für die gesamte Zielgruppe gelten soll, ins Auge faßt.

> "Ich möchte bei Familie Muster eine Rentenergänzung mit Hilfe einer Lebensversicherung mit Berufsunfähigkeitsrente in ausreichender Höhe vornehmen."
>
> Oder:
>
> "Ich möchte bei allen meinen gesetzlich krankenversicherten Kunden die negativen Auswirkungen des Kostendämpfungsgesetzes durch eine private Zusatzversicherung beseitigen."

So oder ähnlich könnte die Zielsetzung lauten. Wie eng oder weit er das jeweilige Ziel auch faßt, das Prinzip der Vorgehensweise ist stets dasselbe:

Aufgrund der vorher durchgeführten Problemanalyse hat der Verkäufer erkannt, daß dem Kunden etwas fehlt. Dies will er ihm nun mit Hilfe seiner Finanzdienstleistungen geben. Die Ziele des Verkäufers sind somit auch die Ziele des Kunden geworden. Die Erfolgschancen haben sich damit stark verbessert.

Zur Verdeutlichung noch einige Beispiele für die Formulierung der Verkäuferziele (bezogen auf die oben angeführten Problemsituationen der einzelnen Zielgruppen):

Zielgruppe	Problem	Kundenwunsch = Ziel des Verkäufers	Lösung
Girokunde	gelegentliche finanzielle Engpässe	mehr Handlungsspielraum	Dispositionskredit
Familienvater	gesetzliche Haftung in unbegrenzter Höhe	Freistellung von der Haftung	Privat-Haftpflicht-Versicherung
Hauseigentümer	notwendiger Umbau	günstige Finanzierung	Bausparkonto
vermögender Privatkunde	Besteuerung von Zinsen	Steuern sparen	fremdgenutzte Immobilie
selbständiger Unternehmer	Einkommenseinbuße durch Krankheit	rasche Wiederherstellung der Gesundheit	private Krankenversicherung
Hausfrau	fehlender gesetzlicher Schutz nach Unfall	Gleichstellung mit einer berufstätigen Frau	private Unfallversicherung
Mieter	Hohe Mietzahlung im Alter	mietfreies Wohnen	Bausparvertrag
Auszubildender	Unsicherheit bzgl. finanzieller Ziele	alle Möglichkeiten offen halten	Jugend-Sparpaket
Darlehensnehmer	zu wenig Mittel für günstige Gelegenheit	Kauf des "Traumautos"	Finanzierungsdarlehen
Beamter	finanzielle Belastung nach Eigenheimerwerb	das Erworbene auf jeden Fall behalten	Lebensvers. mit Dienstunfähigkeitsrente
Senior	Unterstützung des Enkels beim Start in ein eigenes Leben	Geschenk von bleibendem (Erinnerungs-)Wert	Aussteuer-Versicherung

5.5 Strategien ausarbeiten

Aufgrund der gewählten Zielsetzung wird der Verkäufer nun überlegen, wie er das Gespräch steuern kann, so daß der Kunde seinen Gedankengängen folgt und zu den gleichen Ergebnissen kommt wie er. Dabei wird er sich eine strategische Vorgehensweise zurechtlegen, die sich an den Grundsätzen der konfliktfreien Gesprächsführung orientiert (s. auch Kapitel "Konfliktfreie Gesprächsführung").

Da eine solche Strategie den Gesprächspartner behutsam Schritt für Schritt in Richtung auf das gemeinsame Ziel führen soll, wird sie eine Reihe von Tatsachen, Fakten und Daten logisch aneinanderfügen. Die Argumente werden sich vom Allgemeinen zum Besonderen bzw. Individuellen hin verdichten. Das Symbol des Trichters ist für diese Art des Vorgehens deshalb sehr naheliegend.

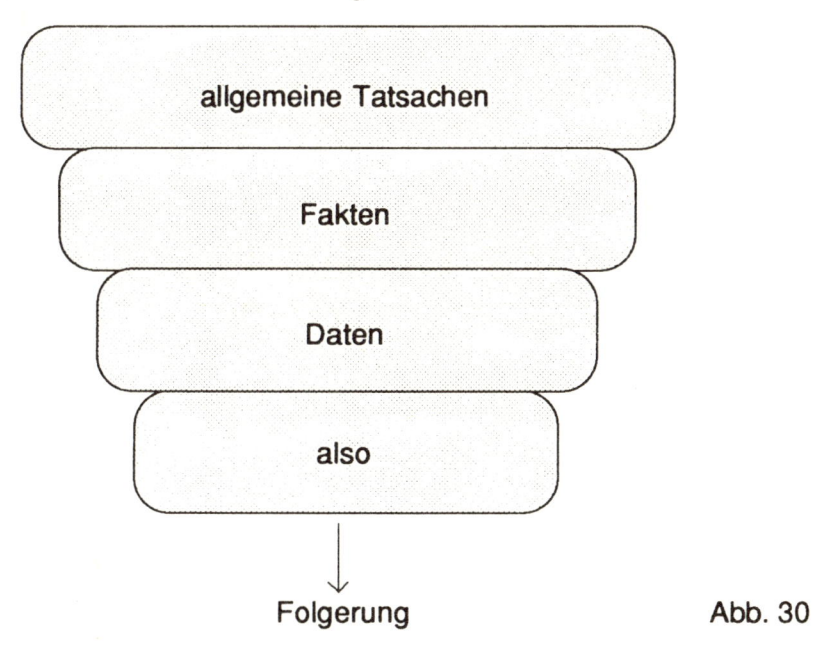

```
┌─────────────────────────────────┐
│     allgemeine Tatsachen        │
└─────────────────────────────────┘
   ┌───────────────────────────┐
   │          Fakten           │
   └───────────────────────────┘
      ┌─────────────────────┐
      │        Daten        │
      └─────────────────────┘
         ┌───────────────┐
         │     also      │
         └───────────────┘
                 ↓
            Folgerung                    Abb. 30
```

Von Fall zu Fall wird das gewünschte Ergebnis auch erst durch eine Reihe solcher Trichter erreicht werden.

Ein Beispiel einer Gesprächsstrategie soll hier im folgenden dargestellt werden. Weitere Strategiebeispiele finden sich im Anhang dieses Buches!

Zielgruppe:	Sozialversicherte Arbeitnehmer
Kundensituation:	Arbeitnehmer sind durch ihren Arbeitgeber in der Berufsgenossenschaft gesetzlich unfallversichert. Die Berufsgenossenschaft leistet nach Unfällen, die im Arbeitsbereich und auf dem Weg zur und von der Arbeit wieder nach Hause geschehen. Die Berufsgenossenschaft ist nicht zuständig für Unfälle in der Freizeit, am Wochenende, beim Sport, im Urlaub oder im Haushalt. Nur etwa ein Drittel aller Unfälle passieren im Arbeitsbereich, die restlichen zwei Drittel dagegen in der Freizeit. Die finanziellen Folgen eines Unfalls sind jedoch die gleichen, egal ob sich der Unfall in der Arbeit oder in der Freizeit ereignet hat.
Kundenwunsch:	Nach jedem Unfall gleich gut versorgt zu sein! Genügend finanzielle Mittel für Neuordnung des Lebens, Maßnahmen zur raschen Wiederherstellung der Arbeitsfähigkeit, zusätzliche monatliche Rente, usw.
Lösung:	Private Unfallversicherung in ausreichender Höhe (= 4- bis 6-faches Jahreseinkommen)

Gesprächsstrategie:
- In der Bundesrepublik ereignen sich jährlich etwa 7 Millionen Unfälle.

- Etwa ein Drittel dieser Unfälle sind Arbeits- und Wegeunfälle.

- Die restlichen zwei Drittel geschehen in der Freizeit.

- Im Arbeitsbereich schützt die gesetzliche Unfallversicherung den Arbeitnehmer mit einer Grundversorgung vor den finanziellen Folgen eines Unfalls.

- Nach einem Unfall in der Freizeit erhält der Arbeitnehmer von gesetzlicher Seite nichts.

- Er hat jedoch vielfach die gleichen finanziellen Konsequenzen zu tragen wie nach einem Arbeitsunfall:

  - teilweiser oder vollständiger Verlust der Arbeitskraft
  - Kosten für Neuordnung des Lebens
  - Gehaltseinbußen
  - Kosten für Hilfsmittel
  - Kosten für Rehabilitationsmaßnahmen usw.

- Man möchte deshalb nach jedem Unfall die gleichen Leistungen und dieselben Chancen auf ein neu geordnetes Leben haben, egal wo, wann und wie der Unfall passiert ist.

Persönliche Zusammenfassung

Was war für mich in diesem Kapitel besonders wichtig?

_____
_____
_____
_____
_____
_____
_____
_____

Was will ich konkret umsetzen?

_____
_____
_____
_____
_____
_____
_____
_____

Wann will ich damit beginnen?

_____
_____
_____
_____
_____
_____
_____
_____

6 Präsentation des Vorschlages

Nachdem der Verkäufer im Gespräch zunächst nur die Kundensituation und die sich daraus ergebenden Probleme beschrieben hat, wird es für ihn nun Zeit, sich mit der endgültigen Lösung des Kundenproblems näher zu befassen. Er präsentiert das Produkt, das für die ganz spezielle Situation des Kunden den gewünschten Effekt bietet.

Wenn auch grundsätzlich festzuhalten ist, daß die gerade abgeschlossene Phase der Bedarfsermittlung, d.h. die Bildung eines Problembewußtseins beim Kunden, sicherlich für den Gesprächserfolg besonders wichtig und auch schwierig war, so zeigt doch die Verkaufspraxis, daß auch die Produktpräsentation ihre eigenen Gesetzmäßigkeiten hat, auf die zu achten sich lohnt.

6.1 Ratio gegen Neandertaler

Menschliches Handeln wird durch Motive gesteuert. Über die verschiedenen Arten der Motivation wurde bereits an anderer Stelle Einiges ausgeführt (s. auch Kapitel "Motivation"). Die dort beschriebenen Erkenntnisse wird der Verkäufer bei seinem Vorschlag zweckmäßigerweise ebenfalls berücksichtigen.

Viele Verkäufer von Finanzdienstleistungen glauben, sie müssen ihr Produkt, da es sich dabei um Geld dreht, mit möglichst verstandesorientierten Argumenten darstellen. Sie beschränken sich darauf, Renditen und Steuervorteile zu berechnen, Funktionsweise und Besonderheiten zu beschreiben und Leistungen und Ausschlüsse zu nennen. Gelegentlich wird man den Eindruck nicht los, sie versuchten den Kunden zu einem ähnlich guten Fachmann zu machen, wie sie selbst es sind.

Doch damit allein überzeugt man einen Kunden nicht! Sicher ist es wichtig, daß der Käufer über die wesentlichen Eigenschaften des Produktes, das er erwerben will, Bescheid weiß. Aber noch viel wichtiger ist es, daß er erkennt, daß ihm dieses Produkt nützt, welche Vorteile er persönlich davon hat. Hierbei spielt jedoch die Gefühlsebene eine außerordentlich große Rolle.

Die Psychologie lehrt, daß der Mensch in seinem Handeln von seinen Gefühlen beherrscht wird. Zu 80 bis 90 Prozent werden die zu treffenden Entscheidungen vom Unterbewußtsein gesteuert. Nur die verbleibenden 10 bis 20 Prozent werden vom Verstand bestimmt. Im Kampf Ratio gegen Neandertaler siegt also zum überwiegenden Teil der Neandertaler (=emotionale Mensch). Der Verstand wird zumeist erst im nachhinein gebraucht, um für die bereits gefühlsmäßig getroffene Entscheidung verstandesorientierte Gründe zu finden, die man vor sich und der Welt dann als die eigentlich maßgebenden anführen kann. Es ist eben einfach nicht "in", zuzugeben, daß man sich in seiner Handlungsweise von Gefühlen leiten läßt!

Ein ganz typisches Beispiel für diese Art der Entscheidungsfindung ist der Autokauf. Hier wird mit Sicherheit in der Hauptsache nach Form, Farbe, Innenausstattung, Spritzigkeit oder Ähnlichem entschieden. Wenn es aber darum geht, die Entscheidung zu verteidigen - zum Beispiel gegen die eigene Ehefrau -, werden Argumente wie sparsamer Verbrauch, Preisnachlässe, Sicherheitsvorrichtungen oder günstige Typklasse in der Vollkaskoversicherung ins Feld geführt.

Welche Folgerungen ergeben sich für den Verkäufer aus dieser Erkenntnis?

- Wer seine Produktpräsentation wirksam aufbauen will, darf die emotionale Ebene nicht vernachlässigen. Er muß Argumente finden, die vor allem auf das Gefühl des Kunden gerichtet sind (z.B. Sicherheit, Wohlbehagen, Bequemlichkeit, Prestige).

- Wer den Neandertaler im Gesprächspartner verletzt, wird sich wohl kaum auf der Verstandesebene mit dem anderen einigen können. Daher ist es wichtig, seine Formulierungen so zu wählen, daß sich der Kunde nicht beleidigt sondern gelobt fühlt.

Also nicht:

"Da haben Sie aber eine völlig unzureichende Absicherung!"

Sondern:

"Es ist gut, daß Sie sich bereits damals mit dieser Problematik auseinandergesetzt haben und eine erste Vorsorge getroffen haben."

- Wem es gelingt, den Kunden gefühlsmäßig zu überzeugen, der hat zwar zunächst einmal gewonnen, aber er tut gut daran, das eine oder andere verstandesorientierte Argument - sozusagen als "Verteidigungsmöglichkeit" - nachzureichen. So fällt es dem Kunden leichter, sich gegen die Angriffe "wohlmeinender" Freunde zu wehren.

6.2 Fachchinesisch stört

Verkäufer brauchen ein vielseitiges und exzellentes Wissen. Sie haben sich mit ihren Produkten intensiv beschäftigt, kennen sie bis in die Einzelheiten, sind über Vorteile und Schwächen voll im Bilde. Und aus genau dieser Position heraus gestalten sie häufig auch die Präsentation ihres Vorschlags. Der Kunde wird mit einer Fülle von Fachausdrücken konfrontiert, die zu verstehen er weder in der Lage noch willens ist. Er wird mit Vergleichszahlen gefüttert und soll sich schließlich auch noch zwischen mehreren Varianten entscheiden.

Wen wundert's, daß bei solchen Anforderungen die meisten Kunden zu streiken beginnen und ihr Wille zum Abschluß erlahmt? Auf der anderen Seite gibt es nur wenige unter ihnen, die bereit sind zuzugeben, daß sie mit all diesen Informationen überfordert sind und eigentlich die Entscheidungshilfe des Verkäufers nötig hätten.

Was kann man als Verkäufer tun, um diese Gesprächs- bzw. letztlich Abschlußhindernisse zu vermeiden?

Zunächst einmal geht es wohl darum, jegliches Fachchinesisch tunlichst zu vermeiden. Es ist absolut unnötig, den Kunden mit etwas zu bombardieren, das er überhaupt nicht wissen muß, um abzuschließen. Der Verkäufer gewinnt viel mehr Ansehen dadurch, daß er auf Fragen des Kunden präzise, korrekte und jederzeit haltbare Antworten geben kann, als durch eine übertriebene Selbstdarstellung mit Hilfe totaler Fachinformation.

Das bedeutet natürlich, daß man sich sehr selbstkritisch überlegen muß, was man als Information überhaupt geben will und muß:

Reicht für den Abschluß

Das ist für den Kunden wichtig

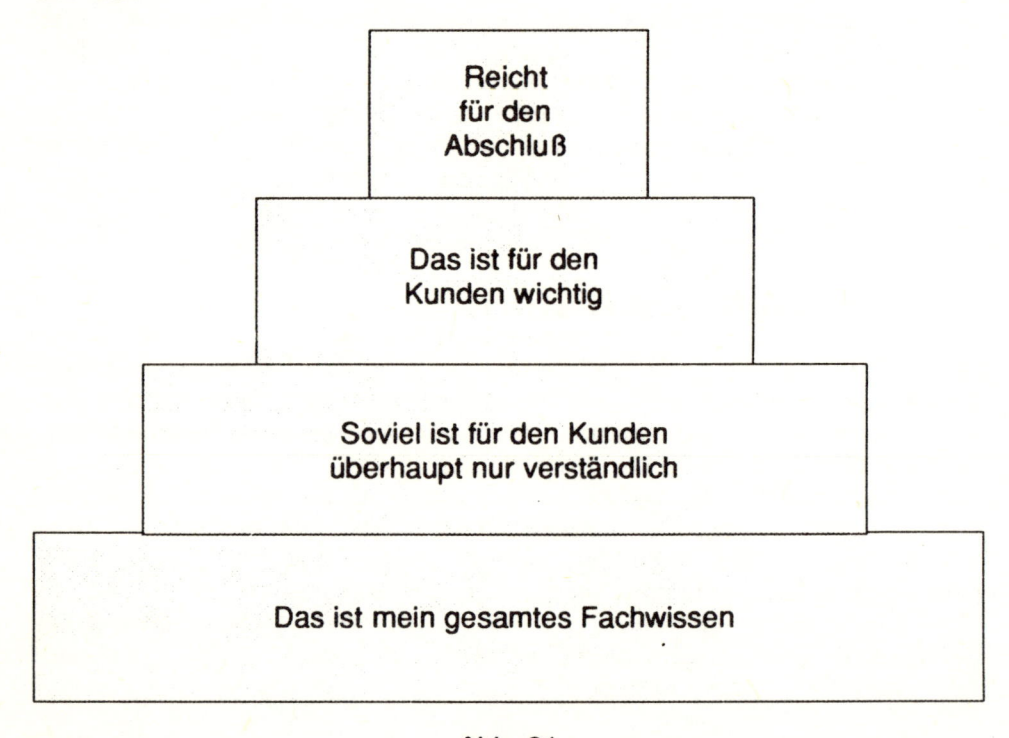

Soviel ist für den Kunden überhaupt nur verständlich

Das ist mein gesamtes Fachwissen

Abb. 31

Die Devise für den erfolgreichen Verkäufer muß in diesem Zusammenhang sein:

Weniger ist meistens mehr!

Freilich heißt das gelegentlich, von liebgewordenen Formulierungen und Einzelheiten Abschied nehmen. Aber es lohnt sich bestimmt im Sinne einer zielgerichteteren Gesprächsführung.

6.3 Nutzen herausstellen

Jedes Produkt - auch eine Finanzdienstleistung - hat eine Reihe von Eigenschaften, z.B. Leistung im Todesfall, fester Zinssatz, steuerliche Absetzbarkeit, Laufzeit, Rendite, usw.

Mit vielen dieser Eigenschaften kann der Kunde gedanklich oft nur sehr wenig anfangen. Er ist darauf angewiesen, daß der Verkäufer sie ihm in seine persönlichen Vorteile und Nutzen übersetzt. Je deutlicher die Nutzen herausgestellt werden, umso stärker wird der Wunsch des Kunden werden, das Produkt auch wirklich zu besitzen. Wenn er erkennt, daß genau dieser Vorschlag seine Probleme löst bzw. seine Wünsche erfüllt, wird er ihn um vieles leichter akzeptieren.

Für die Umsetzung von Produkteigenschaften in Kundennutzen gibt es eine Reihe von geeigneten Formulierungen, die die positive Wirkung des Produktes betonen:

"Das bringt ihnen ....."
"Damit erreichen Sie ....."
"Dadurch sichern Sie sich ....."
"Das bedeutet für Sie ....."
"Dadurch sparen Sie ....."
"Das garantiert Ihnen ....."
"Ihr besonderer Vorteil ist ....."
"Das erhöht Ihren ....."
"Das ermöglicht Ihnen ....."
"Dadurch verbessern Sie ....."
usw.

Sie werden als Verbindung zwischen der Eigenschaft des Produktes und seinem Nutzen für den Kunden gebraucht, also etwa nach folgendem Muster:

> "Die Lebensversicherung ist dynamisch. Das garantiert Ihnen, daß sie auch nach zwanzig Jahren kaufkraftmäßig ihren Wert behalten hat."

oder:

> "Dieser Bausparvertrag sieht einen Guthabenzins von ... Prozent vor. Damit erzielen Sie eine gute Rendite und erhalten sich gleichzeitig das Anrecht auf ein günstiges Baugeld."

oder:

> "Der Ratensparvertrag beinhaltet auch eine Risikoversicherung. Damit wird in jedem Fall das angestrebte Sparziel erreicht."

Dieses Umsetzen von Produkteigenschaften in Kundennutzen muß man als Verkäufer ganz bewußt üben, weil man als Fachmann leicht geneigt ist, beim Kunden viel zu viel vorauszusetzen. Selbstverständlich sind einem Fachmann die Zusammenhänge vollkommen klar! Aber wie soll der Kunde als Laie dahinterblicken?

Und noch eines: Kundennutzen werden immer in der "Sie"-Form ausgedrückt. Denn schließlich handelt es sich doch um durchweg angenehme und positive Konsequenzen, die der Abschluß des Vertrages bzw. der Kauf dieses Produktes für den Kunden hat. Und mit solchen Folgen möchte man gerne in Verbindung gebracht werden.

> Also: "Das bringt **Ihnen** ..."
> "**Ihr** besonderer Vorteil ..."
> "Damit können **Sie** ..."

Während man in der Phase der Problemorientierung, als es um allgemein gültige menschliche Verhaltensweisen und Wünsche - aber auch um unangenehme Ereignisse (Schadenfälle) - ging, in der "Man"-Form gesprochen hat, wird nun in der Phase der

Produktpräsentation der individuelle Aspekt durch das "Sie" betont. So identifiziert sich der Kunde stärker mit "seinem" Produkt.

6.4 Der Preis als Hindernis?

Nichts ist so vorteilhaft, als daß es nicht auch einen Haken hätte!

Und dieser Haken taucht im Verkaufsgespräch in der Regel erst auf, wenn sich die Verhandlungen bereits in einem weit fortgeschrittenen Stadium befinden. Mit der Nennung des Preises wird es noch einmal kritisch. Denn meist hatte der Kunde mit einem niedrigeren Preis gerechnet und ist nun erschrocken. Es besteht die Gefahr, daß er aus Schreck "Nein" sagt.

Dies versucht der Verkäufer durch eine gezielte Preisargumentation zu verhindern. Es gibt dabei verschiedenste Theorien, wie sich der Preis angeblich am besten verkaufen soll. Einige sollen im folgenden kurz beschrieben werden:

1. **Verkleinern oder Bagatellisieren**

    Hierbei wird der Preis auf kleinere Einheiten umgelegt, z.B.

    "...das sind nur zehn Mark im Monat!"

    oder:

    "...schon für drei Mark am Tag ..."

2. **Butterbrot-Methode**

    Der Preis wird auf den wesentlichsten Vorteil draufgesetzt, z.B.

    "Damit sichern Sie sich 1000,-- DM zusätzliche Rente im Monat für nur 40,-- DM mehr Beitrag."

3. Sandwich-Methode

Der Preis wird zwischen zwei Nutzen genannt, z.B.

"Dieser Versicherungsschutz ist für die gesamte Familie und erfordert lediglich eine Jahresprämie von 250,-- DM. Eingeschlossen ist außerdem ..."

4. Zusammenfassung und Betonung des Kundenwunsches

Hierbei werden die vom Kunden geäußerten - ihm wichtigen - Wünsche noch einmal zusammengefaßt und alle wichtigen Nutzen aufgezählt, z.B.

"Sie legen Wert auf eine möglichst große Kapitalbildung für das Alter, damit Sie dann ohne Sorgen verreisen können.
Im Todesfall soll Ihrer Familie eine stattliche Summe zur Verfügung stehen, damit das Haus erhalten bleibt.
Und bei Berufsunfähigkeit wollen Sie eine monatliche Rente von 1000,-- DM, damit Ihr Leben finanziell so weiterlaufen kann wie bisher.
All diese Vorteile erhalten Sie, wenn Sie dafür monatlich 150,-- DM zurücklegen."

5. Individualisieren

Der Preis wird auf eine Einheit umgerechnet, zu der der Kunde eine besondere Beziehung hat, z.B.

"Das entspricht einer Monatsmiete für die Garage."
"Das ist nur soviel, wie einmal mit der Familie essen gehen."
"Das ist weniger als zwei Schachteln Zigaretten."

Wie bei vielem im Verkauf gibt es auch bei der Preisargumentation kein Patentrezept. Jeder Verkäufer wird sich die Methode heraussuchen, die ihm am besten liegt.

Persönliche Zusammenfassung

Was war für mich aus diesem Kapitel besonders wichtig?

_____
_____
_____
_____
_____
_____
_____
_____

Was möchte ich konkret umsetzen?

_____
_____
_____
_____
_____
_____
_____
_____

Wann beginne ich damit?

_____
_____
_____
_____
_____
_____
_____
_____

7 Abschlußverhalten

Die Praxis zeigt, daß das **Entscheidungsverhalten** unserer Gesprächspartner sehr unterschiedlich ist. Es reicht vom entscheidungsfreudigen bis hin zum entscheidungsschwachen Kunden, der sich auch beim dritten Gespräch nicht so richtig entscheiden kann.

Im einzelnen unterscheiden wir folgende Kundentypen:

Der Unentschlossene

Entscheidungen fallen ihm grundsätzlich schwer. Er hat Angst Fehler zu machen, und die Fehler sind dann nicht mehr korrigierbar. Dies sind Personen, die schon öfter die Erfahrung gemacht haben, daß sie Entscheidungen im Nachhinein bereut haben.

Diese Kunden benötigen starke Hilfen für ihre Entscheidung.

Der Nachdenkliche

Er trifft Entscheidungen erst, wenn alle Unklarheiten beseitigt sind. Er benötigt sehr viel Zeit und will alle Einzelheiten kennen.

Der Kritische

Er geht mit großem Mißtrauen in jede Verhandlung. Aus Furcht, die Verhandlung als Verlierer zu verlassen, reagiert er aggressiv und stellt überhöhte Forderungen.

Erfolge sind erst möglich, wenn das Mißtrauen restlos beseitigt ist.

Wichtig ist: Durch die direkte Frage:

"Wollen wir dann mal den Antrag so fertigmachen?"

oder

"Darf ich den Antrag jetzt ausfüllen?"

wird den meisten Kunden die Tragweite ihrer Entscheidung noch einmal sehr deutlich vor Augen geführt. Die Folge davon sind Zögern und Verschiebetaktiken.

Durch Abschlußtechniken führen wir den Kunden **sanft** zur Entscheidung hin. Wir setzen sie ein, damit uns der Kunde entweder den Kauf bestätigt und wir den Antrag ausfüllen können oder damit der Kunde Kaufsignale sendet.

Dem unterschiedlichen Entscheidungsverhalten tragen wir durch den Einsatz unterschiedlicher Abschlußtechniken Rechnung.

1. Die Alternativtechnik

Der Kunde wird nicht gefragt, ob er das Produkt kaufen will, sondern es wird unterstellt, daß der Kaufvorgang vollzogen wird. Dazu werden zwei Möglichkeiten zur Wahl gestellt. Die Vorteile dieser Technik sind uns aus der Terminierungsphase bekannt.

"Möchten Sie die Rücklage monatlich oder doch lieber jährlich entrichten?"

"Ab wann soll der Versicherungsschutz bereitgestellt werden, ab dem 1. März oder 1. April?"

"Genügen 10 % Vorsorgesumme oder sollen wir sie höher ansetzen?"

"Welcher Aspekt ist für Sie bei der Vermögensbildung wichtiger: die rasche Verfügbarkeit oder die Rentabilität?"

"Welcher der beiden Vorschläge gefällt Ihnen besser?"

"Möchten Sie Ihren bereits bestehenden Bausparvertrag in die Finanzierung mit einbeziehen, oder wollen Sie den später für die Bezahlung der Außenanlagen verwenden?"

Formulieren Sie weitere Alternativ-Fragen:

_____
_____
_____
_____
_____
_____
_____
_____
_____
_____
_____
_____
_____
_____
_____
_____
_____

2. Die indirekte Frage

Durch eine unterstellende offene Frage (wer, wo, wie ...) zu einem Teilbereich, wird die Gesamtentscheidung ausgelöst:

"Wer soll die bezugsberechtigte Person sein?"

"Von welchem Konto soll die Abbuchung vorgenommen werden?"

"Wer ist künftig der Ansprechpartner?"

Mit diesen Fragen werden die Gedanken der Kunden auf die Modalitäten gelenkt und nicht auf die Entscheidung selbst.

3. Die Bedingung, die den Kauf ermöglicht

In der Personenversicherung ist immer zunächst die Versicherbarkeit der zu versichernden Person zu prüfen. Auch in der Sachversicherung muß der Kunde gewisse Auflagen erfüllen, wie Risikoverhältnisse usw. Es wird auch hier unterstellt, daß der Kunde kaufen will, allerdings muß **er** noch eine wichtige Voraussetzung erfüllen:

> "Herr Kluge, eine Voraussetzung muß erfüllt sein, sonst ist ein Abschluß nicht möglich: Sie müssen gesund sein. Aber davon kann ich ja sicher ausgehen. Ich schlage vor, daß wir die Gesundheitsfragen zunächst beantworten ..."
>
> "Wir haben soweit alle Fragen geklärt. Allerdings ist eine Bedingung vom Kunden zu erfüllen, damit die Entscheidung erst möglich wird: man muß gesund sein!"
>
> "Nun, Herr Kluge, die paar Gesundheitsfragen werden Ihnen sicher keinen Strich durch Ihre Rechnung machen ..."

Damit leitet der Verkäufer unmittelbar auf den Antrag über.

Die Reihenfolge, in der der Antrag ausgefüllt wird, ist:

>> Gesundheitsfragen
>> Versicherungssumme
>> Preis
>> Datum, Unterschriften
>> Anschrift

Durch diese Vorgehensweise treten keine langen, lästigen Pausen ein.

4. Die Zusammenfassung

Das Gespräch wurde in die drei Phasen gegliedert:

>> - Beschreibung der Problemsituation
>> - der Rollentausch,
>>   der Kunde will seine Situation verbessern
>> - der Kunde ist mit dem Preis-Leistungs-
>>   Verhältnis einverstanden

Die Verkaufsverhandlung wird in den wichtigsten Phasen wiederholt:

> "Herr Kluge, wir haben festgestellt, daß Sie mit Ihren Rentenansprüchen Ihren heutigen Lebensstandard nicht halten können.

> Sie brauchen demnach eine höhere Rente.
> Sie sagten ja, daß die monatliche Rücklage in Höhe von 187.-- DM Ihren Vorstellungen entspricht ..."

Bedingung für die Anwendung dieser Technik ist, daß im Laufe der Verhandlung über diese Punkte gesprochen wurde.

5. Der imaginäre Gegner

Mit dieser Technik gibt man dem Gesprächspartner eine starke Entscheidungshilfe und die immer kurz vor und kurz nach der Entscheidung aufkeimende Kaufreue wird beseitigt.

Es wird unterstellt, daß eine dritte, fremde Person sich negativ in das Gespräch einschaltet (diese nachfolgend aufgezeigte Redewendung kann auch verwendet werden, wenn sich tatsächlich jemand negativ zu dem beabsichtigten Abschluß äußert).

> "Stellen Sie sich einmal vor, Herr und Frau Kluge, es wäre jemand hier, der Sie von Ihrer Kaufentscheidung abhalten wollte und der sich vielleicht negativ über das Produkt äußert.
> Schade, daß dies nicht der Fall ist. Ich würde denjenigen nur fragen, ob er Ihnen... (den Schaden ersetzt, eine Hypothek zu 4 % Zinsen bereitstellt, Steuern in Privatvermögen umwandelt, eine Rente in Höhe von 800.-- DM monatlich bereithält, Ihre Leasingraten weiterbezahlt, Ihre Zins- und Tilgungsbelastung übernimmt ...).
> Was meinen Sie, wie würde derjenige antworten?"

> "Sehen Sie, so ist das häufig. Schimpfen und meckern, das tun viele, aber helfen muß man sich schon selbst. So wie Sie das gemacht haben ..."

Wichtig ist es, jetzt sofort mit dem Ausfüllen des Antrages zu beginnen!

Wenn der Kunde später wirklich mal gefragt werden sollte, warum er diese Entscheidung getroffen hat, dann wird er antworten:

> "Bekomme ich von Dir (Ihnen) diese Leistungen?"

Eine Überzeugung ist dann eingetreten, wenn der Kunde seine Entscheidung sich selbst und Dritten gegenüber rechtfertigt.

6. Vorteile und Bedenken gegenüberstellen

Diese Technik wird dann eingesetzt, wenn sich die Verhandlung in der Abschlußphase hinschleppt, bzw. eine Vertagung des Gespräches droht. Man geht davon aus, daß noch Bedenken vorhanden sind, die den Kunden von der Entscheidung abhalten.

> "Vor jeder Entscheidung, Herr Kluge, möchte man alle Vorteile und Bedenken (Für und Wider) nocheinmal gegeneinander abwägen. Für Sie hatten wir ja folgende Vorteile erkannt:
>
> (Bilanzkreuz zeichnen, auf die linke Seite die Vorteile untereinander schreiben)
>
> Welche Bedenken haben Sie noch?
>
> (Die vom Kunden genannten Bedenken auf die rechte Seite der Bilanz eintragen)

Der Kunde wird in der Regel zwei bis drei Bedenken aufzählen. Sind diese notiert, fragt der Verkäufer:

> "Ist das alles?"

Kunde:

> "Ja."

> "Herr Kluge, ohne diese Bedenken könnten Sie die Entscheidung sofort treffen, ist das so?"

(andere Fragen:

> "Wenn diese Fragen zu Ihrer Zufriedenheit beantwortet werden, dann ..."
>
> "Das einzige, was Sie momentan noch von Ihrer Entscheidung abhält, ist die Beantwortung dieser Fragen, stimmt's?")

Vorteile	Bedenken
- sofortiger Leistungsbeginn - Ergänzung der gesetzlichen Rentenversicherung - steuerliche Vergünstigung	- Konkurrenz ist billiger - Steuerberater fragen

Jetzt werden die Bedenken nacheinander ausgeräumt und danach geht man ohne weitere Fragestellung zum Antrag über.

Beachten Sie das unterschiedliche Entscheidungsverhalten Ihrer Kunden.

Wählen Sie danach die richtige Entscheidungshilfe aus!

8 Behandlung von Ein- und Vorwänden

Einwände und Vorwände im Verkaufsgespräch sind wie das Salz in der Suppe. Ohne Einwände verspürt der Berater kein Erfolgserlebnis, verliert das Verkaufen an Reiz.

Einwände sind Abwehrhaltungen des Kunden, sind Aussagen, die seine **ehrliche Meinung** widerspiegeln.

Mit einem **Vorwand** versucht der Gesprächspartner abzulenken. Der eigentliche Grund seiner Ablehnung wird **verschleiert**.

Die Art der Behandlung von Ein- und Vorwänden hängt davon ab, zu welchem Zeitpunkt des Gesprächs der Kunde diesen äußert. Denn je genauer der Verkäufer den Grund des Einwandes kennt, um so leichter wird es sein, diesen zu entkräften oder zu beseitigen.

Einwände und Vorwände
in der Kontaktphase am Telefon oder bei der Begrüßung

Gründe dafür können sein:

- Mißtrauen
- Belästigung
- Zeitmangel
- Antipathie
- Angst nicht **"nein"** sagen zu können
- Angst vor der Psychologie des Verkäufers

Einwände und Vorwände
bei der Bedarfsermittlung

Gründe können sein:

- fehlende Konzentration
- kein Bedarf erkennbar
- fehlende Überzeugung
- Vergleich mit anderen Anbietern

Einwände in der Abschlußphase

Gründe können sein:

- kein Geld vorhanden
- woanders Preisvorteile
- Mißtrauen
- kompetenten Rat einholen
- Unsicherheit
- Angst vor Kaufreue

Die erfolgreiche Behandlung von Ein- und Vorwänden erfolgt nicht durch Techniken und Taktiken sowie auswendig gelernten Reaktionen, sondern durch positive Einstellung und durch psychologisches Einfühlungsvermögen.

Es hat noch nie ein Verkäufer einen Streit mit seinem Kunden gewonnen!

Verkäufer sind **immer** Partner und nie Gegenspieler ihrer Kunden.

Die nachfolgenden Beispiele sollen Anregungen bieten, **wie** Ein- und Vorwände zu behandeln sind. Lernen Sie diese Formulierungen nicht auswendig, sondern suchen Sie Ihre eigene Rektion danach auszurichten.

8.1 Reaktionen auf Ein- und Vorwände in der Kontaktphase

"Ich habe keine Zeit."

"Das verstehe ich Herr Kunde, mein Besuch kommt etwas überraschend. Aber Sie wollen doch sicher wissen, worum es geht.

Dann schlage ich vor, daß ich Sie kurz über den Grund meines Besuches informiere. Diese Information dauert nicht länger als vier Minuten (sieben Minuten) und dann entscheiden Sie, ob wir das Gespräch beenden oder einen neuen Gesprächstermin vereinbaren.

Ich darf doch eintreten?

Wo können wir uns ungestört zusammensetzen?"

"Ich habe keine Zeit, denn wir haben gerade Besuch."
"Ich habe keine Zeit, denn wir müssen zum Kegeln."

"Aber natürlich, Herr Kunde, mit meinem Besuch konnten Sie ja gar nicht rechnen. Herr Kunde, die Information ist so wichtig, daß ich sie Ihnen auf keinen Fall vorenthalten darf.

Am besten, wir vereinbaren gleich einen Gesprächstermin.

Herr Kunde, wann ist es Ihnen lieber, diese Woche noch oder erst nächste Woche?"

(Auf die Antwort des Kunden nochmals Alternativtermin vorschlagen.

"Am Montag um 19 Uhr oder am Dienstag um 20 Uhr?")

"Ich bin schon versichert."

"Ich weiß, Herr Kunde, denn Sie sind ja als Arbeitnehmer in der GRV pflichtversichert. Das bedeutet, man muß pro Monat 18,7 % aus dem Bruttogehalt als Beitrag in die Rentenversicherung einzahlen.

Wenn man soviel Geld einbezahlt, will man doch wissen, wie hoch denn der Kontostand in der Rentenversicherung ist."

"Frau Müller, sehen Sie, das habe ich gar nicht anders erwartet.

Wir informieren momentan alle Versicherten hier in ..., wie sie entweder für den gleichen Beitrag mehr Versicherungsleistung bekommen bzw. wie man für den gleichen Versicherungsschutz weniger Beitrag bezahlen muß.

Sicherlich zahlen auch Sie nicht gerne unnötige Versicherungsbeiträge."

"Natürlich Herr König, das spricht für Sie und Ihr Verantwortungsbewußtsein. Deshalb habe ich interessante Unterlagen für Sie persönlich vorbereitet.

Sprechen wir die kurz gemeinsam durch."

"Ich habe kein Geld."

"Frau Müller, wer hat das heute schon.

Aber ich kann Sie beruhigen, unser Informationsservice ist völlig kostenlos.

Für die gleiche Information müßten Sie bei einem Rentenberater mindestens 500 DM bezahlen.

Wo können wir uns ungestört zusammensetzen, so daß Sie trotz der wichtigen Information auch noch 500 DM gespart haben."

"Herr Kluge, ich vergaß ganz, Ihnen zu sagen, daß diese Information kostenlos für Sie ist.

Für die gleiche Information ..." (s.o.)

"Herr Kluge, wer hat das heute schon.

Wir haben die Erfahrung gemacht, daß Kunden, die dies sagen, besonders daran interessiert sind, bei ihren bestehenden Versicherungen Geld einzusparen.

Aus diesem Grund erstellen wir für diese Kunden eine Finanzanalyse."

"Kommen Sie von der Versicherung (Bausparkasse)?"

"Ja."

"Wollen Sie etwas verkaufen?"

"Ja, aber nur wenn Sie etwas benötigen."

"Ich habe kein Interesse."

"Herr Meier, das verstehe ich, da ich Sie noch gar nicht im Detail über den Grund meines Besuches informiert habe.

Außerdem muß ich Ihnen dazu unbedingt die für Sie bestimmten Unterlagen erläutern."

(Zeigen Sie dabei auf Ihre Verkaufsmappe etc.)

"Herr Kunde, das verstehe ich, da ich Ihnen die für Sie bestimmten Unterlagen noch gar nicht gezeigt habe. Dazu benötigen wir nicht mehr als sieben Minuten. Danach entscheiden Sie, ob wir das Gespräch beenden oder fortsetzen wollen."

"Herr Kunde, es gibt zwei Zeitpunkte, zu denen man sagen kann, man hat kein Interesse:
        1. Vor der Information.
        2. Nach der Information.

Ich schlage vor, daß ich Sie kurz informiere und Ihnen die Unterlagen zeige."

"Sie wollen mir ja doch nur eine Versicherung verkaufen."

"Herr Kunde, könnte man Ihnen etwas verkaufen, was Sie gar nicht brauchen?
(Kunde: "Nein.")

Die Entscheidung, ob Sie etwas kaufen, können nur Sie selbst treffen. Ich bin beauftragt, Sie über den Kontostand in der Gesetzlichen Rentenversicherung zu informieren."

"Selbstverständlich können Kunden bei mir eine Lebensversicherung abschließen, aber erlauben Sie mir die Frage:

Möchten Sie eine Lebensversicherung abschließen?
(Kunde: "Nein, hab schon eine.")

Eine solche Entscheidung können ja sowieso nur Sie selbst treffen."

"Frau Meier, ich bin heute nur zu Ihnen gekommen, um Sie über ... zu informieren."

oder:

"Bestimmt möchten Sie jedoch darüber informiert werden, (... wie hoch Ihre momentanen Rentenansprüche sind, ... wie Sie die Miete möglichst bald in die eigene Tasche zahlen können.)"

"Ich bin arbeitslos."

"Herr Kunde, gerade dadurch ergibt sich für Sie eine völlig veränderte Situation.

Am besten sehen wir uns die Konsequenzen gleich mal gemeinsam an."

1. Möglichkeit

Durch das Gespräch späteren Versicherungsabschluß anbahnen.

2. Möglichkeit

Den Arbeitslosen als nebenberuflichen Vermittler gewinnen. Auch Arbeitslose brauchen Geld.

"Herr Kunde, gerade dann ist man ja daran interessiert, möglichst wenig Versicherungsbeiträge zu zahlen."

"Herr Kunde, am besten machen wir gleich jetzt eine Versicherungsanalyse, damit Sie Ihre Ausgaben für Versicherungen möglichst schnell reduzieren können."

"Mein Mann ist nicht da."

"Frau (Herr) ..., wann sind Sie und Ihr Gatte (Ihre Gattin) gemeinsam anzutreffen?
(Terminkalender zücken)

Paßt es Ihnen am ... um ... oder am ... um ...?"

"Vertreter sind alles Betrüger."

"Herr ..., an jedem Tag kann man in der Zeitung über schwarze Schafe in den unterschiedlichsten Wirtschaftszweigen lesen.

Leider gibt es auch in meinem Beruf schwarze Schafe, die meine Kunden verärgern und mir die Arbeit schwer machen.

Aber Herr ..., Sie haben mich doch bestimmt nicht persönlich gemeint?"

"Mein Mann macht das alles in seiner Firma."
"Mein Freund/Bekannter arbeitet bei einer Versicherung."

"Herr (Frau) ..., wo Sie Ihre Versicherungen abschließen, entscheiden Sie.

Nur will man sich ja vor einer Entscheidung umfassend informieren.

Aus diesem Grund besuche ich Sie heute."

"Herr (Frau) ..., ich verstehe, daß Sie bei gleichen Leistungen und gleichen Beiträgen die Versicherungen über die Firma Ihres Mannes (über Ihren Bekannten) abschließen.

Herr (Frau) ..., deshalb ist es wichtig, immer wieder zu vergleichen."

"Selbstverständlich entscheiden Sie, ob und wo Sie Ihre Versicherungen abschließen.

In unserem Gespräch geht es um den Wert der eigenen
Arbeitskraft und wie dieser durch die Sozialversicherung abgesichert ist."

"Sie sind heute schon der dritte Versicherungs-Vertreter."

"Herr ..., ich habe viele Kollegen, die im Außendienst
tätig sind.

Gerade dadurch ergibt sich für Sie die Möglichkeit, zu
vergleichen, um das Günstigste für sich selbst auszu-
wählen."

Speziell bei Heiratsadressen (=Heiratshilfe)

"Herr Kunde, das verstehe ich, speziell Hochzeitspaare
werden sehr häufig von Versicherungsfachleuten im
Außendienst angesprochen.

Aber die Frage an Sie: Haben Sie eigentlich meine
Kollegen auf den speziellen Steuervorteil anläßlich
Ihrer Hochzeit angesprochen?"
(Kunde: "Nein, worum geht's denn da?")

"Herr Kunde, hier können Sie bis zu 1.400 DM zusätzlich
steuerfrei und sozialabgabenfrei erhalten."

"Das können wir ja gleich hier im Flur besprechen."

"Herr ..., unser Gesprächsthema ist Ihre persönliche
Versorgungssituation und Ihr Kontostand in der
Gesetzlichen Rentenversicherung.

Ich nehme an, daß es Ihnen nicht recht ist, wenn
Andere dabei mithören."

"Worum geht's denn?"

"Herr Meier, es geht um Ihren
    - Kontostand in der Rentenversicherung und wie

>   sich die neuen Änderungen in der Sozial-
>   versicherung darauf auswirken
> - Miete auf ein eigenes Konto
> - inflationsgeschützte Sachwertanlage
> - Steuern auf eigenes Konto
>   usw."

"Geben Sie mir Ihre Visitenkarte, ich rufe Sie an."

> "Herr ..., bitte sehr meine Visitenkarte. Aufgrund meiner Außendiensttätigkeit bin ich sehr viel unterwegs und dadurch schwer erreichbar. Es ist besser, wenn ich Sie wieder anrufe oder vorbeikomme.
> (Terminkalender zücken)
>
> Herr ..., wann wäre es Ihnen recht, am ... um ... oder am ... um ...?"
> (Alternativfrage!)

"Meine Rente interessiert mich nicht, dafür bin ich noch zu jung."

> "Frau Müller, das verstehe ich, daß Sie Ihr Rentenanspruch im Alter momentan nicht interessiert.
>
> Jedoch gibt es auch Rentenansprüche, die einem sofort zustehen, auf die man bereits heute Anspruch hat.
>
> Sicherlich möchten auch Sie wissen, welche Renten dies sind und wie hoch Ihr momentaner Kontostand dabei ist?"

"Man kann sich nicht gegen alles versichern."
"Man kann sich ja zu Tode versichern."

> "Vollkommen richtig, Frau Müller, bei der Wahl seines Versicherungsschutzes muß man Prioritäten setzen.
>
> Außerdem ist es ja auch wichtig, daß man bei seinem Versicherungsschutz für sein Geld die bestmöglichen Leistungen erhält.
> Aus diesem Grund erstellen wir für alle Versicherten

eine Versicherungs- und Versorgungsanalyse, anhand der man seine Sparmöglichkeiten ablesen kann."

"Schicken Sie mir einen Prospekt, damit ich mich zunächst informieren kann."

"Das will ich gerne tun, allerdings benötige ich zunächst einige Informationen, um zu wissen, welche Prospekte für Sie infrage kommen. Deshalb ..."

8.2 Reaktionen auf Ein- und Vorwände bei der Bedarfsermittlung und in der Abschlußphase

Einwände und Vorwände bedeuten nicht etwa, daß der Kunde nicht kaufen will, sondern daß der Kunde erst kauft, wenn diese Punkte zu seiner Zufriedenheit geklärt sind. Einwände und Vorwände sind also als bedingte Zustimmung - als **Kaufsignale** zu werten.

Wir unterscheiden offene und verdeckte Botschaften

OFFENE BOTSCHAFTEN

1. Ich habe kein Geld

2. Die Konkurrenz ist billiger

Abb. 32

Nicht immer ist das was der Kunde sagt, gleichzeitig auch das, was er denkt. Verkäufer vermuten hinter jeder Kundenäußerung zunächst immer das Positive:

VERDECKTE BOTSCHAFTEN

1. Der Kunde hat Interesse am Produkt, jedoch überlegt er noch, wie er die Beiträge bezahlen soll.

2. Der Kunde kauft das Produkt nur unter der Bedingung, daß die Leistungen besser sind als bei den Mitbewerbern.

Abb. 33

Verkäufer gehen immer davon aus, daß der Kunde kaufen will!

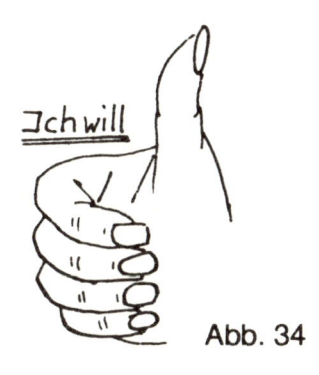

Abb. 34

Isolieren Sie den Einwand oder Vorwand:

"Ist dies der einzige Punkt, der Sie momentan noch von Ihrer Entscheidung abhält, oder haben Sie noch weitere Fragen?"

"Ist es wichtig für Sie, daß wir Ihre Frage (Einwendung) sofort klären, oder kann ich sie einen Augenblick zurückstellen?"

Die Antwort informiert uns darüber, wie wichtig dieser Einwand für den Kunden ist.

> "Wenn wir diese Frage zu Ihrer Zufriedenheit geklärt haben, sind Sie doch bereit, sich zu entscheiden?"

> "Unterstellen wir einmal, wir können uns in diesem Punkt einigen. Gibt es darüber hinaus noch Fragen Ihrerseits?"

Durch diese **Isolationstechnik** wird das Gespräch konsequent zum Ziel geführt. Was vor allem wichtig ist: Sowohl dem Verkäufer als auch dem Kunden wird bewußt, daß von der Klärung dieser Frage die Entscheidung abhängt.

Widersprechen Sie Ihrem Partner niemals direkt. Nehmen Sie seinen Einwand auf und knüpfen Sie mit Ihren Argumenten an:

> "Das ist richtig, Herr ..., allerdings darf man eines nicht vergessen ..."

> "In vielen Punkten trifft das zu, die andere Seite ist jedoch die ..."

> "Das stimmt, andererseits dürfen wir nicht aus dem Blick verlieren ..."

Bei dieser **Ja, aber-** bzw. **Ja, allerdings-Technik** wird die Ansicht des Partners zunächst einmal akzeptiert, dann werden ihr weitere Erkenntnisse hinzugefügt. In dem Maße, in dem der Berater die Argumente des Kunden anerkennt, ist dieser seinerseits auch bereit, zusätzliche Informationen und weitergehende Gedanken zu akzeptieren.

Schließlich kennen wir noch die **Wiederholungs- und Milderungs-Technik**. Hierbei wiederholt man die Einwände und Vorwände des Kunden und schwächt sie dabei ab:

> "Wenn ich Sie richtig verstehe, geht es Ihnen um Folgendes ..."

> "Sie wollen damit sagen, daß ..."

> "Sie meinen also ..."

Bevor der Verkäufer die Antwort auf den Einwand formuliert, beschäftigt er sich mit der Frage selbst. Er schwächt sie ab und gibt sie in verändertem Sinne zurück.

Nachstehend sind die häufigsten Einwände im Versicherungsverkaufsgespräch aufgeführt. Die Gegenargumente sind Vorschläge. Suchen Sie Ihre persönliche Formulierung, beachten Sie jedoch die Technik und Methode der Einwandsbehandlung.

Beachten Sie: **Wir kennen alle Einwände des Kunden, der Kunde jedoch nicht unsere Antworten.**

"Ich muß mir das noch einmal überlegen."

"Gewiß, Herr Kluge, wichtige Entscheidungen muß man sich vorher reiflich überlegen. Sicher sind noch einige Fragen unklar. Welche Fragen sind das?"

"Überlegen heißt, alle Vorteile und Bedenken sorgfältig gegeneinander abzuwägen, Herr Kluge. Fassen wir doch zunächst alle wesentlichen Vorteile zusammen ..."

"Überlegen heißt nicht zögern oder hinausschieben, Herr Kluge. Gemeinsames Überlegen mit einem Fachmann kann nur von Vorteil sein. Wogegen ein Zögern oder gar Hinausschieben erhebliche Nachteile mit sich bringen kann. Aber darum geht es Ihnen ja auch nicht."

"Um welche Fragen handelt es sich denn noch, Herr Kluge?"

"Überlegen Sie sich das in aller Ruhe noch einmal, Herr Kluge. Wenn dann irgendwelche Fragen auftauchen sollten, dann fragen Sie mich ruhig, ich bin ja hier ..."

"Herr Kluge, eine Entscheidung ist von drei Faktoren abhängig: Leistungen, Preis und Vertragsbedingungen. Zu welchem dieser drei Punkte haben Sie noch Fragen, Herr Kluge?"

"Ich muß noch einmal darüber schlafen."

"Aber selbstverständlich, Herr Kluge, wann treffen wir uns denn morgen wieder, um 17.00 Uhr oder besser nach dem Abendbrot, sagen wir um 19.30 Uhr?"

"Herr Kluge, ich komme gerne ein andermal wieder. Nur muß ich Ihnen dann dasselbe noch einmal erzählen. Die Frage ist, ob Sie diese Versicherung brauchen und ob Sie sie sich leisten können. Diese Fragen können wir heute genauso klären wie später. Durch das Hinausschieben der Entscheidung wird ja schließlich das Problem nicht gelöst ..."

"Herr Kluge, aus Erfahrung weiß ich, daß man das doch nicht tut. Überlegen heißt doch, offene Fragen mit einem Fachmann zu besprechen. Fassen wir doch alle Ihre Bedenken hier schriftlich zusammen ..."

"Ich habe kein Geld."

"Sie wollen damit sagen, daß Sie die Versicherung für notwendig halten, nur glauben Sie, daß Sie sie sich nicht leisten können ..."

(Kunde: "Ja, so ist es.")

"Herr Kluge, hier muß tatsächlich geprüft werden, was man sich eher leisten kann, einen Schaden oder die dagegen geringe Prämie für die Versicherung ..."

"Sie wollen damit sagen, daß Sie kein Geld übrig haben. Nun gerade dann kann man sich keinen Schaden leisten ..."

"Herr Kluge, es handelt sich hier nicht um eine Geldausgabe, sondern um eine Geldanlage. Das Geld wird für Sie und Ihre Familie gewinnbringend angelegt, also gespart ..."

"Das ist mir zu teuer."

"Herr Kluge, Sie brauchen den Betrag nicht auf einmal zu

bezahlen. Sie können die halb- oder auch vierteljährliche Zahlungsweise wählen, dann ist es nicht so viel auf einmal. Für welche Zahlungsweise entscheiden Sie sich?"

"Sie wollen damit sagen, daß Sie den Versicherungsschutz benötigen, Sie überlegen nur noch, wie Sie die Prämie bezahlen sollen ..."

"Die Konkurrenz ist billiger."

"Herr Kluge, Sie haben ein Angebot von einer anderen Gesellschaft vorliegen?"

"Ja":   "Herr Kluge, holen Sie doch bitte das Angebot, dann können Sie direkt vergleichen, welches der beiden Angebote Ihnen mehr Vorteile bietet."

"Nein": "Herr Kluge, sicherlich gibt es Preisunterschiede.
Andererseits bedeuten Preisunterschiede in der Regel Leistungsunterschiede.
Bei dieser Versorgungsform erhalten Sie ..."

"Sie wollen damit sagen, daß Sie diese Versicherung dann bei uns abschließen, wenn Sie für den höheren Preis auch mehr an Leistung als bei anderen Gesellschaften erhalten?"

"Wenn man eine Versicherung abschließt, dann ist es doch wichtig, daß die Leistungen gut sind und den eigenen Vorstellungen entsprechen. Dies bedeutet, man möchte für sein Geld auch möglichst viel Leistung bekommen. Sehen Sie, bei diesem Vorschlag erhalten Sie ..."

"Mir ist doch nie etwas passiert."

"Davon gehe ich aus, denn ich besuche nur Leute, die noch keinen Schaden hatten. Den anderen kann ich nicht mehr helfen."

"Ich weiß, denn sonst hätten Sie die Versicherung schon abgeschlossen. Jeder der einen Schaden hatte, hat nachher die Versicherung abgeschlossen, weil er dann die Notwendigkeit eingesehen hat. Besser ist es, wenn man die Versicherung **vorher** abschließt."

"Im Schadenfall zahlen Sie ja doch nicht."

"Sie wollen damit sagen, daß Sie schon mal gehört haben, daß sich jemand über die Leistung einer Versicherungsgesellschaft beschwert hat. So etwas gibt es. Doch muß man prüfen, woran es liegt. Oft lehnen die Leute vollständigen Versicherungsschutz ab und beschweren sich dann im Schadensfall über die unzureichende Leistung. Viele Leute schimpfen über die Versicherungen, jedoch hilft Ihnen im Schadensfalle keiner von denen weiter; da gibt es nur eines: Man hilft sich selbst."

"Im Jahre 19.. hat unser Unternehmen über ... Mill. DM Schadensaufwendungen erbracht. Die Leute die Geld von ihrer Versicherung bekommen haben, reden darüber nicht."

"Das ist nicht das Richtige für mich."

"Welche Leistungen, auf die Sie aber besonderen Wert legen, fehlen in diesem Versicherungsvorschlag?"

"Welche Leistungen müssen in diesem Versorgungsvorschlag noch enthalten sein, daß Sie dieses Versorgungsprogramm für sich in Anspruch nehmen wollen?"

"Was sollen wir ändern?"

"Ich muß erst meinen Steuerberater fragen."

"Es ist richtig, steuerliche und versicherungstechnische Fragen hängen sehr eng miteinander zusammen. Sie wollen ihn sicher fragen, ob Sie die Beiträge steuerlich geltend machen können. Die Frage, ob Sie die Versicherung brauchen oder nicht, können ja nur Sie selbst beantworten. Außerdem wird der Steuerberater Ihnen immer zum Abschluß einer Versicherung raten, andernfalls müßte er ja für einen möglichen Schaden aufkommen und ein solches Risiko übernimmt kein Steuerberater."

"Selbstverständlich. In unserem Gespräch sind wir jetzt an dem Punkt angekommen, wo wir jetzt den Termin mit Ihrem Steuerberater vereinbaren sollten. Am besten geben Sie mir die Anschrift von Ihrem Steuerberater, dann kann ich ihm vorab einige Unterlagen zu unserem Gespräch zukommen lassen. Somit kann sich auch Ihr Steuerberater bereits auf dieses Gespräch vorbereiten."

(Sprechen Sie jetzt vorab mit dem Steuerberater)

"Ich halte nichts von Versicherungen."

"Niemand hält etwas von Versicherungen, wenn er an die Prämienzahlung denkt. Was man jedoch von der Versicherung zu halten hat, weiß man erst im Schadensfalle richtig zu beurteilen."

"Mir kann nichts passieren."

"Sie wollen damit sagen, daß Ihnen zum Glück bisher noch nichts passiert ist. Nun, davon gehe ich aus, denn ..."

"Warum garantiert Ihr die Gewinnanteile nicht?"

"Herr Kunde, können Sie mir eine Bank nennen, die über 25 Jahre hinweg die Zinshöhe garantiert?"
(Kunde: "Nein.")

"Sehen Sie, Herr Kunde, das kann keine Bank, denn die Zinshöhe ist immer von den wirtschaftlichen Gegebenheiten abhängig.
Aus diesem Grund können und dürfen wir die Höhe der Gewinnanteile nicht garantieren.
Jedoch verdoppelt sich nach dem heutigen Stand Ihr Sparkapital des Rentenergänzungsvertrages bereits nach 25 Jahren."

"Bevor ich abschließe, muß ich noch meinen Freund fragen, was er davon hält."

"Fräulein Müller, schade, daß Ihr Freund jetzt nicht hier sitzt, denn wenn er jetzt zu Ihnen sagen würde, daß das Ganze nichts für Sie ist, dann müßte ich ihn fragen, ob er Ihnen im Falle der Berufsunfähigkeit 900 DM pro Quartal an Rente zahlt und Ihnen zum 60. Geburtstag 30.000 DM zuzügl. Gewinnanteile, also ca. 75.000 DM, ausbezahlt.
Was glauben Sie, würde Ihr Freund da sagen?"

(Kundin: "Das kann er ja gar nicht.")

"Ihr Freund kann gar nicht anders, als Ihnen zu dieser Versorgung raten.
Wann soll der Vertrag beginnen, am 1.2. oder erst am 1.3.?"

"Es gibt bessere Kapitalanlagen."

"Selbstverständlich gibt es sehr hohe Renditen für gewisse Kapitalanlagen, das kann man jeden Tag im Kapitalmarkt der Tageszeitungen nachlesen. Jedoch ist es so, daß mit der steigenden Rendite auch das unternehmerische Risiko steigt. Das bedeutet, auf der einen Seite kann man gute Erträge erzielen, auf der anderen Seite kann man auch genauso gut sein Geld verlieren.
Herr Kunde, sicherlich legen auch Sie, wie die meisten unserer Kunden, großen Wert darauf, daß Ihr Geld sicher angelegt ist und die Zinsen steuerfrei sind?"

"Was bekomme ich an Provision?"

"Herr Geizig, soviel Provision wie Sie wollen.
Ist es das, was Sie wollen?"
(Kunde: "Ja.")

"Gut, für jeden Kunden, den ich aufgrund Ihrer Empfehlung gewinne, erhalten Sie ... Promille aus der Versicherungssumme. Am besten halten wir das gleich schriftlich fest."
(= Nebenberufliche Vermittler)

"Leider gibt es immer wieder Außendienstmitarbeiter, die es nötig haben, sich ihre Kunden zu kaufen.
Wir können uns das nicht leisten, denn unsere Kunden erwarten Service und optimale Leistungen von uns."

"Mein Bankberater hat mir gesagt, daß wir Versicherungen auch bei ihm abschließen können."

"Herr Kluge, Versicherungen kann man heute an jeder Straßenecke kaufen. Jedoch will man für seine Versicherungsbeiträge nicht nur hohen Versicherungsschutz, sondern eine optimale Beratung rund um die Uhr.
Sicherlich möchten auch Sie das für sich in Anspruch nehmen, oder?"
(Kunde: "Ja.")

"Herr Kluge, ein Bankfachmann ist für den Kunden nur während der Schalterstunden erreichbar und vertritt die Interessen der Bank, da er dort gegen Festgehalt angestellt ist.
Meine Kunden möchten jedoch auch außerhalb dieser Zeiten, z.B. Samstag oder Sonntag Hilfe haben und sie möchten, daß Ihnen Kommissorien abgenommen werden."

"Lassen Sie mir Prospekte da, ich schau mir diese dann in Ruhe nochmal an."

"Gerne, hier sind einige Prospekte für Sie. Wie Sie ja wissen, sind solche Prospekte ganz allgemein gehalten und können somit nicht auf Ihre persönlichen Belange eingehen.
Am besten ist es, wenn wir diese Prospekte mal gemeinsam durchgehen und sofort Ihre Fragen durchsprechen."

"Jetzt will ich das noch nicht machen, vielleicht später einmal."

"Herr Kluge, ich habe die Erfahrung gemacht, wenn Kunden dies zu mir sagen, dann fehlen entweder wichtige Leistungen, auf die der Kunde besonderen Wert legt, oder aber es sind Fragen offen geblieben.

Herr Kluge, welche Leistungen fehlen Ihnen hier in diesem Vorschlag und welche Fragen haben Sie noch?"

"Ich bin geschäftlich verpflichtet."

"Herr Kluge, die meisten Menschen haben es nicht gern, wenn Bekannte und Geschäftspartner Einblick in ihre finanziellen Angelegenheiten haben."

**Welche Vorwände und Einwände der Kunden
kennen Sie aus der Praxis?**

Vor-/Einwand	Meine bisherige Reaktion	Mein künftiges Verhalten

9 Planung und Organisation von Aktionen

Verkaufserfolge sind nie Zufall, sondern immer das Ergebnis von Systematik, gezielter Planung und bewußtem Handeln.

Gute Vorbereitung ist mehr als nur der halbe Verkaufserfolg.

Wenn Verkäufer klagen, sie hätten keine Adressen, dann ist dies der Ausdruck von Unvermögen darüber, wie sie den Kontakt zu Interessenten, Bedarfern und potentiellen Kunden herstellen sollen.

Verkaufen kann man **immer**, täglich 12 Stunden, wenn man die sich heute bietenden Möglichkeiten nutzt und **wenn man nur will**.

Wer allerdings ohne Systematik und ohne Konzeption in den Tag hineinarbeitet und glaubt, Kunden müssen einem wie gebratene Tauben in den Mund fliegen, der wird allenfalls hin und wieder Zufallstreffer landen.

Häufig wird darüber Klage geführt, daß der Versicherungsagent, der Bausparberater, der Vermögensberater, der Immobilienmakler usw. zu viele Kommissorien für seine Kunden zu erledigen habe und ihm damit für die eigentliche Verkaufstätigkeit keine Zeit mehr bliebe.

Aber gerade dann, wenn die Zeit durch die Vielfalt der Tätigkeiten immer knapper wird, ist es unerläßlich zusätzliche Vertriebswege zu erschließen und systematisch Aktionen vorzubereiten und durchzuführen.

Wir unterscheiden folgende Aktionsformen:

    Direct-Mailing
    Mailings mit fester Besuchsankündigung
    Mailings mit Antwortkarte und reservierten Terminen

Telefon-Marketing
Direkt-Werbung von Anschrift zu Anschrift
Gezielte Weiterempfehlung

9.1 Direct Mailing

An eine bestimmte, mitunter sehr weit gefaßte Zielgruppe, werden Briefe versandt und nur die "Rückläufer" werden bearbeitet.

Dabei erleichtern Coupons oder vorbereitete Rücksendeformulare dem Adressaten die Entscheidung.

Während diese Methode in der Vergangenheit überwiegend von Versandhäusern, Weinhandlungen, Lotterieeinnehmern usw. betrieben wurde, findet sie nunmehr mehr und mehr auch gerade bei Verkäufern von Finanzdienstleistungen regen Zuspruch.

Der zeitliche und finanzielle Aufwand für die Außendiensttätigkeit nimmt ständig zu, da sind Überlegungen gewiß angebracht, wie man eine zeitliche und finanzielle Entlastung erreichen kann und gleichzeitig die Verkaufsziele sichern kann.

Direct-Mailings haben sich bei folgenden Aufgabenstellungen bewährt:

        Vertragsumstellungen
        Summenanpassungen und -überprüfungen
        Tarifänderungen und -verbesserungen
        Einführung eines neuen Zusatzproduktes

Aber nicht nur in der Bestandsarbeit, sondern vor allem auch in der Neukundengewinnung hat sich diese Vertriebsform bewährt:

        Zielgruppenwerbung
        Geburtsadressen
        Heiratsadressen
        Bauherren

> Steuerpflichtige
> Selbständige
> Geschäftseröffnungen
> usw.

Viele Kunden ziehen schriftliche Informationen einer persönlichen Information vor, da sie so gleichfalls Zeit sparen – sie können den Zeitpunkt der Information selbst bestimmen und sie können Entscheidungen ohne jeglichen psychologischen Druck treffen.

Es wäre falsch rundweg zu sagen Direct-Mailings bringen nichts oder sie bringen viel. Der Erfolg ist immer von vielen Faktoren abhängig: Gestaltung, Texte, Rücksendehilfen, follow ups usw.

Die Erfahrungen haben gezeigt, daß die Rücklaufquoten zwischen 3 ‰ und 20 % liegen können je nach Zielgruppe und angestrebtem Ergebnis.

Äußere Gestaltung des Couverts

Tagtäglich werden wir überschwemmt mit Informationen, Werbung und Angeboten. Viele dieser Sendungen geraten ungeöffnet und ungelesen in den Papierkorb. Damit dies mit unserer Werbung nicht geschieht ist es wichtig, daß sie sich von der übrigen deutlich unterscheidet. Sie soll sich wohltuend von den marktschreierischen Prospekten und Drucksachen abheben:

> weiße Couverts, möglichst keine Sichtfenster
> Adresse von Hand schreiben, evtl. Titel nicht vergessen!
> normales Briefporto

Brieftext

Wenn Briefe beeindrucken sollen, müssen sie kurz, klar und konkret sein. Die Informationen müssen kundenorientiert gehalten sein, und der Kunde muß sofort ersehen können, welchen Vorteil und Nutzen er hat, wenn er den Vorschlag des Verkäufers akzeptiert.

Ein Werbebrief ist immer in drei Schritte zu gliedern

- Stichwort
- Anrede und die Information
  Unterschrift
- Nachsatz

Die Erfahrung zeigt, daß die Kunden meist zunächst das PS lesen, dann das Stichwort über dem Brief und dann erst die eigentliche Information. Diese jedoch nur dann, wenn Stichwort und PS interessant genug waren.

Beispiel:

Herrn
Peter Glaser
Umweg 4

1147 Werkstadt

                                                        Datum

Betriebskosten in Privatvermögen umwandeln?

Guten Tag.

Welcher Unternehmer wäre nicht daran interessiert, Betriebskosten in Privatvermögen umzuwandeln, vor allem dann, wenn dies **legal** ist.

Jedem **Unternehmer** stehen hier eine Reihe von Möglichkeiten zur Verfügung. Nutzen kann sie jedoch immer nur derjenige der **informiert** ist.

Senden Sie bitte den anhängenden **Coupon** spätestens bis zum ...... zurück und Sie erhalten umgehend detaillierte Informationen.

Freundliche Grüße

Klaus Flink

Übrigens: Vorteile, die man nicht kennt, kann man nicht
                nutzen. Viele verschenken deshalb ihnen zustehende
                Vergünstigungen

Das Stichwort über der Anrede (man schreibt heute nicht mehr Betr.:), das PS und einige Begriffe im Text werden **fett** gedruckt. Benutzen Sie nie GROSSBUCHSTABEN und schreiben Sie nie in S p e r r s c h r i f t , da beide Schreibarten das Lesen erschweren. Schreiben Sie stattdessen wichtiges in **Fettdruck** oder <u>unterstreichen</u> Sie.

Die Lesegewohnheit führt meist dazu, daß der Leser einen Text von links oben mit der Anrede beginnend nach rechts unten liest. Informationen, die außerhalb dieses Bereiches liegen, werden leicht übersehen. Durch unterstreichen oder fett drucken von einzelnen Begriffen nimmt der Leser den Brief in seiner Gesamtheit besser auf. Die hervorgehobenen Begriffe lenken den Leser auf die wichtigen Aussagen.

Antwort- und Rücksendemöglichkeiten

Es ist nicht allein damit abgetan, das Interesse des Lesers zu wecken, es ist auch wichtig für Bequemlichkeit zu sorgen und dem potenten Kunden auch hier Arbeit und Mühe abzunehmen. Eine vorbereitete Antwortpostkarte oder ein Couponanhänger für ein Fenstercouvert vorbereitet, erhöhen die Rücklaufquote.

Follow up

Kundenreaktionen zeigen Interesse, dieses Interesse ist jedoch nicht von unendlich langer Dauer. Deshalb müssen Rücksendungen **sofort** nachbearbeitet werden.

Beispiele für Direct-Mailings:

1. Beispiel:

Zielgruppe:

Versicherungsnehmer, die eine Versicherung mit alten Bedingungen haben

Ziel:

Umstellung auf die neuen Bedingungen

Leistungsumfang zu Ihrer ...versicherung verbessert

Sehr geehrter Herr Kluge,

Sie haben bei Abschluß Ihrer Versicherung die besten Bedingungen gewählt, die damals möglich waren. Inzwischen sind die Leistungen erneut verbessert worden.

Worauf jeder neue Kunde automatisch Anspruch hat, ist für unsere langjährigen Kunden nur durch Änderung des bestehenden Vertrages möglich.

Ihren Änderungsantrag habe ich vorbereitet und bitte Sie, diesen an den rot kenntlich gemachten Stellen zu ergänzen und zu unterschreiben. Für die Rücksendung benutzen Sie bitte den Freiumschlag. Prüfen Sie bei dieser Gelegenheit, ob die Summenverhältnisse noch den Anforderungen entsprechen.

Für Rückfragen stehen ich Ihnen jederzeit gerne zur Verfügung.

Freundliche Grüße

Robert Flink

Übrigens: Bitte haben Sie Verständnis dafür, daß ich mich heute schriftlich an Sie wende, doch wollte ich sicherstellen, daß alle meine Kunden schnellstens von diesen Vertragsverbesserungen profitieren können.

Anlagen

Für diesen Fall ist wichtig, daß der vorbereitete Antrag in einer **Klarsichthülle** untergebracht wird. Eine Klarsichthülle wirft man nicht einfach weg.

Für die Rücksendung ist in diesem Fall ein **Freicouvert** beizufügen, evtl. kann die Bemerkung zugefügt werden:

> "Bitte senden Sie das Dokument auf alle Fälle zurück, auch wenn Sie die Verbesserungen nicht in Anspruch nehmen wollen."

2. Beispiel:

Zielgruppe: Gut verdienende Arbeitnehmer

Ziel: Geldanlagen

Brief:

Diskretion Ehrensache

Guten Tag.

Geldanlagen spielen in der heutigen Zeit eine ganz entscheidende Rolle. Doch welche ist die richtige? Banken, Bausparkassen, Versicherungen - alle preisen ihre Produkte als die besten an.

Welche Entscheidung die richtige ist, kann nur der Sparer **selbst wissen,** nachdem er sich seine Situation selbst vor Augen geführt hat mit Hilfe der **Finanzanalyse.**

Fordern Sie Ihren Analysebogen an. Mit Hilfe modernster Computertechnik werden Ihre Angaben ausgewertet und Sie können erkennen, ob Ihre bisherigen Entscheidungen richtig waren und sie ggf. korrigieren. Das alles **ohne Vertreter!**

Sind Sie neugierig geworden? Dann senden Sie uns beiliegende Antwortkarte zu und Ihre Finanzanalyse kommt per Post.

Freundliche Grüße

Übrigens: Moderne Technik ermöglicht Entscheidungen ohne Vertreter und ohne psychologischen Druck: Post, Telefon, Telefax, Computer.

Diejenigen Personen, die die Antwortkarte zurücksenden, erhalten ein Formular "Finanzanalyse" mit dem Hinweis, diesen Analysebogen innerhalb einer bestimmten Frist wieder zurückzusenden. Eventuell muß nachgefaßt werden, wenn die Analysebogen nicht zurückkommen.

Danach erfolgt die Auswertung, die dem Interessenten zusammen mit geeigneten Vorschlägen wieder zugesandt werden. Auch hier werden die Anträge vorbereitet und in Klarsichthüllen mitgeschickt.

Fügen Sie im PS folgenden Satz ein:

> "Bitte senden Sie die Dokumente auf alle Fälle wieder zurück, auch dann, wenn Sie keinen Gebrauch davon machen wollen."

3. Beispiel:

Zielgruppe: Arbeitnehmer, Pflichtversicherte in der Gesetzlichen Krankenversicherung

Ziel: Verkauf der Sterbegeldversicherung (feste Summe)

Argumente und Visualisierungshilfen zusammenstellen:

Statt 6.000.-- DM erhalten Mitglieder der GKV nur noch 2.100.-- DM für die Begleichung der Bestattungskosten (Familienangehörige 1.050.-- DM). Die Aufwendungen im Zusammenhang mit einem Todesfall sind in der letzten Zeit jedoch gestiegen und werden dies auch weiterhin tun.

Wenn man den Kunden fragt, ob er es gut findet, daß man diese Reduzierung vorgenommen hat, wird er dies sicherlich verneinen. Mit dieser Reaktion hat er sozusagen bereits eine wichtige Information geliefert: er will weiterhin die Leistungen in vollem Umfang zur Verfügung haben.

Eine Frage wird uns diesen Eindruck bestätigen:

Es wäre doch sicher besser, wenn auch zukünftig die Hinterbliebenen sofort die Mittel zur Verfügung hätten ...?

Die einzige Möglichkeit, die Kosten weiterhin ersetzt zu bekommen, bietet der private Anschlußvertrag z.B. bei der ...

Zur Visualisierung bietet sich an, die gesetzlichen Bestimmungen zu zeigen, vereinfachte Übersicht über den Leistungskatalog der Sterbegeldversicherung, Übersicht über die durch ein Begräbnis verursachten Kosten.

Werbebrief, Direct-Mailing

Gesundheitsreform

Guten Tag.

Aus den Medien ist bekannt, daß die Leistungen der Gesetzlichen Krankenversicherung erheblich reduziert wurden. Die Gesunden müssen immer mehr bezahlen, doch die Kranken erhalten immer weniger.

Auch die Entschädigung für Bestattungskosten wurde reduziert. Wer jedoch weiterhin eine angemessene Leistung erwartet, kann sich diese nur durch einen privaten Anschlußvertrag sichern. Die Dokumententasche enthält Ihre beiden für Sie vorbereiteten Anträge. Bitte ergänzen Sie die Formulare an den rot kenntlich gemachten Stellen und benutzen Sie für die Rücksendung das Freicouvert.

Freundliche Grüße

P.S.: Bitte haben Sie Verständnis dafür, daß ich mich heute schriftlich an Sie wende. Doch nur auf diese Weise kann ich sicherstellen, daß alle meine Kunden schnellstens diese verbesserten Leistungen erhalten.

Gemeinsam mit dem Anschreiben werden **zwei** Anträge in einer Klarsichthülle verschickt (Ehepaar). Dies hat sich als vorteilhaft erwiesen, weil dann der Kunde zumindest einen zurückschickt. Durch die Verwendung einer Klarsichthülle wird die Bedeutung hervorgehoben, und der Werbecharakter geht verloren.

Ein frankierter Rückumschlag erleichtert dem Kunden die Entscheidung.

Nachfassen

Innerhalb einer relativ kurzen Zeit nach der Aktion müssen alle diejenigen Kunden, die die Anträge nicht zurückgesandt haben nocheinmal telefonisch dazu aufgefordert werden.

Herr Kluge, ich hatte Ihnen vor zwei Wochen die Unterlagen für Ihren Anschlußvertrag zur Gesetzlichen Krankenversicherung zugesandt. Ich gehe davon aus, daß noch einige Fragen Ihrerseits bestehen. Welche sind das?

Aus der Tatsache, daß die Anträge nicht zurückgesandt wurden, kann geschlossen werden, daß der Kunde noch offene Fragen hat.

Direct-Mailing bietet zukünftig eine Vielfalt von Möglichkeiten zusätzlich zur persönlichen Akquisition Erfolge zu erzielen.

Vorteile:

- Es können viele Kunden gleichzeitig angesprochen werden.

- Personen, die den Hausbesuch ablehnen, können als Kunden gewonnen werden.

- unproduktive Leerlaufzeit wird genutzt.

- Zeit- und Wegekosten werden gespart.

Die Kapitel Zielgruppenbildung, die Problembeschreibungen und die Strategien im Anhang bieten eine Vielfalt von Möglichkeiten für Direct-Mailings.

Nutzen Sie sie!

9.2 Mailing mit fester Besuchsankündigung

Während das Ziel des Direct-Mailings darin besteht, ohne Hausbesuche und ohne persönliche Gespräche zum Erfolg zu kommen, zielen alle anderen Maßnahmen darauf ab, einen Termin zu vereinbaren.

Der Termin wird im Anschreiben fest vorgegeben:

"Vorsorglich habe ich für Sie am ... um ... Uhr einen Termin reserviert. Prüfen Sie bitte, ob dieser Termin auch von Ihrer Seite einzuhalten ist."

Je größer das Sympathiefeld zwischen Kunde und Verkäufer ist, um so weniger Probleme bereitet diese Vorgehensweise. Deshalb ist sie auch nur im Beziehungs- und Bestandsgeschäft zu empfehlen.

9.3 Mailing mit Antwortkarte und reservierten Terminen

Wenn man den Terminkalender eines Verkäufers betrachtet, so sind häufig mittel- und langfristig Termine - meist Wiederbesuche vereinbart.

Um die Zeit, die zwischen den einzelnen Terminen liegt sinnvoll zu nutzen ist es erforderlich eine Antwortkarte mit zwei festen Terminen dem Brief beizufügen. Diese Termine werden so gelegt, daß unnötige und überflüssige Fahrten unterbleiben können.

Schema:

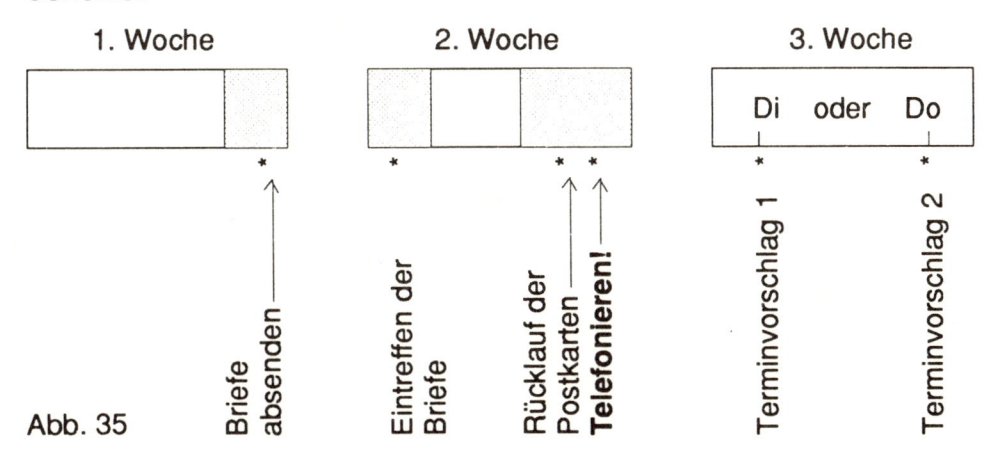

Abb. 35

1. Woche — Briefe absenden
2. Woche — Eintreffen der Briefe / Rücklauf der Postkarten / **Telefonieren!**
3. Woche — Di oder Do (Terminvorschlag 1 / Terminvorschlag 2)

Am Ende der ersten Woche wird der Brief abgesandt, möglichst so, daß die Ankunft dann erfolgt, wenn wenig Post im Briefkasten ist - also am Montag. Die Rücksendung der Postkarte soll bis Freitag der 2. Woche erfolgen.

Aus Erfahrung wissen wir, daß der Kunde die Rücksendung in aller Regel "vergißt". Der Grund dafür kann genauso Desinteresse wie Vergeßlichkeit sein.

Am Freitag (nachmittags ab 16.00 Uhr) oder am Samstag (ab 14.00 Uhr) wird telefonisch nachgefaßt.

Es ist wichtig, daß der Kunde in seiner Freizeit angerufen wird. Viele fürchten, daß der Kunde sich gestört und damit belästigt fühlt. Tatsache ist jedoch, daß der Anruf und die darin enthaltene Information dem Kunden zeigt, daß der Verkäufer seiner beruflichen Tätigkeit nachgeht, während er selbst Freizeit hat. Dadurch entsteht eher ein Gefühl der Genugtuung und Zufriedenheit.

Im Telefongespräch bezieht sich der Verkäufer nur auf die beiden in der 3. Woche fest reservierten Termine. Er fragt, für welchen der beiden Termine sich der Kunde entschieden hat.

> "Herr Kluge, ich bereite gerade meinen Terminplan für die kommende Woche vor. Für Sie hatte ich ja vorsorglich zwei Termine reserviert. Nun liegt mir Ihre Antwortkarte noch nicht vor, deshalb meine Frage: Für welchen der beiden Termine haben Sie sich entschieden?"

Aktion:

Name, Vorname   Anschrift   Telefon Nr.   1.Termin   2.Termin

1.
2.
3.
4.
5.
6.
7.
8.
9.
10.
11.
12.
13.
14.
15.
16.
17.
18.
19.
20.
21.

Achtung: Unterlassen Sie am Telefon jegliche Form der Schuldzuweisung durch Formulierungen wie etwa:

"Sie haben die Karte nicht zurückgeschickt."
"Sie haben vergessen ..."

Hier genügt der Hinweis:

"Ihre Karte liegt mir noch nicht vor ..."

Diese Aussage ist neutral und führt zu keinerlei Abwehrreaktionen.

Wichtig ist die Frageformulierung:

"Für welchen der beiden reservierten Termine **haben** Sie sich entschieden?"

Damit wird unterstellt, daß das Gespräch stattfindet - nur der Zeitpunkt ist noch unklar.

Die Antwortkarte

Die dem Brief beigelegte Antwortkarte sollte nicht frankiert sein. Dies würde sonst den Eindruck erwecken, man wolle den Kunden unter Druck - unter Zugzwang setzen. Im übrigen ist es gar nicht so wichtig, daß der Angeschriebene die Karte zurücksendet. Entscheidend ist, daß mit Hilfe der Karte ein gezieltes Nachfassen ermöglicht wird, ohne daß der Verkäufer allzusehr auf seine Verkaufsabsicht eingehen muß.

Beispiel für den Text einer Antwortkarte:

Im Rahmen einer zeitlich begrenzten Aktion (Maßnahme)
informiere ich

* _____ über * _____

Für Sie habe ich vorsorglich folgende Termine reserviert:

❏ _____

❏ _____

Bitte kreuzen Sie den von Ihnen gewünschten Termin an. Sollte Ihnen keiner der beiden reservierten Termine zusagen, so nennen Sie mir Ihren Terminwunsch in der Zeit vom _____ bis _____:

❏ _____

Senden Sie die Karte bitte umgehend, spätestens jedoch bis zum
Freitag, dem _____ wieder zurück.

Abb. 35

Die Antwortpostkarte darf, genauso wie das Antwortschreiben, nur Informationen enthalten, die den Kunden interessieren. **Der Köder muß dem Fisch schmecken, nicht dem Angler!**

Hier einige Beispiele:

Zielgruppe (Fisch):	Information (Köder)
Jugendliche	Erhöhung der Ausbildungsbeihilfe
Sozialversicherte	Kontostand in der GRV
Mieter	Miete auf eigenes Konto überweisen
Unternehmer	Betriebskosten in Privatvermögen umwandeln
Steuerzahler	Steuern in Privatvermögen umwandeln
Bauunternehmer	Konsequenzen des neuen WHG
Jungvermählte	Heiratsbeihilfe

Eltern Neugeborener	Geburtsbeihilfe oder bestmögliche Kindergeldanlage
GKV-Mitglieder	Veredelung der Krankenkasse
Versicherungsnehmer	Versicherungs-"TÜV"
Jedermann	Finanzanalyse

9.4 Telefonmarketing

Bei telefonischer Terminvereinbarung gerät man leicht in Versuchung dem Kunden zu viele Informationen zu geben, so daß sich der eigentliche Besuchstermin erübrigt. Nur - am Telefon wird nichts verkauft.

Viele sind deshalb dazu übergegangen, die Termine durch Dritte vereinbaren zu lassen. Ehefrauen, Sekretärinnen oder auch die Töchter müssen "ran". Fachliche Fragen sind jetzt leichter abzublocken:

"Da bin ich überfragt, aber mein Mann wird Ihnen alles genau erklären ..."

"Da fragen Sie besser meinen Chef, wenn er zu Ihnen kommt ..."

Eine Reihe von Firmen betreiben heute Telefon-Marketing. Für Dritte werden Termine gegen Entgelt fest vereinbart. (Informationen hierüber erteilt:
die **Trainer-Börse,** D 6731 Böbingen).

9.5 Direktwerbung von Anschrift zu Anschrift

Kritisches Kundenverhalten einerseits und qualifizierte, kundenorientierte Verkäufer andererseits tragen dazu bei, daß das aggressive Verkaufen im Finanzdienstleistungsbereich mehr und mehr in den Hintergrund tritt. Nicht zuletzt wegen dieser Vertriebs- und Verkaufsmethode haben Versicherungsvertreter auch heute noch den Ruf, "hard selling" zu betreiben.

Gleichwohl gibt es Situationen, die eine direkte Werbung auch von Anschrift zu Anschrift notwendig werden lassen:

- Ein Sturmschaden (Hagelschaden) richtete erhebliche Verwüstungen an. Ein Versicherungsagent besucht alle Hausbesitzer, um sie über ihre Wohngebäudeversicherung zu informieren.

- Die gesetzliche Versorgung wurde geändert, berichtete die Presse. Ein Finanzkaufmann spricht jeden Arbeitnehmer an, um ihn über alternative Spar- und Vermögensbildungsformen zu informieren.

- Die Presse berichtete, daß der Bundesbürger mehr an die Erhaltung seiner Sachwerte denkt, als an den Erhalt des Wertes seiner Arbeitskraft. Versicherungsverkäufer sprechen alle Arbeitnehmer an und zeigen Wege auf, wie man sich besser versorgt.

Direktwerbung bedeutet Werbung auf engstem Raum, sie spart Zeit und damit Geld. Sie erfordert allerdings Durchhalte- und Stehvermögen.

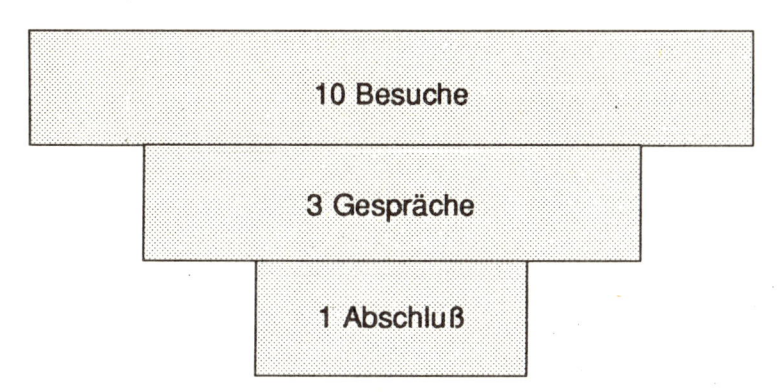

```
┌─────────────────────────────────────┐
│            10 Besuche               │
└─────────────────────────────────────┘
      ┌───────────────────────┐
      │     3 Gespräche       │
      └───────────────────────┘
            ┌───────────┐
            │ 1 Abschluß│
            └───────────┘
```

Unterstellen wir, der Verkäufer erhält eine durchschnittliche Provision je Abschluß in Höhe von 600.-- DM, dann hat er für jedes Klingeln 60.-- DM erhalten - auch für die Nein-Sager!

Hier noch einige Beispiele für die Gesprächseröffnungen an der Türe:

1. Beispiel:

Verkäufer: "Guten Tag, spreche ich mit Herrn Kluge persönlich?"

Kunde: "Ja, worum geht es?"

Verkäufer: "Guten Tag, Herr Kluge, ich bin Peter Flink. Mir gehört das Versicherungsfachgeschäft in der Schubertstraße.
Herr Kluge, ich informiere Sozialversicherte hier in ... über ihren Kontostand in der gesetzlichen Rentenversicherung. Heute geht es darum, Ihnen das Formular vorzustellen. Ich darf doch eben eintreten?"

2. Beispiel:

(Vorstellung und Bitte um Einlaß wie bei Beispiel 1)

Verkäufer: "Es geht um Ihren Rechtsschutz ..."

3. Beispiel:

Verkäufer: "Ich habe hier einen Besuchsauftrag. Sie sind doch Steuerzahler?"

Kunde: "Ja, worum geht es?"

Verkäufer: "Ich bin beauftragt, Sie zu informieren, wie man Steuern auf ein privates Konto überweisen kann."

9.6 Die gezielte Weiterempfehlung

Eine Fürsprache ist besser als zwei Fremdsprachen!

Wer bei jedem Kunden nach neuen Anschriften fragt, erhält mehr als der, der nie fragt.

Bei jeder Frage gibt es nur zwei Antwortmöglichkeiten - positiv oder negativ. Positive Reaktionen zu erhalten setzt voraus, daß man fragt!

Bevor man Empfehlungsanschriften überhaupt erfragen kann, sind einige Vorbereitungen zu treffen:

- Erstellen Sie Ihre **Anbahnungskartei.** Reservieren Sie für jede Adresse eine Karte, auf der Sie Ihre Informationen festhalten.

- Legen Sie sich einen **Informationsblock** an, auf dem Sie bei Ihrem Kundenbesuch die Empfehlungsadressen und Informationen notieren.

- Stellen Sie Ihren individuellen **Werbegeschenk-Katalog** zusammen.

- Bereiten Sie einen **Kundenwettbewerb** vor.

Gesprächsbeispiele:

Am Ende einer erfolgreich verlaufenden Verhandlung fragen Verkäufer:

"Waren Sie mit meiner Beratung zufrieden?"

Während der Kunde antwortet, können aber schon Zweifel darüber aufkommen, ob die Beratung denn tatsächlich zufriedenstellend war.

Besser sind die Fragen, die sich auf das Produkt, auf die Kundenzufriedenheit und auf Informationen beziehen:

"Waren diese Informationen wichtig für Sie?"
"War das Gespräch interessant?"
"Hätten Sie vorher für möglich gehalten,
 daß der Vorschlag so günstig ist?"

Selbstverständlich wird der Kunde diese Fragen positiv beantworten, sonst hätte er ja nicht gekauft. Diese positive Grundhaltung gilt es unmittelbar zu nutzen, durch unterstellende offene Fragen:

"Wer aus Ihrem Bekanntenkreis ist denn in
ähnlicher Situation wie Sie?"
"Wer hat geheiratet?"
"Wer arbeitet mit Ihnen zusammen?"

Der psychologische Kniff

Viele Leute haben eine spontane Abwehrhaltung Vertretern und jeglicher Art von Verkäufern gegenüber. Diese Reaktion ist auf eigene, schlechte Erfahrungen mit aggressiven Verkäufern und/oder das Image des Außendienstes schlechthin zurückzuführen.

Um echte Empfehlungen zu erhalten, muß zunächst einmal die Grundhaltung des Kunden dem Außendienst gegenüber positiv verändert werden.

Dazu bietet sich folgende Argumentenkette an:

"Wenn mir jemand vor einem Jahr gesagt hätte, daß ich mal im Außendienst bei einer Versicherung arbeiten werde, dann hätte ich das nicht für möglich gehalten. Ich hatte damals völlig falsche Vorstellungen von dieser Tätigkeit:

Ich war der Meinung, die Verkäufer gehen von Tür zu Tür, sprechen auf Parkplätzen Kunden an ... Das könnte ich nicht.

Die ... arbeitet nach einem ganz anderen Prinzip. Wir sind ein großes Unternehmen mit einem exzellent ausgebildeten, selbständigen Außendienst, denn wir legen Wert darauf, daß der Kunde vor **und** nach einem Schaden zufrieden ist.

Das ist der Grund, weshalb wir immer wieder von unseren Kunden in deren Beziehungs- und Bekanntenkreis weiterempfohlen werden."

Der Werbegeschenkkatalog

Wenn man von seinen Gesprächspartnern Empfehlungsanschriften bekommt, erleichtert das die akquisitorische Tätigkeit sehr. Für dieses Entgegenkommen kann man dem Kunden eine entsprechende Zuwendung bereitstellen. Setzen Sie dazu Ihren individuell entwickelten Werbegeschenkkatalog ein:

> "Eine Minute Fernsehwerbung kostete 1989 185.000.-- DM. Dieser ungeheure Aufwand ist notwendig, um die Umsatzzahlen zu sichern - **wer nicht wirbt, der stirbt.**"
>
> Auch ich als selbständiger Außendienstmitarbeiter habe meinen Werbeetat. Für mich besteht die Möglichkeit, in der örtlichen Presse zu inserieren, Bandenwerbung im Fußballstadion zu betreiben oder zum Beispiel im Kino zu werben. Ich habe mich aber zu einer Werbeform entschieden, die direkt meinen Kunden zugute kommt:
>
> Für jeden Tip, für jede Information, die zum Gewinn eines neuen Kunden führt, haben Sie Anspruch auf eines dieser Geschenke hier.
>
> Was möchten Sie haben?"

Der Kundenwettbewerb

Viele Menschen lassen sich besonders durch eine Tombola oder andere Glücksspiele motivieren. So kann ein Wettbewerb, bei dem es etwas zu gewinnen gibt, häufig auslösender Faktor dafür sein, daß der Kunde Kontakte zu Freunden und Bekannten herstellt.

Die Erfahrung hat gezeigt, daß gerade diese Werbeform besondere Erfolge mit sich bringt. - Halten Sie aber gerade hier konsequent den logischen Gesprächsaufbau ein:

> "Jeder unserer Kunden hat das Recht, an einem kleinen Wettbewerb teilzunehmen, bei dem er eine Schallplatte oder eine Cassette gewinnen kann.

>   Nehmen wir an, Sie gewinnen - welche LP möchten
>   Sie gern?
>
>   .....
>   (Wahl notieren)
>
>   Der Gewinn wird Ihnen direkt zugestellt.
>
>   (Anschrift notieren)
>
>   Wir haben natürlich alle Adressen, die wir brauchen.
>   Wir legen aber Wert darauf, von unseren Gesprächs-
>   partnern schon erwartet zu werden. Deshalb machen
>   wir diese Aktion, denn Sie kennen doch bestimmt ..."

Die Frage nach der Adresse muß immer mit einer **W-Frage** erfolgen:

>   "**Wer** hat kürzlich den Führerschein gemacht?"
>   "**Wer** ist volljährig geworden?"
>   "**Wer** hat die Ausbildung beendet?"
>   usw.

Fragen Sie nie, **ob** der Kunde jemanden kennt, sondern unterstellen Sie immer, **daß** er Personen der jeweiligen Zielgruppe in seinem Bekanntenkreis hat.

Falls der Kunde spontan nicht bereit ist, Adressen zu geben mit der Begründung, ihm falle momentan niemand ein, reagieren Sie mit folgender Redewendung:

>   "Das verstehe ich, Herr Kluge - meine Frage kommt
>   ja auch ziemlich überraschend für Sie. Schließlich
>   hat man kein Computerhirn, in dem die Adressen
>   abrufbereit verfügbar sind. Deshalb schlage ich
>   vor, daß wir mal gemeinsam ihr Adreß- oder Telefon-
>   verzeichnis durchgehen. Sicher fallen Ihnen dann
>   mehrere Personen ein."

Denken Sie immer daran: Es fällt dem Kunden leicht, den Verkäufer in seinem Bekanntenkreis zu empfehlen, wenn ihn die Beratung überzeugt hat und wenn es der Verkäufer geschafft hat, eine positive Atmosphäre herzustellen.

10 Mit dem Telefon verkaufen

Befragt man erfolgreiche Außendienstmitarbeiter nach den Ursachen ihres Erfolges, nennen sie neben persönlichen Grundvoraussetzungen wie Fleiß, Ausdauer und geistige Beweglichkeit auch immer wieder den Einsatz moderner Medien. Nun ist zwar das Telefon kein ausgesprochen modernes Medium mehr - seit seiner Erfindung 1861 durch Johann Philipp Reis sind immerhin mehr als 125 Jahre vergangen -, aber sein selbstverständlicher Einsatz im täglichen Leben hat erst im letzten Jahrzehnt dazu geführt, daß es auch für den Verkäufer von Finanzdienstleistungen zu einem unersetzlichen Hilfsmittel für seine Tätigkeit geworden ist.

Es ist für ihn Planungsinstrument, Vertriebsweg und Betreungsmöglichkeit zugleich. Es hilft Kosten sparen und bietet die Chance, vorhandenes Adreßmaterial effizienter zu nutzen. Es beschleunigt viele Arbeitsvorgänge und macht den Verkäufer für seine Kunden leicht erreichbar. Viele Gründe sprechen dafür, daß man sich ein wenig genauer mit den Eigenheiten dieses alten jungen Mediums auseinandersetzt. Unter anderem auch der, daß man sich als Verkäufer in der täglichen Praxis fragt:

10.1 Telefon - Quälgeist oder Hilfe?

Unbestritten, jedes Medium hat auch seine Tücken! Auch das Telefon! Das beginnt damit, daß man des öfteren durch sein Klingeln aus einer wichtigen Arbeit herausgerissen wird und spontan fit sein muß, einem Kunden Rede und Antwort zu stehen. Das setzt sich fort in der Tatsache, daß es sich eben um ein technisches Gerät handelt, das trotz seiner verblüffenden Einfachheit ein besonderes Verhalten verlangt. Und das endet in dem oft allzu verführerischen Umstand, daß es jederzeit greifbar ist, was einen dazu verleiten kann, ohne vorheriges gründliches Überlegen den anderen einfach anzurufen und so das Gespräch schlicht "in den Sand zu setzen".

Auf der anderen Seite bietet das Telefon dem Verkäufer eine Reihe von Einsatzmöglichkeiten:

- Einholen von Informationen
- Terminvereinbarung
- Bearbeiten von Kommissorien
- Bestandserhaltung
- Direktabschluß

Der besondere Vorteil liegt dabei in einer oftmals nicht unbeträchtlichen Zeit- und Kostenersparnis, die eine telefonische Erledigung solcher Aufgaben bringt. Zeit und Kosten sind für den Verkäufer wichtige Erfolgsfaktoren. Und gerade hier liegen die entscheidenden Vorteile des Telefons gegenüber beispielsweise dem zeitraubenden Brief samt Postweg oder dem unangemeldeten Direktbesuch.

Der Verkäufer von Finanzdienstleistungen muß in aller Regel von sich aus den Kontakt zum Kunden suchen und aufbauen. Doppelt schön und vorteilhaft für ihn, wenn Kunden von sich aus bei ihm Rat und Hilfe verlangen. Auch wenn es sich dabei um einen Schaden handeln sollte, so erhält er doch dadurch Gelegenheit, seine Beziehungen zum Kunden zu vertiefen oder gar erst zu knüpfen. Ohne das Telefon ist diese Kontaktmöglichkeit nur schwer denkbar.

Deshalb wird der kluge Verkäufer dafür sorgen, daß er für seine Kunden stets erreichbar ist. Im Prinzip bieten sich da zwei Möglichkeiten an: Entweder er engagiert jemand, der in seiner Abwesenheit Telefongespräche entgegennimmt (Frau, Freundin, Bürokraft) oder er schaltet den automatischen Anrufbeantworter ein.

Die erste Lösung ist sicher die bessere, da die Kunden in der überwiegenden Zahl einen persönlichen Kontakt vorziehen. Man erkennt das daran, wie oft bei einem Anrufbeantworter wieder aufgelegt wird, ohne daß der Anrufende eine Nachricht abgesetzt hat. Aber es gibt Situationen, in denen man auf einen Anrufbeantworter nicht verzichten kann (z.B. Betriebsferien, Krankheit der Bürokraft oder auch Kostengründe).

Allerdings: Wenn schon Anrufbeantworter, dann bitte mit einem möglichst originellen Text, der den Anrufenden anspricht und aktiviert! Und ohne die absolut tiefschürfende Mitteilung, daß man gerade nicht zuhause sei. Wie gut ein Meldetext auf dem Anrufbeantworter ist, erkennt man häufig

daran, ob die Anrufenden kommentarlos den Kon[takt]
abbrechen. Kommt dies öfter vor, sollte sich d[er Verkäufer]
etwas Neues einfallen lassen.

Denkbar und mit Erfolg ausprobiert s[ind folgende]
Textbeispiele:

> "Guten Tag! Hier ist das Büro von Martin Muster! Sie können mich im Augenblick nicht persönlich erreichen, da ich im Auftrag meiner Kunden unterwegs bin. Legen Sie bitte nicht auf, sondern hinterlassen Sie auf meinem automatischen Anrufbeantworter eine Nachricht. Ich werde Sie unmittelbar nach meiner Rückkunft zurückrufen. Sprechen Sie bitte jetzt!"

oder:

> "Hier ist der Telefonsklave von Klaus Frisch! Mein Herr hat mich beauftragt, Ihre Wünsche entgegenzunehmen. Ich werde alles wortwörtlich weitergeben, nichts hinzufügen oder weglassen. Wenn Sie mir Ihren Namen und Ihre Telefonnummer nennen, kann mein Herr Sie zurückrufen. Sprechen Sie bitte jetzt!"

oder:

> "Hier spricht Max Müller. Guten Tag! Ärgern Sie sich bitte nicht, daß Sie im Augenblick nur mit meinem automatischen Anrufbeantworter sprechen. Ich wurde dringend zu einem anderen Kunden gerufen, doch stehe ich Ihnen nach meiner Rückkunft gleich zur Verfügung. Wenn Sie mir Ihren Namen und Ihre Rufnummer nennen, rufe ich Sie dann zurück. Sprechen Sie bitte jetzt!"

Es versteht sich von selbst, daß der Verkäufer das gegebene Versprechen, gleich zurückzurufen, auch zuverlässig einlösen muß, da sonst der Kunde in ähnlichen Situationen kein Vertrauen mehr haben wird. Für den Fall, daß man regelmäßig länger außer Haus ist, empfiehlt es sich einen Anrufbeantworter zu nehmen, den man von unterwegs abhören kann. Es könnten ja auch einmal brandeilige Nachrichten auf das Band gesprochen werden.

5.2 Die Macht der Stimme

"Stimme macht Stimmung!"

Das ist eine alte Weisheit und viele Telefonierende halten sich daran. Es ist auch leicht einzusehen, daß ein angenehmer Klang der Stimme, ein Lächeln, das man hören kann, und Freundlichkeit einen Gesprächspartner von Anfang an positiv beeinflussen. So entsteht ein Klima, in dem man "miteinander reden kann".

Deshalb achten viele Verkäufer darauf, wie sich ihre Stimme am Telefon anhört. Sie konzentrieren sich besonders darauf, einen positiven Eindruck zu hinterlassen. Nicht immer gelingt es, weil es von Natur aus stimmliche Eigenheiten gibt, die sich am Telefon problematisch auswirken. Solche Verkäufer greifen zu einer anderen Lösung: Sie suchen sich eine Hilfskraft, die eine besonders angenehme "Telefonstimme" hat, um vor allem bei Erstkontakten und Terminvereinbarungen einen besseren Auftakt zu haben.

Es lohnt sich aber auch für den Verkäufer beim Telefonieren genau auf die Stimme seines Gesprächspartners zu achten. Herzlichkeit, Wärme, Sympathie aber auch Mißmut, Erregung oder Unzufriedenheit - alles kann eine Stimme ausdrücken. Und man hört es ihr an, wobei der Sprechende sich dessen meist gar nicht bewußt ist. Deshalb achten Verkäufer sehr darauf, ob sich während des Telefonats Veränderungen in der Stimmlage, im Sprechtempo, im Tonfall des Kunden ergeben. Sie erhalten dadurch Informationen über die augenblicklichen Empfindungen ihres Gegenüber. Lauter- oder Leiserwerden, Schneller- oder Langsamersprechen, höhere oder tiefere Tonlage sind Kriterien für den jeweiligen Gemütszustand.

Und der Verkäufer reagiert auf diese Informationen! Er stellt seine eigene Sprechweise darauf ein, wirkt beruhigend, schiebt noch ein wichtiges Argument nach oder stellt eine offene Frage, damit der Kunde seinen Ärger erst einmal loswerden kann.

10.3 Sprachverhalten kontrollieren

Ebenso wie der Klang der Stimme beeinflussen auch Sprechgewohnheiten den Erfolg eines Telefongesprächs. Es gibt eine Reihe schädlicher Redewendungen, die ein Gespräch völlig kaputtmachen können, weil sie den Partner verärgern oder verunsichern. Das können Phrasen und Füllwörter sein, wie z.B.

>"eigentlich ..."
>"an und für sich ..."
>"sozusagen ..."
>"meiner Meinung nach ...",
>usw.

Oder es handelt sich um abwehrende Äußerungen, die den Gesprächspartner ins Unrecht stellen wollen:

>"So dürfen Sie das nicht sehen!"
>"Bei uns passiert so etwas nicht!"
>"Das geht so nicht!"
>"Da könnte ja jeder kommen!"

Leider ist es menschliche Eigenart - besonders wenn akuter Argumentationsnotstand herrscht -, solche Äußerungen einzusetzen. Vermutlich trägt einen dabei die Hoffnung, eine drohende Auseinandersetzung dadurch vermeiden oder abkürzen zu können. Tatsächlich widerspricht der Kunde oft auch nicht. Aber der Friede ist trügerisch. Reine Behauptungen überzeugen nicht. Und irgendwann bekommt der Verkäufer die Quittung für sein Verhalten.

Eine rhetorische Unart ist die Verwendung des Konjunktivs. "Wäre, hätte, würde, könnte" sind Formulierungen, die zwar gerne gebraucht werden, aber letztlich nur eines bewirken: Sie signalisieren Unsicherheit. Typisch für ein solches Verhalten ist diese gar nicht so selten gewählte Einleitung zu einem Gespräch:

>"Hätten Sie gerade 'mal Zeit für mich?"

Die Art der Fragestellung fordert eine negative Antwort geradezu heraus. Eine generelle Ablehnung durch den Kunden ist vorprogrammiert. Wie anders klingt doch dagegen:

> "Herr Kunde, es ist wichtig, daß Sie sich für diese Angelegenheit ein paar Minuten Zeit nehmen. Paßt es Ihnen gleich?"

Der Unterschied ist deutlich. Der Verkäufer tritt im zweiten Fall viel bestimmter auf und ist doch mindestens ebenso höflich. Natürlich kann auch er sich ein "Nein" einhandeln - aber höchstwahrscheinlich nur, wenn der Kunde im Augenblick wirklich keine Zeit hat. Dann bleibt ihm aber immer noch eine gute Möglichkeit, einen gelegeneren Termin auszumachen.

Beim Telefonieren gibt es einen entscheidenden Unterschied zu sonstigen Kommunikationssituationen: Die Informationen können nur auf einem einzigen Weg vermittelt werden - über das Ohr des Gesprächspartners. Mimik, Gestik, Blickkontakt oder optische Hilfsmittel scheiden völlig aus. Deshalb muß der Verkäufer besonderen Wert auf die Verständlichkeit seiner Aussagen legen. Komplizierte lange Schachtelsätze, in die gleich mehrere Argumente auf einmal eingebaut sind, lassen sich am Telefon äußerst schlecht erfassen. Und was von Haus aus unübersichtlich und kompliziert wirkt, schafft kein Vertrauen.

Überzeugend argumentieren heißt am Telefon noch mehr als sonst, eine Kette von beweiskräftigen Aussagen (Tatsachen, Daten) zu bilden. Diese Aussagen sind in klar und einfach konstruierten Sätzen logisch aneinanderzureihen. Auf diese Weise kann der Kunde auch verstehen, worum es geht.

Das Verblüffende ist, daß sich die meisten Sachverhalte tatsächlich sehr einfach darstellen lassen. Meist ist es der Verkäufer, der sie als absoluter Fachmann unnötig verkompliziert, weil er zu viele Informationen auf einmal geben will. Zielstrebig verkaufen besteht jedoch oftmals in der Kunst des Weglassens!

Weglassen kann der Verkäufer auch getrost alle Formulierungen in der Ich-Form, wie z.B.

"Ich bin aber der Ansicht ..."

oder:

"Meine persönliche Meinung ist ...".

Solche Redewendungen stellen die Person des Verkäufers in den Mittelpunkt und erwecken beim Kunden den Eindruck, als sei der Verkäufer gar nicht an ihm und seiner Meinung interessiert, sondern versuche, ihm etwas aufzureden oder eine Meinung aufzudrängen.

Für den Verkäufer ist es jedoch wichtig, zunächst die Ansichten und Argumente seines Kunden kennenzulernen, bevor er mit seiner Argumentation beginnt. Er muß versuchen, dem Kunden das Gefühl zu vermitteln, daß er seine Interessen vertritt. Dann wird der Kunde ihm auch vertrauen.

10.4 Zuhören

Ansichten und Argumente des Kunden kann nur der Verkäufer kennenlernen, der etwas beherrscht, was heutzutage schon fast als Kunst gilt: aktives Zuhören. Ein Gespräch kommt eben nur dann zustande, wenn beide Partner zum Reden kommen. Dazu muß jeder Beteiligte dem anderen erst einmal eine Chance geben. Für Verkäufer scheint das gelegentlich schwierig zu sein, da man immer wieder erleben kann, daß sie - vornehmlich am Telefon - den Gesprächspartner einfach totreden.

Was kann man als Verkäufer tun, um besser zuzuhören und dies dem Kunden auch deutlich zu machen?

Da beim Telefonieren kein Blickkontakt möglich ist, passiert es leicht, daß der Telefonierende durch andere Dinge abgelenkt wird. Man muß sich deshalb ganz bewußt auf das gesprochene Wort konzentrieren. Dabei kann es hilfreich sein, einen belanglosen Punkt auf dem Tisch, an der Wand oder an der Zimmerdecke mit den Augen zu fixieren. Keinesfalls sollte man aus dem Fenster sehen oder gar nebenher andere Unterlagen sichten. Wohl aber sollten die für das Gespräch notwendigen Unterlagen griffbereit liegen.

Eine zweite Klippe für das Zuhören am Telefon ist die Geschwindigkeit, mit der die Informationen auf einen einströmen. Man muß sich in ganz kurzer Zeit einiges merken. Und das ist meist zu viel verlangt. Besser geht es, wenn man sich das Wesentliche an den Ausführungen des Kunden sofort schriftlich festhält. Die Notizen helfen einem später, das Gesagte zu rekonstruieren. Dabei kann der Verkäufer den Kunden ruhig spüren lassen, daß er mitnotiert. Ein langgezogenes "Jaaa" oder die Bemerkung "Habe ich notiert" stören keineswegs. Sie signalisieren vielmehr Interesse und werden als Aufwertung empfunden.

Bei telefonischen Verhandlungen taucht häufig das Problem der Verständigung auf. Oftmals scheint zunächst alles klar zu sein. Später entstehen dann Unsicherheiten. Ein erneuter Anruf ist manchmal nicht mehr möglich. Oder aber er ist für den Verkäufer unangenehm, weil der Kunde denken könnte, man sei schwer von Begriff. Der Gefahr von Mißverständnissen oder Unsicherheiten begegnet man, indem man sich während des Telefonats in kurzen Abständen vergewissert, ob man den anderen richtig verstanden hat. Kontrollfragen, Wiederholungen oder Zusammenfassungen schaffen die nötige Klarheit.

Ein regelrechtes Problem zwischenmenschlicher Beziehungen ist die "Fixierung" des Partners. Darunter versteht man den psychologischen Effekt, daß der Mensch in der Regel ausschließlich von seinen eigenen Vorstellungen, Ansichten und erlernten Verhaltensweisen geleitet wird. Das behindert ihn, sich gegenüber Neuem zu öffnen, objektiv zu sein und auch richtig zuzuhören. Durch Äußerungen des Gesprächspartners werden bereits Reaktionen ausgelöst, während der andere noch spricht. Der Verkäufer überlegt bereits seine Erwiderung und hört gar nicht mehr das Ende der Ausführungen seines Kunden. Dadurch entgehen ihm oft wesentliche Punkte. Seine Antwort trifft nicht den Kern dessen, was der andere eigentlich wissen wollte.

Diese vorschnellen Reaktionen unter Kontrolle zu bekommen bzw. zu vermeiden, ist eine besonders schwierige Aufgabe. Es ist dabei hilfreich, sich anzugewöhnen, die spontanen Antwortideen auf einen bereitliegenden Zettel zu notieren und zunächst nicht zu sprechen bis der Kunde mit seinen Ausführungen zu Ende ist. Dies erfordert allerdings ein hohes Maß an Selbstdisziplin - wie die meisten

Verhaltensänderungen, die man anstrebt.

Verflixte Technik

Das Telefon ist - wie schon erwähnt - ein technisches Medium. Als solches verlangt es von seinem Benutzer ein bestimmtes Verhalten, wenn er die technischen Eigenschaften voll nutzen möchte. Nun glauben viele, sie müßten beim Telefonieren die große Entfernung zum Gesprächspartner allein durch ihre Stimme überbrücken. Sie brüllen deshalb derart in die Muschel, daß dem Teilnehmer am anderen Ende schier das Trommelfell platzt. Sie erreichen allerdings dadurch auch keine bessere Verständlichkeit ihrer Aussagen. Im Gegenteil! Die übergroße Lautstärke irritiert den Zuhörer und lenkt ihn vom Wesentlichen ab. Vielfach entstehen sogar Aggressionen.

Die gleichen Aggressionen weckt jedoch auch der, der ins Telefon nur flüstert oder nuschelt. Man versteht ihn nicht, muß ständig zurückfragen. Daten kommen ungenau oder falsch an. Das Telefon ist eben auch kein Hochleistungsverstärker. Und Rätselraten am anderen Ende der Leitung macht auf Dauer auch keinen Spaß.

Also heißt die Devise: Langsam und deutlich artikuliert sprechen!

Das beste Übertragungsergebnis erzielt man am Telefon, wenn man die Sprechmuschel etwa eineinhalb Zentimeter vom Mund entfernt hält. Dann wird man auch bei ganz normaler Lautstärke klar und deutlich verstanden.

Übrigens: Das Telefon überträgt nicht nur das unmittelbar in die Muschel gesprochene Wort, sondern auch die Geräusche der Umgebung und die Atmosphäre des Raums. Deshalb ist es ratsam, vor dem Anruf Ruhe zu schaffen. Radiomusik, Kinderlärm oder lautstarke Diskussionen im Hintergrund gehören nicht zu den Informationen, die man als Verkäufer seinem Kunden zu übermitteln hat.

10.5 Vorbereitung ist (fast) alles

Das Telefon hilft Kosten sparen. Dieser Vorteil kann jedoch leicht wieder zunichte werden, wenn der Verkäufer sich auf das Gespräch nicht vorbereitet.

"Wer nicht weiß, wohin er will, kann auch nicht ankommen."

Diese uralte Kommunikationsregel gilt für den telefonischen Kontakt gleichermaßen.

Was gehört alles zu einer gezielten Vorbereitung?

- **Informationen beschaffen**

    Nicht anders als beim persönlichen Gespräch versucht der Verkäufer, möglichst umfassende Informationen über seinen Gesprächspartner zu bekommen, damit er genügend Ansatzpunkte für die Argumentation hat.

- **Arbeitsunterlagen bereitlegen**

    Es macht keinen guten Eindruck, wenn der Verkäufer während des Gesprächs ständig das Telefon verlassen muß, um sich Unterlagen zu besorgen, mit deren Hilfe er die Fragen seines Kunden beantworten kann.

- **Namen des Kunden einprägen**

    Man hat einen besseren Start, wenn man den Kunden gleich richtig mit seinem Namen ansprechen kann. Sollte ein Dritter zuerst den Hörer abnehmen, macht die spontane Nennung des gewünschten Gesprächspartners die Angelegenheit wichtig und dringend. Der Frage, ob man mit Herrn.../Frau... verbunden werden könne, wird viel rascher und ohne weitere Rückfrage entsprochen.

- **Gesprächsziel formulieren**

    Einer der wichtigsten Punkte der gesamten Vorbereitung! Wenn der Verkäufer zielgerichtet verhandeln will, muß er sich in folgenden Fragen Klarheit verschaffen:

    - Was will ich konkret erreichen?

- Welche Vereinbarung möchte ich treffen?
- Welche Alternativen gibt es?

Endlos langes Herumreden um das eigentliche Anliegen treibt nur die Telefonrechnung in die Höhe und verschlechtert die Stimmung beim Angerufenen. Der fühlt sich meist ohnehin durch den Anruf gestört. Nun soll er auch noch quälend lange zuhören, ohne daß er so richtig erfährt, worum es geht. Das Ende eines solchen Gesprächs ist meist unerfreulich.

- **Gespräch vorstrukturieren**

Nachdem das Ziel feststeht, legt der Verkäufer seine Vorgehensweise fest. Er wird dabei kaum anders planen als bei einem persönlichen Gespräch, d.h. also Daten und Fakten zusammentragen, die er seinem Gesprächspartner mitteilen will, und sie in eine logische Reihenfolge bringen.

Für die gesamte Gesprächsvorbereitung kann der Verkäufer auch eine Checkliste verwenden. Sie könnte etwa dieses Aussehen haben:

Vorbereitung des Gesprächs

Denken Sie an die Fragen Ihres Gesprächspartners:

- Wer ist der Anrufer?
- Um was geht es?
- Ist das interessant für mich?
- Habe ich Zeit dafür?

                                                Datum:.........

Aufhänger

_____
_____
_____

Kunden-Interesse/-Nutzen

_____
_____
_____

Fragen, die Sie stellen wollen

_____
_____
_____
_____

2 Terminvorschläge zur Auswahl

_____
_____

Checkliste zur Vorbereitung eines Telefongesprächs

Wie heißt der Kunde?
_____

Wann ist die beste Zeit für den Anruf?
_____

Was ist das Ziel meines Anrufs?
_____
_____

Was möchte ich erreichen?
_____
_____
_____

Welches Minimalziel habe ich?
_____
_____

Mit welcher Cross-Selling-Frage will ich beginnen?
_____
_____
_____

Welche Argumente will ich einsetzen?
_____
_____
_____
_____
_____

Mit welchen Einwänden muß ich rechnen?
_____
_____
_____
_____

Welchen Gesprächstermin will ich vorschlagen?
_____
_____

10.6 Ablauf eines Telefongespräches

Ein Telefongespräch gliedert sich in mehrere Phasen, die unterschiedliche Funktionen erfüllen:

Begrüßung

Gesprächseinstieg

Argumentation

Vereinbarung

Bestätigung

Verabschiedung

Für jede Phase gelten einige besondere Regeln, die für die erfolgreiche Gestaltung des Gesprächs bedeutsam sind.

- **Begrüßung**

    Die Begrüßung ist die mündliche Visitenkarte des Anrufers. Sie vermittelt oft den allerersten Eindruck vom Verkäufer. Deshalb ist es wichtig, daß sie formvollendet, verständlich und höflich ist.

    Selbstverständlich wünscht man als Anrufer dem Gesprächspartner am andern Ende der Leitung je nach Tageszeit einen guten Morgen, guten Tag oder guten Abend. Landsmannschaftliche Einfärbungen wie "Grüß Gott" oder "Moin, Moin" sind durchaus zulässig und normal.

    Unmittelbar anschließend wird man sich sinnvollerweise vergewissern, mit wem man spricht:

    "Spreche ich mit Herrn .../Frau ...?"

    oder

"Herr .../Frau ... persönlich?"

Es empfiehlt sich dabei Vor- und Zunamen zu nennen, da es sonst im familiären Berich zu manchmal peinlichen Verwechslungen kommen kann.

Wer gleich den richtigen Gesprächspartner am Apparat hat, kann mit seiner eigenen Vorstellung fortfahren. Wer nicht, der muß erst noch bitten, daß man ihn mit dem richtigen verbindet. Auch hier gilt der Verkaufsgrundsatz:

Höflich, aber bestimmt!

Also nicht: "Könnte ich vielleicht ..."
"Würden Sie mich bitte ..."

Sondern: "Kann ich Herrn ... sprechen?
"Verbinden Sie mich bitte ..."

Gerade bei Geschäftsleuten, wo man öfter den Weg über die Sekretärin gehen muß, ist diese bestimmte Art des Auftretens besonders wichtig.

Und noch ein Tip:

In vielen Fällen wird man zunächst die Ehefrau am Apparat haben, obwohl man eigentlich den Herrn... sprechen wollte. Da Frauen häufiger als man gemeinhin annimmt, für die finanziellen Belange der Familie zuständig sind, lohnt sich die Frage:

"Frau..., wer kümmert sich bei Ihnen um die Versicherungsangelegenheiten (Geldangelegenheiten)?"

Dadurch vermeidet man unter Umständen einen Umweg und schaden kann es ohnehin nicht, wenn man der Frau diese Rolle zutraut. Sollte sie für diese Dinge nicht der kompetente Verhandlungspartner sein, wird sie es schon sagen. Beim Mann ist das weniger wahrscheinlich, da er um sein Image fürchtet, wenn er zugibt, daß seine Frau finanziell "die Hosen anhat".

Hat man den richtigen Gesprächspartner endlich gefunden, wird es Zeit, sich selbst vorzustellen. Da es für den Verkäufer von Vorteil ist, wenn der andere sich seinen Namen merkt, wird er seinen Namen wiederholen und den Vornamen dazwischenschieben:

"Mein Name ist Müller, Klaus Müller von der ..."

Wer will, kann zusätzlich noch kurz seine Aufgabe nennen oder seine Bedeutung für den Angerufenen beschreiben:

"Ich führe das Versicherungsfachgeschäft hier am Ort."
"Ich bin der für Sie zuständige Außendienstmitarbeiter."
"Ich bin beauftragt..."

Anschließend macht der kluge Anrufer eine kurze Pause, damit der Partner den Gruß erwidern kann. Wer hier wie ein Maschinengewehr den Kunden sofort mit Informationen niedermäht, weckt bereits erste Aggressionen. Der Angerufene braucht etwas Zeit, sich auf das Gespräch einzustellen. Er ist aufgeschlossener und positiver gestimmt, wenn er sie erhält.

- **Gesprächseinstieg**

Häufig wird der Kunde die kleine Atempause dazu benutzen, die Frage zu formulieren:

"Worum geht es denn?"

Hier entscheidet sich nun in aller Regel bereits Erfolg oder Mißerfolg des Telefongesprächs. Denn nun muß ein Verkäufer den Zweck seines Anrufs nennen. Und dieser Zweck muß für den Kunden so interessant sein, daß er bereit ist, weiter zuzuhören.

Damit scheiden als sinnvolle Gesprächseinstiege alle Formulierungen aus, die einen Zweck aus der Sicht des

Verkäufers nennen:

"Ich wollte mich Ihnen einmal vorstellen."
"Ich möchte Ihnen gerne ... zeigen."
"Ich wollte Sie 'mal informieren über ..."

Wer den nächsten Satz nach der Frage, worum es geht, mit "ich" beginnt, verschlechtert seine Erfolgsaussichten enorm.

Die logische Folgerung kann nur lauten:

Der Gesprächseinstieg darf nur mit einem für den Kunden wichtigen Gesichtspunkt beginnen. Am besten ist hier eine öffnende Frage geeignet, insbesondere eine Cross-Selling-Frage (s. auch Kapitel "Fragetechnik"), z.B.

"Wann wurde zum letztenmal für Sie ein
 Versicherungs-TÜV durchgeführt?"

"Was tun Sie, um die staatliche Förderung der
 privaten Kapitalbildung auszunutzen?"

"Wie hoch ist Ihre Selbstbeteiligung in der
 Hausratversicherung?"

"Worauf legen Sie bei der Regelung ihrer
 Versicherungs- (Geld-)angelegenheiten besonderen
 Wert?"

"Wer kassiert derzeit die Wohnungsbauprämie
 der Oma?"
usw.

Auf so gestaltete Gesprächseinstiege wird der Kunde mit Erstaunen bzw. Interesse reagieren und somit dem Verkäufer Gelegenheit zur Fortsetzung des Gesprächs geben.

Übrigens: Einen - leider sehr beliebten - Einstieg sollte sich der Verkäufer in jedem Fall verkneifen:

"Herr..., entschuldigen Sie bitte die Störung."

Das sagen nur unsichere, wenig selbstbewußte Menschen. Denn entweder ist die Angelegenheit für den Kunden wichtig, dann muß der Kunde für die "Störung" dankbar sein und es gibt nichts zu entschuldigen. Oder die Angelegenheit ist wirklich nicht wichtig, dann kann man sich den Anruf gleich sparen. Auf alle Fälle ist es unnötig, sich mit einer Entschuldigung von Anfang an in eine Verteidigungsposition hineinzumanövrieren.

- **Argumentation**

Wie lange diese Phase dauert, hängt sehr davon ab, welches Gesprächsziel sich der Verkäufer gesetzt hat. Will er einen Termin für ein persönliches Gespräch vereinbaren, wird die Argumentationsphase sehr kurz sein und die Überleitung auf die konkrete Vereinbarung fast direkt im Anschluß an die Cross-Selling-Frage erfolgen.

Soll das Gespräch dagegen dem Verkauf eines Zusatzproduktes oder einer Bestandserhaltungsmaßnahme dienen, wird ein wenig mehr Argumentation erforderlich sein. Dennoch gilt auch hier der alte Telefongrundsatz: Fasse Dich kurz! Es ist besser, den Kunden durch Fragen dazu zu bringen, daß er sich über seine Gründe oder Vorstellungen äußert, als ihn mit serienweiser Information zu überschütten, von der er am Telefon ohnehin bestenfalls die Hälfte behält.

Nur wenig Informationen, die aber in Form von Tatsachen und belegbaren Zahlen bringen! Das muß das Ziel des Verkäufers sein.

Einwände des Kunden sind auch im Telefongespräch willkommen und werden vom Verkäufer als verdeckte Kaufsignale gewertet (s. auch Kapitel "Einwandbehandlung"). Für den Anfänger in der Verkaufsbranche ist es sinnvoll, die denkbaren Einwände zu sammeln und mögliche Antworten ebenfalls schriftlich festzuhalten, um im Lauf der Zeit sattelfester zu werden. Als Schuppenregister angeordnet lassen sich diese Antworten sogar während des Telefongesprächs bequem ablesen. Solche Einwandsammlungen gibt es in der einschlägigen Fachliteratur auch zu kaufen.

- **Vereinbarung**

Positives Ergebnis eines Telefongesprächs ist das Erreichen einer konkreten Vereinbarung. Das wird häufig ein Besuchstermin sein. Das kann aber selbstverständlich auch irgendeine andere Absprache sein, wie z.B. dem Kunden einen konkreten Vorschlag auszuarbeiten, mit ihm zu einem bestimmten Zeitpunkt wieder Kontakt aufzunehmen oder auch noch weitere Informationen nachzureichen.

Häufigstes Ziel ist und bleibt aber der konkrete Termin. Ihn am Telefon zu vereinbaren ist in jedem Fall kostengünstiger und zeitsparender als bei einem persönlichen "Überfall". Allerdings wird auch am Telefon der Kunde nicht von sich aus den Termin anbieten. Hier muß schon der Verkäufer den entscheidenden Impuls geben.

Die Form einer Alternativfrage hat sich dabei bestens bewährt:

"Paßt es Ihnen besser am Dienstag um ... oder doch besser am Freitag um ...?"

Wer es dem Kunden überlassen möchte, den Termin von sich aus festzulegen, wird oft erkennen müssen, daß der Gesprächspartner zu keiner Entscheidung gelangt. Man muß Hilfestellung geben, um zum Ziel zu gelangen.

Wenn man weiß, daß der andere sehr beschäftigt ist, dann kann man sich ja vorsichtig über mehrere Alternativfragen an einen möglichen Termin herantasten:

"Ist Ihnen gleich Anfang des Monats recht oder eher zur Mitte zu? Wie paßt Ihnen der 2., ... Uhr? Oder doch lieber der 14., ... Uhr?"

Auf keinen Fall darf der Verkäufer den Eindruck erwecken, daß er nichts weiter zu tun hat und ständig frei ist. Nur der vielbeschäftigte Verkäufer scheint für den Kunden ein guter und damit kompetenter Verhandlungspartner zu sein.

- **Bestätigung**

Ehe man das Gespräch beendet, gilt es, die getroffene Vereinbarung beim Kunden noch einmal zu festigen. Das geschieht mit Formulierungen wie:

> "Also Herr ..., ich habe mir den Dienstag, 18.30 Uhr fest vorgemerkt. Ich freue mich auf das Gespräch mit Ihnen."

> oder:

> "Wir verbleiben demnach so, Herr...: Ich rufe Sie in vier Wochen wieder an. Das ist dann die 12. Woche. Gleich am Wochenanfang."

Wenn es um eine Terminvereinbarung geht, empfiehlt sich noch ein kleiner geschickter Schachzug. Man kann nämlich den Kunden noch nach irgendwelchen Dingen fragen, die in unmittelbarem Zusammenhang mit dem Besuch stehen, z.B. wie man am besten per Auto zu ihm hinfindet, wo man da am ehesten parken kann oder woran man sein Haus vom Auto aus leicht erkennen kann. Durch die Informationen, die der Kunde nun gibt, stellt er den Verkäufer praktisch auf eine Stufe mit einem guten Freund oder guten Bekannten, den er zu sich nach Hause einlädt. Die Erfahrung zeigt, daß dergestalt gefestigte Termine ausgesprochen selten platzen.

- **Verabschiedung**

Das Telefongespräch endet selbstverständlich mit einer freundlichen Verabschiedung. Außerdem sollte sich der Verkäufer ruhig für das Gespräch bedanken. Denn schließlich hat der Kunde sich einige Minuten Zeit genommen, mit ihm zu sprechen und das ist schon ein "Danke schön" wert. Der Kunde wird diesen positiven Schlußeffekt in Erinnerung behalten.

Schließlich - nachdem er bis dahin alles so gut gemacht hat - sollte der Verkäufer noch eines tun: warten, bis der Gesprächspartner aufgelegt hat!

Und das aus zwei Gründen: Zum einen ist das Knacken

in der Leitung, wenn der andere aufgelegt hat, ein häßlicher Abschluß für ein gutes Gespräch und den sollte man dem Kunden nicht zumuten. Und zum anderen könnte es ja sein, daß dem Kunden schnell noch etwas einfällt, das er fragen möchte. Wenn er das dann nicht mehr loswird, ärgert er sich möglicherweise, weil es der Verkäufer so eilig hatte. Das muß nicht sein! Als Verkäufer nutzt man auch die kleinste Chance für einen Kontakt oder eine Kundenfrage.

10.7 Einsatzmöglichkeiten des Telefons im Finanzdienstleistungsbereich

Wer über das Telefon verkaufen will oder auch nur den Kontakt zum Kunden herstellen will, wird mit einigen rechtlichen Problemen konfrontiert. Es ist zwar in der Bundesrepublik bis jetzt noch keinerlei gesetzliche Regelung getroffen, ob Telefonakquise zulässig oder verboten ist, aber durch einige Gerichtsurteile (Bundesgerichtshof, Kammergericht Berlin, Oberlandesgericht Hamburg) sind rechtsverbindliche Normen geschaffen worden, die man als Verkäufer kennen sollte.

Zwei Passagen aus den Urteilsbegründungen sollen deshalb hier in ihrem Wortlaut abgedruckt werden:

> "Der nicht ausdrücklich erlaubte Telefonverkauf an private Personen, mit denen noch keine Geschäftsbeziehungen existieren, mit dem Zweck, diesen Personen etwas zu verkaufen oder Werbung zu treiben, ist untersagt."

> "Es ist dem Unternehmen verboten, im geschäftlichen Verkehr zu Zwecken des Wettbewerbs zu Kunden, zu denen bislang keine Beziehungen bestehen, unaufgefordert und ohne deren Einverständnis telefonischen Kontakt aufzunehmen, um einen Vertreterbesuch zu vereinbaren, es sei denn, es handelt sich um Gewerbetreibende, mit denen eine Versicherung für den gewerblichen Bereich abgeschlossen werden soll."

Welche Konsequenzen haben diese Gerichtsurteile für den Verkäufer:

- Telefonische Kontaktaufnahme mit Privatpersonen ist nur dann statthaft, wenn diese bereits geschäftliche Beziehungen zum Verkäufer haben.

  Dabei läßt sicher der Begriff der "geschäftlichen Beziehungen" in der Praxis einigen Spielraum.

  Sogenannte Bestandskunden werden davon mit Sicherheit erfaßt, aber wohl auch solche Personen, die auf eine vorangegangene schriftliche Werbemaßnahme (Prospekt, Rückantwortkarte, Werbegeschenk, Beratungsgutschein) reagiert haben. Somit wird eine telefonische Terminvereinbarung bzw. Telefonverkauf nach entsprechender vorausgehender Ankündigung und Aktion immer möglich.

- Gewerbetreibende sind dagegen anders zu beurteilen. Allerdings muß sich die Akquisitionstätigkeit auf den betrieblichen Bereich beziehen. In diesem Fall ist sogar die Neukundengewinnung zulässig, wenn ein entsprechendes Bedürfnis für die angebotenen Leistungen besteht, was ja bei Betriebsversicherungen bzw. Finanzierungsangeboten zum Beispiel zweifelsfrei vorhanden ist. Einer Ausweitung der Geschäftsbeziehungen auf den privaten Bereich steht dann selbstredend nichts im Wege.

Vorausgesetzt, die rechtliche Situation ist einwandfrei, bieten sich - wie schon erwähnt - dem Verkäufer von Finanzdienstleistungen viele Möglichkeiten, seine Verkaufstätigkeit über das Telefon abzuwickeln. Zum Abschluß dieses Themas sollen einige typische Fälle anhand von wörtlich formulierten Telefongesprächen dargestellt oder zumindest vom Einstieg her angerissen werden.

Terminvereinbarung

Kunde: für jeden geeignet
Argument: "Versicherungs-TÜV"

Guten Tag, Herr ...
Hier spricht Müller, Klaus Müller von der ...

Herr ..., wann ist für Sie zum letztenmal der "Versicherungs-TÜV" gemacht worden?

Herr ..., Sie wissen ja, jedes Kraftfahrzeug muß in regelmäßigen Abständen zum TÜV, damit seine Betriebssicherheit festgestellt wird.

Im Versicherungs- und Versorgungsbereich geht es um noch viel mehr Geld als beim Auto, und wenn da etwas nicht betriebssicher

ist, hat man persönlich noch
viel größere Nachteile.

Wann setzen wir uns einmal zusammen,
um Ihre persönlichen Versicherungsangelegenheiten zu überprüfen?

Paßt es Ihnen am ... oder besser am ...?

Kunde: Arbeitnehmer
Argument: Kontostand in der gesetzlichen
         Rentenversicherung

Guten Tag, Herr ...
Mein Name ...

Herr ..., wann wurde für Sie zuletzt der
aktuelle Kontostand in der gesetzlichen
Rentenversicherung ermittelt?

Herr ..., als Arbeitnehmer zahlen Sie doch
jeden Monat viel Geld in die gesetzliche
Rentenversicherung ein?

Herr ..., wenn man so viel zahlen muß,
möchte man doch auch wissen, was man dafür
an Leistungen erwarten darf.
Wann setzen wir uns einmal zusammen, damit
wir diesen für Sie wichtigen Punkt klären?

Paßt es Ihnen ...

Kündigungsbearbeitung

Kunde: für alle geeignet
Argument: ursprünglicher Grund für den
         Abschluß

Guten Tag ...
....

Herr ..., was war eigentlich der Grund
gewesen, weshalb Sie damals diese Anlage
(diese Versicherung, diesen Bausparvertrag)

abgeschlossen haben?

Herr ..., was hat sich gegenüber damals an Ihren Absichten geändert?

Wiederanlage fälliger Leistungen

Kunde: für alle geeignet
Argument: günstige Möglichkeit finden

Guten Tag ...
....

Herr ..., in Kürze werden Sie Leistungen aus Ihrem ...vertrag erhalten.
Was haben Sie für Pläne damit?

Das ist interessant, Herr ...
Wie Sie wissen, gibt es eine Reihe von Möglichkeiten, so viel Geld anzulegen. Aber man sucht doch nach der allerbesten Möglichkeit?

Dazu muß man die verschiedenen Anlageformen miteinander vergleichen.

Wann setzen wir uns ...

Verkauf eines Zusatzproduktes

Kunde: für alle geeignet

Guten Tag ...
....

Herr ..., was war Ihnen beim Abschluß Ihres ...vertrages besonders wichtig?

Stimmt, Herr ...,
das ist auch ein sehr wichtiger Aspekt.
Dazu noch eine Frage:
Wie haben Sie
(Ihre Versorgung bei
Krankenhausaufenthalt,

Ihre zinsgünstige Baufinanzierung,
die Bereitstellung von
Mitteln für die Ausbildung Ihres Sohnes)
gelöst?

Sehen Sie, darum ist es wichtig, daß ...

Verkauf von Anlagen

Kunde: Jeder, der ein wenig mehr als nichts
besitzt oder sparen kann

Guten Tag ...
....

Herr ..., jeder ist interessiert, Geld für
sich arbeiten zu lassen - unabhängig, wie
hoch die Anlage ist. Stimmt's?

Jede Geldanlage muß drei Anforderungen
erfüllen:

    Professionelle Anlage
    Sicherheit
    Rentabilität.

Vorsorglich habe ich für Sie am ... um ...
einen Termin reserviert.

Können Sie das so einrichten?

11 Anhang

11.1 Gesprächsstrategien

Zielgruppe: leitende Angestellte

Kundensituation (= Problem): Für die Berechnung der Rentenansprüche wird bei leitenden Angestellten nur der Teil des tatsächlichen Einkommens herangezogen, der unterhalb der Beitragsbemessungsgrenze liegt.

In der Relation haben daher leitende Angestellte eine geringere Versorgung zu erwarten als andere Arbeitnehmer mit geringerem Einkommen.

Kundenwunsch: Den gewohnten hohen Lebensstandard in jedem Fall beibehalten können.

Lösung: Rentenergänzungsvertrag in Form einer Lebensversicherung unter Einbeziehung aller drei Versorgungsbereiche (Berufsunfähigkeits-, Alters- und Familienversorgung)

Strategie:
- In der gesetzlichen Rentenversicherung gibt es den Begriff der "Beitragsbemessungsgrenze".

- Die Beiträge zur gesetzlichen Rentenversicherung werden maximal aus dieser Höchstgrenze berechnet.

- Für einen leitenden Angestellten bedeutet das, daß er nicht aus seinem gesamten

Einkommen, sondern nur aus einem bestimmten Teil Beiträge entrichtet.

- Deshalb kann sich später bei der Rentenberechnung auch nicht sein gesamtes - meist sehr gutes - Einkommen, sondern nur der beitragspflichtige Teil auswirken.

- Da man als Gutverdienender in aller Regel einen entsprechenden Lebensstandard hat, bedeutet es in jedem Fall einen deutlichen Rückschritt, wenn man mit einer Sozialversicherungsrente auskommen muß, die nur aus einem Teil des bisherigen Einkommens errechnet wird.

- "Herr ..., Sie legen doch sicherlich Wert darauf, eine Versorgung zu haben, die Ihr gesamtes derzeitiges Einkommen berücksichtigt?"

Zielgruppe: Eltern

Kundensituation (= Problem): Eltern erhalten für ihre Kinder vom Staat Kindergeld. Dieses Geld soll zweckgebunden für das Kind angelegt werden.

Kundenwunsch: Eltern wollen die Kindergeldanlage finden und nutzen, die ihnen die meisten Vorteile bietet.

Lösung: Je nachdem, welche Anforderungen die Eltern an die Kindergeldanlage stellen (Sicherheit, Rentabilität, staatliche Förderung, bei Tod des Versorgers Sparzielgarantie, usw.) kommt ein Ratensparvertrag, Bausparvertrag, Ausbildungs- bzw. Aussteuerversicherung in Frage.

Strategie:
- Eltern erhalten vom Staat Kindergeld. Für das erste Kind ... DM, für das zweite Kind ... DM, usw.

- Wie der Name "Kindergeld" schon sagt, sollen diese Mittel zweckgebunden für das Kind verwendet werden.

- Vielen Eltern ist der Satz "Kleine Kinder - kleine Sorgen, große Kinder - große Sorgen" wohlbekannt.

- Je älter Kinder sind, umso größer werden die finanziellen Belastungen für die Eltern. Für die Ausbildung und den Start in ein eigenständiges Leben (Ehe) müssen größere Summen bereitgestellt werden.

- Viele Eltern verwenden dafür regelmäßig das Kindergeld, um so schon frühzeitig für die notwendigen Mittel zu sorgen.

- Sie suchen nach der Kindergeldanlage, die ihnen die meisten Vorteile bietet.

- Deshalb vergleichen Sie die verschiedenen Möglichkeiten miteinander.

- Bevor man vergleicht, muß man sich jedoch zuerst darüber im klaren sein, welche Anforderungen man an eine gute Kindergeldanlage stellt.

- "Herr ..., wie ist das bei Ihnen? Was erwarten Sie von einer guten Kindergeldanlage?"

Zielgruppe: Mieter

Kundensituation (= Problem): Mieter haben eine ständig steigende finanzielle Belastung. In der Vergangenheit sind die Mieten jährlich im Schnitt um 4 - 5 % gestiegen. Die Haus- bzw. Wohnungseigentümer lassen sich die Bau-, Kauf- und Finanzierungskosten nach und nach von den Mietern bezahlen und wollen darüberhinaus noch eine entsprechende Rendite erzielen.

Kundenwunsch: Wohneigentum bilden, um im Alter eine abnehmende Belastung zu haben oder ganz mietfrei wohnen zu können.

Lösung: Eigenkapital bilden als Grundstock für Bau oder Kauf von Wohneigentum mit Hilfe eines Bausparvertrages oder einer Lebensversicherung.

Strategie:
- Wer heute zur Miete wohnt, muß damit rechnen, daß er in der Zukunft einen steigenden Mietzins zahlen muß.

- In der Vergangenheit sind die Mieten im Schnitt jährlich um 5 % gestiegen.

- Wenn sich diese Entwicklung fortsetzt, was zu erwarten ist, wird man als Mieter im Alter die höchste Mietbelastung haben.

- Also zu einer Zeit, in der man die geringsten Einnahmen (Rente) zu erwarten hat.

- Wer Miete bezahlt, bildet fremdes Kapital.

- Lebenslänglich Miete zu zahlen bedeutet,

die Wohnung, die man bewohnt, letztlich selbst zu bezahlen, ohne daß man selbst Eigentümer wird.

- Haus- und Wohnungsinhaber dagegen haben eine fallende Belastung und dazu eine inflationsgeschützte Sachwertanlage, deren Wert ständig steigt.

- "Herr ..., ist es da nicht besser, die derzeitige Miete in eine Kaufmiete umzuwandeln? Sie wollen doch auch lieber Ihre Miete in die eigene Tasche zahlen?"

Zielgruppe: Hausfrauen

Kundensituation (= Problem): Hausfrauen arbeiten viel, sind jedoch weder in der gesetzlichen Rentenversicherung noch in der gesetzlichen Unfallversicherung versichert. Sie sind gegenüber jeder berufstätigen Frau benachteiligt.

Kundenwunsch: Hausfrauen möchten genauso versorgt sein wie eine berufstätige Frau.

Lösung: Ersatz der gesetzlichen Versorgung durch eine private Lebens- und Unfallversicherung.

Strategie:
- Eine Hausfrau übt viele Berufe aus. Sie ist Wirtschafterin, Köchin, Kindermädchen und Krankenschwester in einer Person.

- Hausfrauen arbeiten oft weit mehr als acht Stunden am Tag und vor allem sieben Tage in der Woche.

- Die Arbeitskraft einer Hausfrau und Mutter stellt für die Familie einen bedeutenden Wertfaktor dar.

- Dennoch sind diese Frauen weder in der gesetzlichen Rentenversicherung pflichtversichert, noch haben sie Versicherungsschutz in der gesetzlichen Unfallversicherung.

- Und das, obwohl statistisch erwiesen ist, daß ein Drittel aller Unfälle im Haushalt passiert. Genauso viel, wie im Straßenverkehr!

- Für die Frau, die wegen ihres Mannes und

ihrer Kinder ihrer früheren Berufstätigkeit nicht mehr nachgehen kann, bedeutet das, daß sie gegenüber einer weiter berufstätigen Frau schwer im Nachteil ist.

- Sie hat keine Versorgung bei Berufs- bzw. Erwerbsunfähigkeit mehr, keine Versorgung nach einem tätigkeitsbedingten Unfall und im Alter eine wesentlich kleinere Rente, als wenn sie weiter gearbeitet hätte.

- "Frau ..., Sie wollen doch sicher auch später eine Rente haben, wie jede andere berufstätige Frau?"

Zielgruppe: Arbeitnehmer, die in der gesetzlichen Krankenversicherung pflichtversichert sind

Kundensituation (= Problem): Gesetzlich Krankenversicherte haben Anspruch auf die gesetzlich zulässigen Leistungen. Auch derjenige, der über der Beitragsbemessungsgrenze in der Krankenversicherung verdient und wegen seiner familiären Situation freiwillig weiter in der gesetzlichen Krankenversicherung geblieben ist, bekommt keine besseren Leistungen.

Kundenwunsch: Wer krank ist, möchte die bestmögliche Pflege erhalten und so rasch wie möglich wieder gesund werden.

Lösung: Private Krankenzusatzversicherung

Strategie:
- Als Mitglied der gesetzlichen Krankenkasse hat man Anspruch auf die gesetzlich zulässigen Regelleistungen.

- Regelleistung bedeutet z.B. bei einem notwendigen Krankenhausaufenthalt, daß man sich in das nächstgelegene öffentliche Krankenhaus begeben muß, sich dort in die allgemeine Pflegeklasse legen muß und durch den jeweils diensthabenden Arzt behandeln lassen muß.

- Das bedeutet, daß man mit drei, sechs oder gar noch mehr fremden Personen zusammen in einem Zimmer untergebracht ist, Besuch nur zu den festgesetzten Besuchszeiten haben darf und im übrigen auf den von zuhause gewohnten Komfort weitgehend verzichten muß.

- Unter solchen Umständen verläuft der Genesungsprozeß häufig erheblich langsamer, als wenn man in Ruhe liegen, von einer entsprechenden Kapazität behandelt und mit allen Annehmlichkeiten versehen gesund werden kann.

- "Herr ..., Sie wollen doch sicher auch darauf Einfluß nehmen, wie Sie untergebracht sind und vor allem von welchem Arzt Sie behandelt werden?"

Zielgruppe: Arbeitnehmer

Kundensituation (= Problem): Angestellte und Arbeiter sind in der gesetzlichen Rentenversicherung pflichtversichert. Sie zahlen monatlich zusammen mit ihrem Arbeitgeber einen bestimmten hohen Prozentsatz ihres Bruttoarbeitsverdienstes als laufenden Beitrag. Dafür erhalten sie bei Erwerbs- bzw. Berufsunfähigkeit, im Alter und für ihre Hinterbliebenen im Todesfall eine Basisversorgung. Sie macht jeweils nur einen Teil des zuletzt verfügbaren Einkommens aus.

Kundenwunsch: In jedem Fall das bisherige Einkommen zur Verfügung zu haben und den erarbeiteten Lebensstandard weiter halten zu können.

Lösung: Rentenergänzungsvertrag in Form einer Lebensversicherung mit entsprechender Zusatzrente bei Berufsunfähigkeit.

Strategie:
- Als Arbeitnehmer ist man in der gesetzlichen Rentenversicherung pflichtversichert.

- Zusammen mit seinem Arbeitgeber zahlt man jeden Monat ... Prozent des Bruttoarbeitsverdienstes als Beitrag.

- Wer soviel Geld weggeben muß, der möchte doch auch wissen, was er dafür einmal bekommen wird?

- "Herr ..., Sie möchten doch auch Ihren aktuellen Kontostand in der gesetzlichen Rentenversicherung kennenlernen?"

- Die gesetzliche Rentenversicherung zahlt derzeit als Grundversorgung bei

Erwerbsunfähigkeit ca. 32 Prozent (im Alter ca. 45 Prozent, im Todesfall ca. 27 Prozent) des letzten Bruttoverdienstes.

- "Herr ..., das sind bei Ihnen zur Zeit ... DM? Also belaufen sich Ihre derzeitigen Rentenansprüche auf monatlich ... DM."

Abb. 38

- Als Arbeitnehmer lebt man mit seiner Familie jedoch von seinem regelmäßigen netto verfügbaren Einkommen. Die Ausgaben orientieren sich daran.

- "Herr ..., in Ihrem Fall sind das zur Zeit ... DM? Somit fehlen bei Erwerbsunfähigkeit monatlich rund ... DM."

- Auch für einen Erwerbsunfähigen bleiben die meisten bisherigen Ausgaben gleich (z.B. Miete, Strom, Heizung, Telefon, Verpflichtungen, Auto, usw.).

- Wenn man plötzlich nur noch die Hälfte seines bisherigen Einkommens zur Verfügung hat, muß das zu finanziellen Problemen führen.

- "Herr ..., das heißt doch, Sie brauchen mehr Rente?"

Zielgruppe: Wohnungsinhaber

Kundensituation (= Problem): Wohnungen repräsentieren heutzutage einen beträchtlichen Wert. Die Einrichtung macht häufig ein Vielfaches des Jahresverdienstes des Wohnungsinhabers aus. Durch verschiedenste Schadensursachen werden jährlich Millionenwerte vernichtet.

Kundenwunsch: Er möchte das Geschaffene er- und behalten.

Lösung: Hausratversicherung in angemessener Höhe

Strategie:
- Heutzutage legt man großen Wert auf ein gemütliches und komfortables Heim.

- Deshalb gibt man viel Geld für die Einrichtung aus.

- Viele junge Familien haben sogar Fremdmittel zur Finanzierung genutzt.

- Bedauerlicherweise werden jährlich durch Brände, Leitungswasserschäden oder Einbrüche viele Menschen mit der Tatsache konfrontiert, daß die Dinge, die sie mit viel Mühe und Geld angeschafft haben, vernichtet oder gestohlen wurden.

- Doppelt schlimm ist der betroffen, der Fremdmittel für den Kauf aufgenommen hat. Er muß den Kredit zurückführen, obwohl er den damit erworbenen Wert gar nicht mehr besitzt.

- Aber auch der andere, der damals bei der Anschaffung bar bezahlt hat, steht nun vor der Notwendigkeit, Mittel für den Ersatz des Verlustes aufzubringen.

- "Herr ..., ist es nicht besser, nach einem Schaden ohne eigenen Aufwand so gestellt zu sein wie vorher?"

Zielgruppe: Volljährige (mit oder ohne Familie)

Kundensituation (= Problem): Wer anderen schuldhaft einen Schaden zufügt, muß nach §§ 823 ff. BGB diesen Schaden in voller Höhe wiedergutmachen. In einigen Schadensbereichen ist sogar die Verschuldensfrage ausdrücklich ausgeklammert. Es reicht der bloße Besitz einer Sache, um im Zweifelsfall zur Rechenschaft gezogen zu werden. Die durch Schäden entstehenden finanziellen Verpflichtungen können das gesamte derzeitige und künftige Leben beeinflussen.

Kundenwunsch: Er möchte von den Folgen solcher Haftungsfragen freigestellt werden.

Lösung: Haftpflichtversicherung mit Einschluß aller individuellen Risiken

Strategie:
- Als erwachsener Mensch ist man nach dem Bürgerlichen Gesetzbuch für seine Handlungen verantwortlich.

- So haftet man mit seinem gesamten derzeitigen und künftigen Vermögen für Schäden, die man anderen zugefügt hat.

- Die Höhe des zu ersetzenden Schadens ist dabei nach oben unbegrenzt.

- Wenn Zahlungen größeren Ausmaßes auf einen zukommen, werden unter Umständen alle Lebenspläne über den Haufen geworfen.

- "Herr ..., da ist es doch besser, von der gesetzlichen Haftung befreit zu werden und eventuelle Schadenszahlungen auf jemand anderen abwälzen zu können?"

Zielgruppe: Autofahrer

Kundensituation (= Problem): Ein Kraftfahrzeug darf im Straßenverkehr nur dann betrieben werden, wenn eine entsprechende Haftpflichtversicherung dafür abgeschlossen wurde. Damit können Schäden, die Dritte erlitten haben, ersetzt werden. Der eigene Schaden bleibt aber dem Eigentümer selbst.

Kundenwunsch: Der eigene Schaden soll ebenfalls voll ersetzt werden.

Lösung: Autofahrerversicherung (beinhaltet Kfz-Kaskoversicherung, Insassen-Unfallversicherung, Pannenversicherung)

Strategie:
- Es ist gesetzlich verankert, daß man einen Schaden, den man Dritten zufügt, in voller Höhe ersetzen werden muß.

- Der Schutz des Geschädigten war dem Gesetzgeber so wichtig, daß er es für jeden Halter eines Kraftfahrzeuges zur Auflage gemacht hat, vor der Zulassung zum Straßenverkehr eine entsprechende Haftpflichtversicherung abzuschließen.

- Dadurch sind nun geschädigte Dritte gegen finanzielle Verluste im Zusammenhang mit einem Unfall geschützt.

- Oft ist aber der durch einen Unfall erlittene Eigenschaden ebenfalls beträchtlich.

- Ihn ersetzt jedoch die eigene Haftpflichtversicherung nicht.

- Dabei legt man als Autofahrer mindestens ebenso großen Wert darauf, daß der eigene Schaden beglichen wird, wie auf die Zahlung des Fremdschadens.

- "Herr ..., Sie möchten doch auch nach einem Unfall von finanziellen Verlusten befreit werden?"

Zielgruppe: Selbständige Unternehmer

Kundensituation (= Problem): Selbständige Unternehmer sind in der Regel in der gesetzlichen Rentenversicherung versicherungsfrei. Damit haben sie die Wahl, wie sie ihre Versorgung aufbauen wollen.

Kundenwunsch: Die Möglichkeit der Zukunftsvorsorge finden und nutzen, die persönlich die größten Vorteile bietet.

Lösung: Ergänzung oder Ersatz der gesetzlichen Rentenversicherung durch die private Lebensversicherung

Strategie:
- Als selbständiger Unternehmer ist man in der gesetzlichen Rentenversicherung versicherungsfrei.

- Das heißt, der Gesetzgeber überläßt es der eigenen Verantwortung eines Selbständigen, wie er seine Versorgung für sich und die Familie regelt.

- Wer in seiner Entscheidung so frei ist, der fragt sich natürlich zunächst, welche Möglichkeiten es überhaupt in dieser Hinsicht gibt.

- Und er ist bestrebt, dann für sich die beste Möglichkeit zu finden und zu nutzen.

- Um so eine wichtige Entscheidung zu treffen, muß man erst einmal vergleichen - am besten mit Hilfe eines Fachmanns in Versorgungsfragen.

- "Herr ..., Sie wollen doch auch die für Sie beste Möglichkeit der Zukunftsvorsorge finden?"

Zielgruppe: Eltern

Kundensituation (= Problem): Kinder im Kindergarten und in der Schule sind durch die gesetzliche Kinder- und Schülerunfallversicherung versichert. Die überwiegende Zahl der Kinderunfälle ereignet sich jedoch außerhalb von Schule und Kindergarten.

Kinder, die einen dauernden Unfallschaden davontragen, sind für ihr gesamtes künftiges Leben gehandicapt. Die Eltern benötigen oft viel Geld, um einigermaßen Chancengleichheit für ihre Kinder herzustellen.

Kundenwunsch: Eltern wollen, daß ihre Kinder nach einem Unfall wenigstens finanziell die gleichen Chancen haben wie gesunde Kinder.

Lösung: Private Kinderunfallversicherung mit ausreichendem Versorgungskapital bei Invalidität

Strategie:
- Kinder befinden sich in Kindergarten und Schule in der Obhut des Gesetzgebers.

- Er hat in diesem Bereich die Verantwortung übernommen und er kommt in Form der gesetzlichen Kinder- und Schülerunfallversicherung seiner Fürsorgepflicht nach.

- Diese gesetzliche Versicherung gilt jedoch nur für die Dauer des Aufenthalts im umfriedeten Gelände der Schule oder des Kindergartens und auf dem direkten Weg dorthin und wieder nach Hause.

- Die überwältigende Mehrzahl der Kinderunfälle ereignet sich allerdings außerhalb dieses Bereichs - bei Spiel, Sport und zuhause - und damit im Verantwortungsbereich der Eltern.

- Kinder, die durch einen Unfall körperlich beeinträchtigt sind, haben für ihre Zukunft nicht dieselben Ausbildungs- und Berufschancen wie gesunde Kinder.

- Damit sind auch ihre künftigen Einkommensmöglichkeiten begrenzt.

- Eltern sorgen deshalb rechtzeitig dafür, daß im Falle einer solchen tragischen Entwicklung wenigstens genügend finanzielle Mittel zur Verfügung stehen, um dem Kind annähernd einen Ausgleich für die verlorenen Chancen geben zu können.

- "Herr ..., Sie wollen doch auch die Gewißheit haben, daß Ihr Kind nach einem Unfall bestens versorgt ist?"

Zielgruppe: Leitende Angestellte

Kundensituation (= Problem): Leitende Angestellte haben in aller Regel ein sehr gutes Einkommen und zahlen daher auch meist sehr hohe Steuern. Die Besteuerung der Einkommen steigt progressiv zur Höhe des Einkommens.

Kundenwunsch: Die hohe Steuerbelastung in der Spitze abzubauen.

Lösung: Umwandlung von Gehaltsbestandteilen in Lebensversicherungsbeiträge

Strategie:
- Das in unserem Staat praktizierte Steuersystem besteuert gute Einkommen in der Spitze wesentlich höher als schwächere Einkommen. Man spricht in diesem Zusammenhang von Steuerprogression.

- Als leitender Angestellter hat man meist ein sehr gutes Einkommen und unterliegt deshalb in besonderem Maße dieser Steuerprogression.

- Daher suchen leitende Angestellte oft nach Möglichkeiten, ihr zu versteuerndes Einkommen zu mindern, um dadurch auch weniger Steuern zahlen zu müssen.

- "Herr ..., Sie sind doch auch daran interessiert, wie man Steuern in Privatvermögen umwandeln kann?"

Zielgruppe: Berufsanfänger

Kundensituation (= Problem): Auszubildende sind von Anfang an in der gesetzlichen Rentenversicherung pflichtversichert. Ein genereller Rentenanspruch entsteht jedoch erst nach 60 Monaten Beitragszahlung. Bis dahin ist eine Rentenzahlung von dem Umstand abhängig, ob der Rentenfall durch einen Unfall eingetreten ist.

Auf der anderen Seite haben junge Menschen ihr gesamtes Berufsleben und damit alle Verdienst- und Karrierechancen noch vor sich. Durch ein frühes Ausscheiden aus dem Berufsleben sind all diese Chancen hinfällig.

Kundenwunsch: Junge Menschen wollen im Laufe der Zeit finanziell unabhängig werden und ihr Leben selbst in die Hand nehmen.

Lösung: Lebensversicherung mit Zusatzrente bei Berufsunfähigkeit

Strategie:
- Bereits als Berufsanfänger ist man in der gesetzlichen Rentenversicherung pflichtversichert.

- Zum Teil muß sogar noch der Arbeitgeber die gesamten Beiträge allein tragen.

- Dennoch beginnt schon der Aufbau der zukünftigen Versorgung.

- Allerdings entsteht ein genereller Anspruch auf Rente erst mit dem 60. Monatsbeitrag, also nach 5 Berufsjahren.

- Bis dahin ist es von den genauen Umständen, unter denen der Rentenfall eingetreten ist, abhängig, ob man als Ausnahmeregelung doch eine Rente erhält.

- Als junger Arbeitnehmer hat man seinen beruflichen Weg noch vor sich und damit alle Chancen, was den Verdienst und die Aufstiegsmöglichkeiten anbelangt.

- Man hat sich Ziele für sein künftiges eigenständiges Leben gesetzt.

- Ein Hauptziel junger Leute ist heutzutage unabhängig zu sein, vor allem auch finanziell tun und lassen zu können, was man will.

- Diese Hoffnungen sind natürlich dahin, wenn man plötzlich nicht mehr arbeiten kann und zu wenig Rente hat, um unabhängig sein zu können.

- Man ist stattdessen dann wieder auf andere Menschen angewiesen, lebt finanziell beengt und muß sich dadurch auch wieder Vorschriften machen lassen.

- "Herr ..., Sie möchten doch auch in jedem Fall finanziell unabhängig sein?"

Zielgruppe: Bestandskunden, von denen der Verkäufer noch wenig weiß

Kundensituation (= Problem): Die Kunden haben ihre Versicherungen häufig bei verschiedenen Unternehmen. Sie haben deshalb wenig Überblick, wo sie was versichert haben und ob sie überhaupt richtig versichert sind. Im Schadenfall stellen sich dann oft erhebliche Versicherungslücken heraus.

Auf der anderen Seite sind Kunden oft doppelt oder viel zu teuer versichert.

Kundenwunsch: Rundum, richtig und möglichst kostengünstig versichert zu sein.

Lösung: Von einem Fachmann einen Versicherungs-TÜV machen lassen.

Strategie:
- Jeder ist versichert.

- Als Arbeitnehmer hat man sowieso die gesetzlichen Versicherungen. Aber die meisten Menschen haben auch private Versicherungen abgeschlossen.

- Wenn man alles zusammenrechnet, dann gibt man für Versicherungen doch eine Menge Geld aus.

- Doch wer weiß schon genau, wie er versichert ist?

- Als Fachmann in Versicherungs- und Versorgungsfragen erlebt man es oft, daß die Leute ihre Versicherungsverträge bei den unterschiedlichsten Unternehmen verstreut haben, teilweise nur lückenhaften Versicherungsschutz haben und andererseits aber doppelt versichert sind und deshalb unnötig Beiträge zahlen.

- Freilich will niemand überflüssigerweise Geld für Versicherungen ausgeben, aber als Laie kennt man sich eben nicht so hundertprozentig in diesen Fragen aus.

- Deshalb ist es wichtig, daß man sich von Zeit zu Zeit regelmäßig darüber informieren läßt, wie man versichert ist.

- Man läßt sich von einem Fachmann sozusagen einen TÜV in Versicherungsfragen erstellen.

- "Herr ..., wann wurde für Sie zum letzten Mal ein "Versicherungs-TÜV" durchgeführt?"

Zielgruppe: **Bestandskunden, die nur eine oder zwei Versicherungen bei dem Verkäufer haben.**

Kundensituation (= Problem): Kunden haben ihre Versicherungsverträge bei den verschiedensten Unternehmen. Oft wissen sie nicht genau, wo sie was versichert haben. Im Schadenfall haben sie dann viel Mühe, das zuständige Unternehmen ausfindig zu machen und müssen sich um alles selbst kümmern, obwohl sie von diesen Angelegenheiten keine rechte Ahnung haben.

Kundenwunsch: Kunden wollen im Schadenfall unterstützt werden und eine rasche und komplette Regulierung des Schadens.

Lösung: Alle Verträge bei einem Versicherungsfachmann zusammenführen.

Strategie:
- Jeder hat eine ganze Reihe von Versicherungsverträgen.

- Doch die meisten haben ihre Verträge bei verschiedenen Unternehmen.

- Das führt im Schadenfall oft dazu, daß man nicht genau weiß, an wen man sich wenden soll.

- Außerdem fühlt sich keiner für einen zuständig, wenn man nur einen einzigen Vertrag bei dem Unternehmen hat.

- Man ist also, was die Schadenregulierung anbelangt, auf sich allein gestellt.

- Dabei wäre die Hilfestellung eines Fachmanns dringend erforderlich, da man sich in diesen Angelegenheiten selbst nicht so besonders auskennt.

- Wer dagegen seine sämtlichen Verträge bei einem einzigen Fachmann zusammengeführt hat, weiß sofort, an wen er sich nach einem Schaden wenden kann. Er hat jemand, der für ihn und seine Angelegenheiten verantwortlich ist und der ihm hilft.

- "Herr ..., Sie wollen doch sicher nach einem Schaden auch gut beraten und betreut werden?"

Zielgruppe: Lebensversicherungskunden mit einer statischen Versicherung

Kundensituation (= Problem): Der Wert des Geldes verändert sich im Lauf der Jahre. Nach zwanzig, dreißig Jahren kann man sich für das gleiche Geld nicht mehr das kaufen, was man heute dafür bekommt.

Außerdem verändern sich häufig die Lebensumstände. Mit steigendem Einkommen steigen die Ansprüche. Die einmal abgeschlossene statische Lebensversicherung erweist sich bei Fälligkeit als zu gering.

Kundenwunsch: Der Versicherungsschutz voll im Bedarfsfall ausreichend sein, der Wert der Lebensversicherung erhalten bleiben.

Strategie:
- Viele unserer Versicherten haben sich - so wie Sie - schon vor Jahren entschlossen, durch einen privaten Rentenergänzungsvertrag die Lücke zwischen gesetzlicher Versorgung und tatsächlichem Einkommen zu schließen.

- Diese Entscheidung war und ist vollkommen richtig.

- Nun ist aber unsere Sozialversicherungsrente an die allgemeine Entwicklung der Löhne und Gehälter gekoppelt. Das bedeutet, daß die Rentenansprüche mit dem Einkommen wachsen.

- Allerdings wachsen auf der anderen Seite mit dem Gehalt auch die Ausgaben und der Lebensstandard.

- Da aber eine Sozialversicherungsrente immer nur einen Bruchteil des derzeitigen

Einkommens ausmacht, wächst sie auch nur anteilig mit dem Gehalt mit.

- Das heißt, sie bietet keinen vollwertigen Ersatz für den Einkommenszuwachs.

- Dies kann man nur erreichen, indem man auch seine privaten Vorsorgeaufwendungen seinem steigenden Gehalt anpaßt und dadurch die fälligen Versicherungsleistungen laufend erhöht.

- "Herr ..., Sie legen doch sicher Wert darauf, daß auch in Zukunft bei Auszahlung Ihrer Versicherungsleistungen die Versorgungslücke geschlossen bleibt?"

Zielgruppe: Großeltern, Taufpaten

Kundensituation (= Problem): Die Eltern Neugeborener erhalten meist von allen Seiten Geschenke. Am beliebtesten sind zunächst Sachen zum Anziehen, später dann Spielsachen.

Solche Geschenke verlieren rasch an Wert. Sie hinterlassen keine bleibenden Erinnerungen.

Kundenwunsch: Etwas von bleibendem Wert - wenigstens in der Erinnerung der Kinder - zu schenken.

Lösung: Finanzielle Mittel für das (fast) erwachsene Kind bereitstellen (z.B. durch eine Aussteuer- oder Ausbildungsversicherung, einen Bausparvertrag, usw.).

Strategie:
- Kleine Kinder erhalten von vielen Seiten Geschenke.

- Wenn man als Großvater/Großmutter oder Taufpate zu Besuch kommt, bringt man regelmäßig etwas mit. Und man kauft auch dann und wann etwas zum Spielen oder Anziehen extra.

- Aus den Kleidern wachsen die Kinder schnell heraus, die Spielsachen verlieren rasch an Reiz. Schließlich räumen die Eltern beides weg.

- Anders ist es da schon, wenn man dem Kind zu einem bestimmten Zeitpunkt etwas von bleibendem Wert schenken kann, z.B. ein Mofa zum 15. Geburtstag, das erste Auto oder gar das Geld für eine Berufsausbildung.

- Erstens macht man dem Kind damit eine große Freude und zweitens kann man sicher sein, daß das Kind auch noch nach vielen Jahren an dieses Geschenk denken wird.

- "Herr ..., Frau ..., Sie wollen doch Ihrem Enkel/ Patenkind auch etwas schenken, das einen bleibenderen Wert hat als Kleidung oder Spielsachen?"

Zielgruppe: Junge Leute

Kundensituation (= Problem): Junge Leute haben ihr Leben noch vor sich. Sie wollen ihre Ziele und Wünsche verwirklichen.

Dazu brauchen sie ihr künftiges steigendes Einkommen. Dieses Einkommen wird durch die Arbeitskraft in der Zukunft gesichert. Verlust der Arbeitskraft, aber auch Haftungsfragen oder ein Unfall können die Verwirklichung der Lebensziele junger Menschen in Frage stellen.

Kundenwunsch: Finanzielle Sicherheit, daß die Ziele und Wünsche realisiert werden können - egal, was passiert.

Lösung: Zukunftssicherungspaket bestehend aus einer Lebensversicherung mit Zusatzrente bei Berufsunfähigkeit, einer Unfallversicherung mit ausreichender Invaliditätssumme und einer Haftpflichtversicherung.

Strategie:
- Als junger Mensch hat man seine gesamte Zukunft noch vor sich.

- Man will sein Leben nach den eigenen Vorstellungen gestalten, Wünsche verwirklichen, Vermögen bilden.

- Dafür steht einem die Zeit zwischen Ausbildung und Rentenalter zur Verfügung.

- In dieser Zeit erzielt man mit seiner Arbeitskraft das für die Realisierung der Pläne und Wünsche notwendige Einkommen.

- Man schafft sich nach und nach die für einen selbst wichtigen Dinge an, z.B. eine eigene Wohnung, ein Fahrzeug, Mobiliar, usw.

- Allerdings ist dies alles nur machbar, wenn die Arbeitskraft erhalten bleibt und damit ein regelmäßiges Einkommen erzielt werden kann, wenn keine Haftpflichtansprüche größeren Umfangs auf einen zukommen und wenn das, was man sich bereits geschaffen hat, nicht wieder zerstört wird oder abhandenkommt.

- Deshalb haben junge Menschen im Hinblick auf ihre Zukunft drei Hauptziele:

  das Einkommen erhalten,
  von Haftungsansprüchen frei zu sein,
  erworbene Sachwerte sichern.

- "Herr ..., für Sie ist doch auch wichtig, daß sich Ihre Zukunftsträume erfüllen?"

Zielgruppe: Hausratversicherungskunden, deren Verträge nicht mehr den aktuellen Gegebenheiten entsprechen

Kundensituation (= Problem): Wenn der Wert des Hausrats höher ist als die Versicherungssumme, dann muß sich der Kunde im Schadenfall Unterversicherung anrechnen lassen und bekommt keine volle Entschädigung.

Kundenwunsch: Im Schadenfall volle Entschädigung bekommen

Lösung: Anpassung der Hausratversicherung an die aktuelle Situation (Wert, neue Bedingungen)

Strategie:
- Wer eine Hausratversicherung abgeschlossen hat, dem ist daran gelegen, seine Einrichtung und Wertgegenstände zu erhalten.

- Man hat deshalb damals bei Abschluß die Versicherungssumme in der Höhe gewählt, die dem Wert des Hausrats entsprochen hat.

- Damit hatte man die Gewähr, daß ein Schaden auch in voller Höhe entschädigt werden durfte. Denn den Versicherungsunternehmen ist das nur gestattet, wenn Wert des Hausrats und Versicherungssumme übereinstimmen.

- Ist dies nicht der Fall, müssen die Versicherer einen Abzug im Schadenfall vornehmen. Der Kunde hat dann sozusagen eine Selbstbeteiligung zu tragen.

- Nun ändert sich allerdings bei den meisten Versicherten im Laufe der Zeit der Wert des Hausrats beträchtlich. Es werden quantitative und qualitative Veränderungen vorgenommen.

- Dadurch wird das Mißverhältnis zwischen vereinbarter Versicherungssumme und tatsächlichem Wert des Hausrats ständig größer.

- Deshalb lassen die Kunden von Zeit zu Zeit ihre Versicherungssumme an den aktuellen Wert ihres Hausrats anpassen.

- "Herr ..., Sie wollen doch auch nach einem Schaden hundert Prozent ersetzt bekommen?"

Zielgruppe: Bauherrn, Käufer von Wohneigentum

Kundensituation (= Problem): Zum Bauen werden in aller Regel erhebliche Fremdmittel benötigt. Damit geht der Bauherr langfristige Zahlungsverpflichtungen ein, die in jedem Fall zu erfüllen sind, will er sich das Wohneigentum nicht wieder nehmen lassen.

Verschiedene Situationen im Leben machen die Darlehensrückzahlung jedoch unmöglich. Aus den geringen gesetzlichen Rentenleistungen lassen sich die Verpflichtungen nicht erfüllen.

Kundenwunsch: Das Wohneigentum in jedem Fall behalten zu können.

Lösung: Finanzierungsabsicherung durch eine Lebensversicherung mit Zusatzrente bei Berufsunfähigkeit.

Strategie:
- Wer Wohneigentum bauen oder kaufen will, verwendet in aller Regel erhebliche Fremdmittel dazu.

- Damit geht er langfristige Verbindlichkeiten ein. Denn die aufgenommenen Darlehen sind in jedem Fall zurückzuführen.

- Um in der heutigen Zeit eine Finanzierung durchhalten zu können, braucht man Sicherheiten und ein regelmäßiges Arbeitseinkommen.

- Als Sicherheit für den Geldgeber dient selbstverständlich das Wohnobjekt.

- Das bedeutet aber zugleich, daß es dem

Bauherrn oder Käufer wieder verlorengeht, wenn er die eingegangenen Verpflichtungen nicht mehr erfüllen kann.

- Im Todesfall oder nach Verlust der Arbeitskraft ist man jedoch zunächst auf die Rentenzahlungen der gesetzlichen Rentenversicherung angewiesen.

- Da diese stets nur einen Bruchteil des letzten Einkommens ausmachen, mit dem man ja bei der Finanzierung kalkuliert hat, wird die Rückzahlung des Darlehens praktisch unmöglich.

- Deshalb suchen Bauherrn/Käufer von Wohneigentum nach Möglichkeiten, in solchen Fällen Zins und Tilgung auf jemand anderen zu übertragen.

- "Herr ..., Sie möchten doch auch, daß Ihnen und Ihrer Familie Ihr Haus/Ihre Eigentumswohnung in jedem Fall erhalten bleibt?"

Zielgruppe: Geschäftsgründung, Handwerker und Freiberufler

Kundensituation: (= Problem): Als Jungunternehmer trägt man eine große Anzahl von Risiken u.a. finanzieller Art. Arbeitsunfähigkeit infolge Unfall oder Krankheit führt zu Einkommenseinbußen, denn zu Beginn der Selbständigkeit hat man noch kein Personal. Die Kosten laufen weiter, nur die Einkünfte fehlen.

Kundenwunsch: Schnell gesund werden.
Kosten einsparen.

Lösung: Private Kranken-Vollversicherung

Strategie:
- In der gesetzlichen Krankenversicherung kennen wir das Sachleistungsprinzip. Ärzte und Krankenkassen sind Partner und befinden darüber, was der Patient im Krankheitsfalle bekommt: das medizinisch Notwendige.

Abb. 39

- Sachleistungsprinzip heißt: Allgemeine Pflegeklasse bei stationärer Heilbehandlung, Behandlung durch Kassenärzte ...

- Länger krank zu sein, bedeutet für den Selbständigen, Einkommenseinbußen hinnehmen zu müssen, die Verpflichtungen und Kosten laufen dagegen weiter. Die Liquidität ist gefährdet.

- Als Selbständiger muß man schnellstens gesund werden, deshalb ist beste Leistung nötig. Vor allem will man, wenn es um die Gesundheit geht, mitbestimmen können.

- Herr Kluge, wie sehen Sie das?

- In der Gesetzlichen Krankenversicherung sind die Beiträge einkommensabhängig. Je höher das Einkommen, um so höher der Beitrag, unabhängig von der Zahl der Familienangehörigen.

- Die Private Krankenversicherung berechnet die Beiträge individuell.
Für Sie bedeutet das, daß Sie gerade jetzt zu Beginn Ihrer Selbständigkeit Geld einsparen - trotz besserer Leistung. Ist das nicht gut?

Zielgruppe: Senioren

Kundensituation: (= Problem) Senioren haben im Verlaufe ihres Arbeitslebens gespart, um sich mit diesen Ersparnissen den Lebensabend angenehmer gestalten zu können.

Kundenwunsch: Sichere Anlage, hohe Rendite, rasche Verfügbarkeit.

Lösung: Fond, Trust, Beteiligung

Strategie:
- Im Verlaufe seines Arbeitslebens hat man gearbeitet, um seinen Lebensstandard zu finanzieren.

- Einen Teil seines Einkommens hat man zurückgelegt, um seinen Lebensabend angenehm zu gestalten.

- Nun will man sein Geld für sich arbeiten lassen.

- Wenn man Wert legt auf hohe Rendite, Sicherheit **und** rasche Verfügbarkeit und in allen Belangen beste Ergebnisse erzielen will, muß man Profi sein.

- Ist man das jedoch nicht und möchte man dennoch gute Ergebnisse erzielen, dann schließt man sich einem (Fond, Trust, Beteiligung) an, denn schon mit kleinen Anteilen kann man wie Großanleger profitieren.

- Was halten Sie davon?

11.2 Check-Listen

Test vor dem Telefonieren

	unklar	klar	entfällt
1. Haben Sie die erforderlichen Namen und Titel parat?	0	0	0
2. Worum geht es?	0	0	0
3. Welche Zeit ist am günstigsten für den Anruf?	0	0	0
4. Welche Anrede paßt zur Situation?	0	0	0
5. Worauf legen Anzurufende Wert?	0	0	0
6. Wie gehen wir darauf ein?	0	0	0
7. Gibt es Präzedenzfälle?	0	0	0
8. Was muß vor dem Anruf noch geklärt werden?	0	0	0
9. Welche Unterlagen liegen vor?	0	0	0
10. Welche Unterlagen müssen noch besorgt werden?	0	0	0
11. Wer kann Auskunft geben?	0	0	0
12. Welche Bestimmungen müssen beachtet werden?	0	0	0
13. Spielen Termine eine Rolle?	0	0	0
14. Welche sonstigen Probleme gibt es?	0	0	0
15. Was können wir akzeptieren, bestätigen oder zubilligen?	0	0	0
16. Was müssen wir ablehnen?	0	0	0
17. Wie begründen wir es?	0	0	0
18. Welche Kompromisse gibt es?	0	0	0

	unklar	klar	entfällt
19. Wie können wir unseren Standpunkt erklären?	O	O	O
20. Was wird Anzurufende ärgern?	O	O	O
21. Wie schonen wir die Gefühle Anzurufender?	O	O	O
22. Was wird Anzurufende freuen?	O	O	O
23. Welche Komplimente können wir Anzurufenden machen?	O	O	O
24. Welche Schlußfloskel paßt zur Situation?	O	O	O
25. Haben Sie den richtigen Stimmungsfaktor?	O	O	O

Technische Gesichtspunkte

	ja	nein	?
Steht der Apparat an günstiger Stelle?	0	0	0
Lassen sich Störungen vermeiden?	0	0	0
Ist Schreibmaterial vorhanden?	0	0	0
Ist auf Gebühren zu achten?	0	0	0
Können andere mithören (Lautsprecher, Zweithörer)?	0	0	0

Folgerungen:

Wie lassen sich gegebenenfalls Störungen vermeiden und optimale Voraussetzungen schaffen?

_____
_____
_____
_____
_____

1. Bei ausgehenden Gesprächen

	ja	nein	?
Sind Sie sich über Ihr Ziel und Anliegen im Klaren?	0	0	0
Haben Sie sich ausreichend vorbereitet?	0	0	0
Haben Sie einen guten "Aufhänger" parat?	0	0	0
Denken Sie vor dem Gespräch darüber nach, ob es sich im Hinblick auf Kosten, Wirksamkeit und Zielerreichung um die zweckmäßigste Kommunikation handelt?	0	0	0
Haben Sie den korrekten Namen und gegebenenfalls die Funktionsbezeichnung oder den akademischen Grad des gewünschten Partners parat?	0	0	0
Haben Sie alle erforderlichen Fakten im Kopf oder als Notiz vor Augen?	0	0	0
Beachten Sie günstige und ungünstige Anrufzeiten?	0	0	0
Avisieren Sie Anrufe, wenn es für den Gesprächspartner angenehmer sein könnte?	0	0	0
Wissen Sie, was Sie sagen, wenn der gewünschte Gesprächspartner nicht erreichbar sein sollte?	0	0	0
Sind Sie auf Anrufbeantworter vorbereitet?	0	0	0

Folgerungen:

Was können Sie verbessern,
worauf werden Sie künftig besonders achten?

_____
_____
_____
_____
_____

2. Bei eingehenden Gesprächen

	ja	nein	?
Wird der Hörer nach dem Klingeln rasch abgenommen?	O	O	O
Melden Sie sich stets korrekt?	O	O	O
Entschuldigen Sie sich, wenn der Anrufer länger warten mußte?	O	O	O
Bieten Sie im Einzelfall - mit Begründung - einen Rückruf an?	O	O	O
Halten Sie in angemessener Zeit Ihr Rückrufversprechen?	O	O	O
Erbitten Sie gegebenenfalls - mit Begründung - einen erneuten Anruf?	O	O	O
Informieren Sie Anrufende vor einer Weiterverbindung über Ihr Vorhaben und nennen Sie den Gesprächspartner sowie gegebenenfalls die Abteilung?	O	O	O
Kümmern Sie sich um das Zustandekommen der Verbindung?	O	O	O
Erklären Sie dem Übernehmer/der Übernehmerin gegebenenfalls das Anliegen?	O	O	O
Bieten Sie, falls der gewünschte Gesprächspartner nicht erreichbar ist, gegebenenfalls Ihre Hilfe an?	O	O	O

Folgerungen:

Was können Sie verbessern,
worauf werden Sie künftig besonders achten?

_____
_____
_____
_____
_____

3. Bei allen Gesprächen

	ja	nein	?
Melden Sie sich deutlich?	0	0	0
Melden Sie sich höflich?	0	0	0
Melden Sie sich engagiert?	0	0	0
Tragen Sie Ihr Anliegen präzis und konzis vor?	0	0	0
Hören Sie aufmerksam zu und signalisieren Sie das durch Anmerkungen und Stimmeinsatz?	0	0	0
Haben Sie innerbetrieblich Ihre Vollmachten für Zusagen und Zugeständnisse geklärt?	0	0	0
Sind Sie auf schwierige Fragen und unerwartete Reaktionen gefaßt?	0	0	0
Haben Sie Ihre Fragen gut vorbereitet?	0	0	0
Wiederholen Sie zur Vermeidung von Mißverständnissen wichtige Fakten?	0	0	0
Schlagen Sie in festgefahrenen Situationen einen erneuten Anruf vor?	0	0	0
Unterbrechen Sie ein Telefongespräch durch Rückrufangebot, wenn Dritte (z.B. Kunden) hereinkommen?	0	0	0
Haben Sie stets Alternativen für eine wirksame Gesprächsbeendigung?	0	0	0
Reden Sie den Gesprächspartner in Abständen mit dem Namen an?	0	0	0
Fragen Sie erforderlichenfalls souverän nach dem Namen und u.U. nach Funktion und Anliegen?	0	0	0

	ja	nein	?
Wiederholen Sie Ihren Namen und den der Firma, falls Sie den Eindruck haben, daß der Partner verunsichert ist?	0	0	0
Bitten Sie stets um Wiederholung, falls Sie etwas nicht verstanden haben?	0	0	0
Wissen Sie, daß es bei Auseinandersetzungen wichtig ist, den Partner und nicht den Streit zu gewinnen?	0	0	0
Kennen Sie die Wirkung Ihrer Stimme?	0	0	0
Sollten Sie Ihre Stimme schulen?	0	0	0
Ist Ihr Wortschatz ausreichend?	0	0	0
Sind Sie im Ausdruck sicher?	0	0	0
Erledigen Sie alle Vereinbarungen korrekt und geben Sie Informationen verantwortungsbewußt weiter?	0	0	0

Folgerungen:

Was können Sie verbessern,
worauf werden Sie künftig besonders achten?

_____
_____
_____
_____

Checkliste für richtiges Telefonieren

Vorbereitung des Telefongespräches

	ja	nein
1. Wurde das Gesprächsziel festgelegt?	O	O
2. War der Zeitpunkt richtig gewählt?	O	O
3. Wurden die Telefonhilfen (Kalender, Kartei, Information, Schriftverkehr etc.) bereitgestellt?	O	O
4. Erfolgte eine positive Einstimmung auf den Partner?	O	O
5. Wurde die Verhandlungsstrategie festgelegt?	O	O

Kontaktaufnahme

	ja	nein
1. Wurde der Gesprächspartner bei der Begrüßung mit Namen angesprochen?	O	O
2. Erfolgte die Vorstellung mit		
Namen, Vornamen?	O	O
Unternehmen?	O	O
Funktion?	O	O
3. Haben Sie sich vergewissert, daß Sie mit dem richtigen Gesprächspartner verbunden sind?	O	O

Argumentation

	ja	nein
1. War das Gespräch logisch aufgebaut?	O	O
2. Wurde der Kunde veranlaßt, die erforderlichen Antworten zu geben?	O	O

	ja	nein

3. Erfolgte **vor** dem persönlichen Ratschlag die Begründung (Tatsachen, Fakten, Beweise etc.)?   0   0

4. Wurde das Gespräch mit einfachen Worten (Sprachbildern) geführt?   0   0

5. Wurde auf Ein- und Vorwände höflich und präzise reagiert?   0   0

Zusammenfassung des Gesprächs

	ja	nein
1. Erfolgte eine kurze Zusammenfassung mit den wichtigsten Gesprächsinhalten?	O	O
2. Wurde der Kunde darüber informiert, was in seiner Angelegenheit weiter für ihn unternommen wird?	O	O
3. Wurde mit offenen Fragen (W-Fragen) auf weitere Problembereiche des Kunden übergeleitet?	O	O
4. Wurde der Kunde im Laufe des Gespräches wiederholt mit seinem Namen angesprochen?	O	O

Psychologie des Gesprächs

	ja	nein
1. Erfolgte eine positive Einstimmung auf den Partner, war die Begrüßung höflich und freundlich?	O	O
2. Haben Sie sich in Ihrem Sprechverhalten auf den Kunden eingestellt (Sprachtempo, Lautstärke, Artikulation)?	O	O
3. Haben Sie "Abfallworte", Phrasen und Konjunktive vermieden?	O	O
4. War die Argumentation schrittweise und verständlich aufgebaut?	O	O
5. Haben Sie sich durch Rückfragen vergewissert, daß der Kunde Ihrer Argumentation zustimmt?	O	O
6. Wurde der Ich-Stil vermieden?	O	O
7. Haben Sie den Gebrauch von Superlativen und Fachjargon vermieden?	O	O

Checkliste zur Überprüfung der eigenen Arbeitsmethodik

	ja	nein
1. Habe ich der Anbahnungskartei ständig neue Zielgruppenadressen zugeführt?	0	0
2. Habe ich die Adressen nach Zielgruppen, Gebiet und Ansprechzeitpunkt geordnet?	0	0
3. Habe ich mich intensiv bemüht, die Anzahl meiner Verkaufsgespräche ständig zu erhöhen?	0	0
4. Habe ich jeden Arbeitstag im Einzelnen vorausgeplant?	0	0
5. Habe ich auf möglichst engem Raum viele Menschen angesprochen und längere Fahrtstrecken gemieden?	0	0
6. War ich auf Ablehnungen vorbereitet?	0	0
7. Habe ich mich durch Mißerfolge nicht von meinem Arbeitsrhythmus abbringen lassen?	0	0
8. Habe ich meine bestehenden Kundenverbindungen gefestigt und ausgebaut?	0	0
9. Habe ich bei jedem Gesprächspartner Adressen erfragt?	0	0
10. Habe ich die Frage nach Weiterempfehlung mit der entsprechenden Begründung untermauert?	0	0

Checkliste zur Gesprächseröffnung an der Tür

	ja	nein
1. Habe ich selbstsicher und höflich die Gesprächseröffnung eingeleitet?	0	0
2. War mein äußeres Erscheinungsbild so, daß es der Rollenerwartung der Kunden entsprach?	0	0
3. Habe ich in meiner Gesprächseröffnung die drei JA-Antworten erhalten?	0	0
4. Habe ich mit Einwänden und Vorwänden gerechnet?	0	0
5. Habe ich Einwände deutlich von Vorwänden unterschieden?	0	0
6. Habe ich positiv auf Einwände reagiert?	0	0
7. Habe ich fachliche Informationen vermieden?	0	0

Checkliste zur Verhandlungsführung

	ja	nein
1. Habe ich mich um eine angenehme Gesprächsatmosphäre bemüht?	0	0
2. Habe ich dem Partner Kenntnisse unterstellt?	0	0
3. Habe ich beim Kunden Neugierde geweckt, indem ich ihm Wißbegierde unterstellt habe?	0	0
4. Habe ich den Partner mit öffnenden Fragen aktiviert?	0	0
5. Habe ich kundenbezogen argumentiert?	0	0
6. Habe ich optische Hilfen eingesetzt?	0	0
7. Habe ich Konjunktive gemieden?	0	0
8. Habe ich dem Partner Entscheidungen durch alternative Fragen erleichtert?	0	0
9. Habe ich Ein- und Vorwände wie Kaufsignale behandelt?	0	0
10. Habe ich die Aufforderung zum Kauf mit einer Abschlußtechnik eingeleitet?	0	0
11. Habe ich aggressive Fragen wiederholt, abgeschwächt oder umgewandelt?	0	0

Checkliste zur konfliktfreien Gesprächsführung

	ja	nein
1. War ich bemüht, mich in die Lage des Kunden zu versetzen?	0	0
2. Habe ich in allen Gesprächen grundsätzlich zunächst das Kundenproblem dargestellt?	0	0
3. Habe ich die Argumente bei der Problembeschreibung in allgemeingültiger Form gehalten?	0	0
4. Waren meine Aussagen überprüfbar?	0	0
5. Habe ich so argumentiert, daß der Gesprächspartner aus eigener Überzeugung der Schlußfolgerung zustimmen mußte?	0	0
6. Habe ich Schadensbeispiele durch Leistungsbeispiele ersetzt?	0	0

Cross selling

	ja	nein
1. Wurde mit einer unterstellend offenen Frage auf ein anderes Produkt übergeleitet?	0	0
2. Wurde das Anschlußgespräch gut strukturiert?	0	0
3. Hat der Verkäufer die Wirkung seiner Argumente kontrolliert?	0	0
4. Hat der Verkäufer sein Gesprächsergebnis gesichert? (Abschluß oder fester Termin)	0	0
5. Wurden die Argumente allgemeingültig formuliert?	0	0
6. Hat der Verkäufer Initiative ergriffen zur Koordinierung/ Strukturierung von zwischenmenschlichen Beziehungen?	0	0

"Es liegt nun einmal in der menschlichen Natur, daß sie leicht erschlafft, wenn persönliche Vorteile oder Nachteile sie nicht nötigen."

Goethe

Überzeugende Motivation erfordert funktionierende Kommunikation

---

Was muß ich als "Sender" beachten?	Was ist für mich als "Empfänger" wichtig?

Literaturverzeichnis

Beck, Heinz — Verkaufen wie ein Profi
Bennett, Dudley — Im Kontakt gewinnen durch Transaktions-Analyse
Dyer, Wagne W. — Sie sollten nach den Sternen greifen
Geffroy, Edgar K. — Verkaufserfolge auf Abruf
Geffroy, Edgar K. und **Klose,** Michael — Verkaufserfolge auf Abruf in der Versicherungsbranche
Geyer, Günther — Das Beratungs- und Verkaufsgespräch in Banken
Goldmann, Heinz M. — Wie man Kunden gewinnt
Huber, Johann J. — Rentenbrevier (mit regelm. Änderungsdienst)
Huber, Johann J. — Der Telefonhelfer für Versicherungsverkäufer
Huber, Johann J. — Der Telefonhelfer für Bausparberater
Huber, Johann J. und **Renz,** Ekkehard — Sesam öffne Dich - Terminierungssystem
Huber, Johann J. und **Kura,** Reinhold — So steuern Sie Ihren Erfolg als Bausparberater
Huth, Siegfried A. — TIRA - Tips für Trainer, Rat für Redner
Katheder, Gerd und **Huber,** Johann J. — So steuern Sie Ihren Verkaufserfolg bei Beamten
Kühlmann, Knut — Das Handbuch des Versicherungsvermittlers
Maderthaner, Wolfgang A. — Der Kundenmanager
Mehler, H. A. und **Zabel,** Wolfgang — Wie mache ich mich in der Versicherungsbranche selbständig?
Mehler, H. und **Kempe,** Klaus — Wie mache ich mich als Immobilienmakler selbständig?
Meininger, Jut — Transaktionsanalyse
Molcho, Samy — Körpersprache im Dialog
Probst, Winfried — Manipulieren durch Sprache
Ruhleder, Rolf H. — Rhetorik, Kinesik, Dialektik
Ruhleder, Rolf H. — Die 10 Schritte zum Verkaufserfolg

Ryborz, Heinz	Die Kunst zu überzeugen
Schittly, Hans D.	Versicherungen bewußt und erfolgreich verkaufen
Schittly, Hans D.	Bankprodukte bewußt und erfolgreich verkaufen
Schittly, Hans D.	Rechtsschutz bewußt und erfolgreich verkaufen
Schittly, Hans D.	Bausparverträge bewußt und erfolgreich verkaufen
Schittly, Hans D.	Telefonaktionen im Finanzdienstleistungsbereich
Schleuss, Hans	So verkauft man Versicherungen
Schmitz, Hans	Richtig telefonieren
Seiwert, Lothar J.	Mehr Zeit für das Wesentliche
Zielke, Wolfgang	Sprechen ohne Worte

Alle Bücher sind zu beziehen bei
Fachverlag - Fachbuchhandel
Dagmar Schittly KG
D 6731 Böbingen
06327 - 1217

TRAINER BÖRSE

☞ Führungskräfte und Verkäufer sind ständig an effizienten Weiterbildungsmaßnahmen interessiert, denn wer nicht lernt treibt ab.

☞ Unternehmen suchen ständig geeignete Trainer und Ausbilder für ihre Mitarbeiter.

☞ Trainer und Ausbilder suchen Auftraggeber und Partner.

Welche Seminare werden angeboten?
Welche Weiterbildungsveranstaltungen sind empfehlenswert?
Welcher Trainer und Ausbilder hält was er verspricht?
Wer ist qualifiziert?
Welches Unternehmen sucht welchen Trainer?

● Die **TRAINER BÖRSE** führt Unternehmen und geeignete Trainer zusammen.

● Die **TRAINER BÖRSE** führt Personalentwicklungsseminare zur Ermittlung des Trainingsbedarfs durch.

● Die **TRAINER BÖRSE** veranstaltet offene, für jeden zugängliche Seminare und bildet dafür homogene Teilnehmergruppen.

● Die **TRAINER BÖRSE** entwickelt Hilfen und Methoden zur Erfolgskontrolle, damit Aus- und Weiterbildung keine Kosten, sondern Investitionen sind.

● Die **TRAINER BÖRSE** ist Partner für Führungskräfte, Verkäufer, Unternehmen und Trainer. Ihre Dienstleistung verursacht für die Anwender und Auftraggeber keine Kosten.

Informieren Sie sich: **TRAINER BÖRSE**
Hauptstraße 34-36
D 6731 Böbingen
☎ (0 63 27) 29 22 oder 12 17

Fachbuchhandel Dagmar Schittly KG

Partner für Führungskräfte und Verkäufer

Über die Fachbuchhandlung Dagmar Schittly erhalten Sie ständig aktuelle Literatur, Cassetten und Videos über die Gebiete:

- Verkauf
- Psycholgie
- Führung
- Motivation
- Mitarbeitergewinnung
- Marketing
- Coaching
- Kinesik
- Kommunikation
- Telefonverhalten
- Aus- und Weiterbildung
  u.a.

Die Lieferung erfolgt schon ab einer Bestellmenge von 60.- DM versandkostenfrei!

Fordern Sie den aktuellsten Prospekt an:

Fachbuchhandlung Dagmar Schittly KG
Hauptstraße 34
D 6731 Böbingen